中小企业
工作事务管理制度
全 书

张浩◎主编

北京工业大学出版社

图书在版编目（CIP）数据

新编中小企业工作事务管理制度全书 / 张浩主编
. —北京：北京工业大学出版社，2016.6
ISBN 978 - 7 - 5639 - 4667 - 9

Ⅰ．①新… Ⅱ．①张… Ⅲ．①中小企业—企业管理制
度 Ⅳ．①F276.3

中国版本图书馆 CIP 数据核字（2016）第 077501 号

新编中小企业工作事务管理制度全书

主　　编：张　浩
责任编辑：贺　帆
封面设计：许彦新
出版发行：北京工业大学出版社
　　　　　（北京市朝阳区平乐园 100 号　邮编：100124）
　　　　　010 - 67391722（传真）　　bgdcbs@sina.com
出 版 人：郝　勇
经销单位：全国各地新华书店
承印单位：河北鸿祥印刷有限公司
开　　本：710 毫米×1000 毫米　　1/16
印　　张：28.5
字　　数：538 千字
版　　次：2016 年 6 月第 1 版
印　　次：2016 年 6 月第 1 次印刷
标准书号：ISBN 978 - 7 - 5639 - 4667 - 9
定　　价：50.00 元

中小企业
工作事务管理制度
全书

张浩◎主编

北京工业大学出版社

图书在版编目（CIP）数据

新编中小企业工作事务管理制度全书／张浩主编
. —北京：北京工业大学出版社，2016.6
ISBN 978 - 7 - 5639 - 4667 - 9

Ⅰ．①新… Ⅱ．①张… Ⅲ．①中小企业—企业管理制
度 Ⅳ．①F276.3

中国版本图书馆 CIP 数据核字（2016）第 077501 号

新编中小企业工作事务管理制度全书

主　　编：张　浩
责任编辑：贺　帆
封面设计：许彦新
出版发行：北京工业大学出版社
　　　　　（北京市朝阳区平乐园 100 号　邮编：100124）
　　　　　010 - 67391722（传真）　　bgdcbs@ sina. com
出版人：郝　勇
经销单位：全国各地新华书店
承印单位：河北鸿祥印刷有限公司
开　　本：710 毫米×1000 毫米　　1/16
印　　张：28.5
字　　数：538 千字
版　　次：2016 年 6 月第 1 版
印　　次：2016 年 6 月第 1 次印刷
标准书号：ISBN 978 - 7 - 5639 - 4667 - 9
定　　价：50.00 元

前　　言

　　当前市场经济中充满着激烈的竞争，如果中小企业拥有一套健全的工作事务管理制度，那么不仅可以使中小企业的运作效率大大增强，明确企业发展方向，树立企业形象，还能充分发挥员工的潜能以及更好地满足客户的需要。本书详细论述了中小企业管理中普遍涉及的工作制度，并提供了具体工作制度的相关知识、流程、实用表格，使之具有可操作性，可在实践的层面上提高企业效率。

　　本书详细介绍了企业日常综合事务管理制度，企业会议、提案管理制度，企业财物管理制度，企业文书、书刊、档案管理制度，企业后勤、卫生管理制度，企业安全、消防、车辆管理制度，企业福利、宿舍、食堂管理制度，企业安全生产管理制度，企业安全生产检查、事故报告和处理制度，企业采购与运输管理制度，企业物流仓库及商品管理制度，企业经营目标与经营计划管理制度，企业广告企划管理制度，企业市场营销组织与调查计划管理制度，企业营销产品与售后服务管理制度等内容。

　　本书对现代中小企业管理有很大的参考和借鉴作用，是中小企业工作人员必备的参考书。

　　由于编者水平有限，书中难免存在错误和不足，敬请广大读者批评指正！

目　　录

第一编　企业行政事务管理制度

第二编　企业后勤服务管理制度

第三编　企业生产、经营管理制度

第一编

企业行政事务管理制度

第一章　企业日常综合事务管理制度

第一节　企业日常办公事务管理制度

▲企业办公室职责范围

第一条　协助总经理处理日常工作，协调部门工作，监督各部门认真及时地贯彻公司的各项工作决策和指令。

第二条　学习研究党和国家的方针、政策，贯彻落实领导的指示，为总经理的工作决策提供可靠依据。

第三条　做好人事管理工作，保管好员工的档案。

第四条　负责公司工作计划、总结、规章制度等各类文件的起草、审核、打印、复印、分发和登记工作，做好印鉴的管理工作。

第五条　负责公司级会议的筹备和安排，做好会议记录，整理会议纪要，对会议决定的执行情况进行催办和检查。

第六条　做好公司的考勤统计工作及工资的管理工作。

第七条　负责公司员工的培训工作，协同各部门共同抓好员工的思想素质教育和业务的培训。

第八条　做好文书档案和有关资料的管理工作。

第九条　负责公司的后勤管理工作。

第十条　认真完成领导布置交办的其他工作。

▲秘书工作条例

第一章　秘书的任务

第一条　秘书的任务是代替公司经理处理那些可以由其他人完成的工作和为

经理的工作做好准备。

第二条　公司秘书的工作有很多项内容，简单地表示如下：

（1）传达。

（2）运转。

（3）助手。

（4）书籍、文件整理。

（5）室内整理。

（6）代行事务。

（7）会计事务。

（8）调查。

（9）记录。

（10）接待。

第三条　以上工作的内容以及分量，根据经理的意图和各项工作的具体内容决定。

第二章　秘书的工作内容

第四条　传达事务的工作内容具体如下：

1. 接待来访

来访者各有不同，事有大小，秘书要区别对待。对应该会见的人，不论对方要求见面还是仅仅预约，应直接向经理转达对方的意图，并引其进入会客室或经理办公室；对不宜会见的人，在请示经理后以"不在"、"正在开会"或"工作很忙"等为由拒绝对方，或将个人意见报经理后进行答复。

2. 接听电话

接听电话时一定要先声明"这里是××公司"等，然后记下对方的姓名、工作单位、有什么事情，根据对方情况，也可明确回答，但一般不说经理是否在。

3. 转达

需要转达时要正确听取对方的身份和要转达的内容，并准确、迅速地转达。

4. 文件的收发及分送

收到的邮件或送来的文件，首先要区别是需直接送呈经理的，还是需秘书先进行处理的，或者是私用文书（这些区分的范围需事先请示经理）。需经理办理的要直接送交经理，经理不在时，如果有与经理直接有关的留言、电报、快递，可打电话告知。

第五条　日常运转工作内容涉及出席会议、旅行、参加宴会、拜访、起草文件等各方面。

1. 日程的设计及安排

对所确定的经理应处理的事项，如会见，出席高层职员会、总会等会议的日期和时间进行记录、整理，并随时进行调查，协助经理制订出日程表。

日程计划应记入每月日程表，必要时在上面记下预定内容和变更情况。

2. 准备及安排

有些工作需要特别的准备和安排，而且这些工作通常都有一定的时间限制，因此必须提前做好适当的准备。

第六条 用品的整理。秘书应将经理工作中所需的文件资料、各项用品及备用品事先准备齐全。

1. 在办公室内

平常经常使用的物品及备用品，应在合适的地方放置合适的数量。为此，应设计一张用品及备用品的明细表，在上面详细记下物品及一个月或一周所需数量以及补充的数量和补充日期，此外还必须存有一定量的备用品，以便随时补充。

2. 经理外出时

经理外出时需使用的笔、纸等，每天都应事先准备好一定数量，需要收入提包内的物品也要作同样考虑。这些需要准备的物品应在询问过经理后制作成一张明细表，以防遗漏。如果是出差，还应考虑出差地点和天数等，更要经常征询经理意见，以准备好所需用品。

3. 文件、资料的准备

首先要清楚哪些文件是重要的，如不明白，要详细询问，以便将可能会用到的文件材料一并准备齐全。然后列一张文件明细表以方便使用。

第七条 文件整理业务。

（1）为使经理处理完毕或正在使用的文件不丢失、弄混，并且随时可以提用，需要对这些文件进行整理。整理工作首先要根据经理意见将文件分类，并放入固定的装具和容器内，使用中还要经常整理，以便很容易地查到文件。

（2）整理工作的关键是分类项目的确定，保管及整理文件用品的选择和整理、借阅手续的完善。

（3）业务用的文件分为正在处理的文件、正在运行的现行文件和已处理完毕的文件，此外还有机密类文件。根据应用情况还可以分为每日必用、常用和不常用三种。

（4）经过这样的整理后，有必要对其进行装订，并给每一个文件集合体以一定的户头名称。应在听取经理意见后再制作一张文件分类的明细表，将表贴在保管场所或保管人的桌子上，便于参照。

第八条 整理、清扫工作。此项工作应由秘书督促事务员和勤杂工来完成。

工作中须注意如下几点：

（1）清理桌面。台历和墙上挂的日历要每天调整日期。桌子要擦抹干净。常用品要准备好，并按要求备齐数量。将前一天取出的图书、文件放回原处，有污染和破损的物品要清扫或更换。

（2）室内的物品都要放在固定的地方。

（3）根据当天的天气情况随时调整空调和窗帘。

第九条　代行事务。秘书可以代行的事务主要有以下四项：

1. 参加庆典、丧礼等仪式

这种场合要特别留心服装和服饰及行为仪表的得体，同时还要讲究寒暄、应酬的用语。

2. 转达经理意见或命令

表达经理意见要完整准确，注意简洁、迅速。有时根据情况，还要将对方的答复向经理汇报。

第十条　会计事务。该项事务是指由经理直接使用的几种账目的管理，包括各项物品的购入及发放、资产的调配及运用、现金收入及支出等方面的账目记录及管理。

（1）关于资产状态及收支情况要制作明细表，至少一个月要制作一张月报表，在特殊情况下，要随时根据经理及副经理的要求拿出报表。

（2）处理资产状况还应注意以下几点：

①支出及收入可以根据原始凭证将其发生额记入现金出纳账中。现金出纳账与现金余额的多少应保持一致。票据上要有经手人和秘书的印章以明确责任，每个月应有两三次将这些收据汇总后让经理过目。

②日常的现金支出应限定一定的数量，除此之外，若有特殊项目，应申请特别支出的资金或开出支票。

③开具支票需有收据或其他凭证，并在支票上记下用途，由经理盖章。

④资产分为土地、建筑物、有价证券、备用品及各种家具杂物的押金等。应设立各种资产的台账及有价证券簿，详细记录各种资产的内容、单价、数量、现有额及出入额等。

⑤银行存款及邮政储蓄要设存款底账。接受款项者应按名称分别立账并明示余额。

（3）各种物品的购入和发放应特别注意有无使用申请和手续是否齐备，并及时入账，以免遗忘和推迟记账。

第十一条　协助调查。公司的调查通常分为特命调查和一般性调查两类。公司在开展各种调查工作时，秘书必须做好协助工作。

（1）进行调查工作时，秘书应选择并委托合适的专家、顾问或将他们列为调查委员，并与之保持日常联系，需要时提出调查课题请他们完成。

（2）有些专业事项的调查，秘书也可以亲自听取专家和当事人的意见，或在调查各方面情况后，将意见和调查情况汇总后报告给经理。

第十二条 文书工作。文书工作有三个方面，即书写信函、起草文件以及文件的誊清或印刷。

1. 书写信函

对经理经常使用的信件种类可事先汇集成"标准通信范例"，需要时选择一种略加增删便可使用，较为方便。

2. 起草文件

同书写信函一样，事前将领导意图吃透，摸准实际情况，正确认识思想，协助领导做好文字工作。

3. 文件的誊清及印刷

主要包括将草案以笔记形式誊清、用打字机打印、直接印刷以及辑录图书杂志上的有关内容四项工作。

第十三条 联系业务。联系业务就是要向经理或副经理转达某项事情并向对方转告经理或副经理的意图，听取对方的答复，并将答复再次反馈给经理。

第十四条 招待事务。招待是指在经理外出、返回或有客人来访时的礼仪性款待，多指派事务员或勤杂工来完成。款待包括向导、收存携带物品、奉送茶点、迎来送往等。

1. 为经理服务

为经理服务的工作内容主要有以下一些：

（1）经理外出时应备好车辆。

（2）经理回到公司时，要接过经理脱下的外套、帽子等，然后放到一定的地方，并随时用刷子清洁这些衣物。

（3）当经理从外面回到办公室的时候，夏天要递上湿毛巾、冰水、咖啡或苏打水，冬天应马上递上热茶或咖啡。

（4）视天气情况调好空调。

2. 为客人服务

秘书还需为客人服务，比如出入公司时参照对经理的服务进行接待。若需要来访者等候时，应递上报纸、杂志等。

▲秘书职务说明表

职务名称　秘书	职务名称编号　3326991
职务等级　Ⅲ等	通过时期　××年×月×日
部　　　门　办公勤务	

工作概要：秘书职务（Ⅲ等）的从事者为本部门经理办理秘书事务。由于秘书职务（Ⅲ等）的职责是减轻部门经理的行政管理负担，因而其相当部分工作是行政管理性的，包括监督其他办公室人员。

工作职责：

基本职责（占用工作日的70%以上）：①笔录口授、誊写材料；②安排经理会谈日程；③监督其他办公室人员；④协助制订办公室预算；⑤信函的答复；⑥保护机密材料；⑦接待来访经理、客户和业务伙伴；⑧回电话；⑨准备薪金数据资料；⑩分派工作任务。

其他的职责（占用工作日的30%以下）：①汇集文书材料；②准备报告；③设计办公室内部表格；④评价下属人员；⑤复制文书材料；⑥保管小额现金。

使用的设备和工具：打印机、计算机、复印机。

使用的表格和报告：部门财务报表、工资报表、人事考核表、小额现金开支表以及其他所需的报表。

监督者：	部门经理：

与其他工作的关系：由于本职务的从事者负有给其他办公室人员分派工作的职责，因此与本职务和本部门所有办公事务均有关。本职务属本部门秘书职务的最高等级，其晋升的可能职务是总公司办公室秘书或行政管理助理。

▲企业机密文件管理规定

第一条 范围。

（1）生产设备设计图：具有专利性与独特性的机械设计图以及生产设备布置图。

（2）技术性的资料：独特技术性的操作标准，与外人技术合作或外人技术指导资料，产品配方，产品开发、改良或试验资料，国外现场实习报告及其他技术上属于机密性的资料。

（3）业务性的资料：销售成本资料，市场情报，国外业务考察报告及其他业务上属于机密性的资料。

（4）其他经厂长、处长以上主管认为有必要列入机密文件管理的一切资料。

第二条 保管部门。

（1）外来机密文件应以公司总经理室为保管部门；经各公司总经理核准需由事业部、研究所或工厂所在地保存者，应以事业部经理室、研究所所长室、驻厂经理室或总经理指定的部门为保管部门。

（2）属技术、开发、营业等部门自行建立的专业性机密文件，应以各事业部经理室或厂区文书管理部门为保管部门。

（3）总管理处各部、室、中心的机密文件，属各部门承办的专责性质者，应以各该部、室、中心为保管部门。

（4）各保管部门应指定专人经各公司总经理核定（总管理处由总经理核定），负责机密文件的收发、登记及归档等事务。

第三条 外来机密文件处理。

（1）外来机密文件由代表公司取得该文件的人员经送该公司总经理室机密文件保管人员，以"收（发）文登记单"（一式五联）登记，呈请总经理核派经办人（主办人）及指定处理期限后，其分文、经办、复文或主动发文均依公司内部之规定流程处理。唯其递送均应亲自为之，不得假手他人。

（2）若文件内容影响公司权益重大时，保管人员于文件分类办理时，应以影本为之，原文件由保管人员妥藏。

（3）主办人于文件处理期间，需负保密全责；如需分派其所属人员办理时，则于每日上班以"文件传递记录卡"注明时间、用途并由经办人签章后，"文件传递记录卡"由主办人留存，密件交经办人办理。于当日下班（或完工）时主办人应负责将密件收回，并在"文件传递记录卡"上填注收回时间，由经办人签认后随"收（发）文登记单"第五联与密件一并归档。

（4）密件办妥后由主办人亲自递送或封妥签章交予文书管理部门收发人员寄送。

第四条　自创的专业性机密文件处理。

（1）隶属技术、开发、营业等部门的工作人员于承办特定项目的业务所建立的资料，应视同机密文件，依有关规定办理。

（2）前款各项机密文件的经办部门应于每月底编制翌月的"工作计划表"中写明交办的特定业务工作主题、内容摘要、经办人及预定完成期限等，经主管核定后，一份自存，一份送保管部门存查。

第五条　经办方式。

（1）经办人应于办公场所处理机密文件，不得擅自携带外出或转借、出示于他人，处理期间应妥善收存，防止他人轻易取得或翻阅。

（2）经办人不得请托他人代抄、代描机密文件，非经经理级以上主管核准者，亦不得擅自复制。

（3）经办人如因公确需携带机密文件外出时，应呈经理级以上主管（专业性机密文件应呈厂长、处长）核准后带出。

（4）经办人如未能于规定期限内处理完毕，应于到期前签呈交办的主管核准延长处理期限并联络保管人员延缓稽催。

第六条　归档。

（1）外来机密文件被主办人办妥并经总经理核定保存期限后，应将文件连同"收（发）文登记单"第四、第五联及"文件传递记录卡"送交保管人员签收，编定档号，依其类别登入"机密文件保管备查簿"。第四联送回主办人存查，第五联连同文件归档。

（2）对于内部自行建立的机密文件，经办人办妥并经厂长、处长核定保存期限后，应将文件类别、内容摘要、预定保存期限等填入"机密文件送件单"。随文件送交保管人员编定档号并签收后，"机密文件送件单"退回经办人存查，文件由保管人员依类归档并将其名称及归档编号登入"机密文件保管备查簿"。

第七条　档案整理。

（1）保管人员应将每月增加的机密文件，于翌月五日前填写"机密文件增列表"呈总经理（专业性者呈经理）核阅，并于每年年底清理档卷，将认为已无须继续保管或已消失机密性质的文件，造具"机密文件销毁表"呈报总经理（专业性者呈经理）核准后销毁或送回原经办部门按一般文书办理归档。

（2）保管人员应于每月底查对"机密文件增列表"及"出国计划书"或"工作计划表"，如有应送而未送归档者，则以函稽催经办部门送交归档。

（3）机密文件应单独成立档卷，与其他一般文件分开保管。

第八条 调卷。

(1) 各部门需调阅机密文件时，除依规定方式办理外，经办人应填具"调卷单"注明调阅期限及用途，经调阅部门主管证明并送保管部门主管同意后，方可调卷。

(2) 保管人员接到经核准的"调卷单"，应立即开立"文件传递记录卡"一份，连同密件交予调卷人签收后，"文件传递记录卡"由保管人员留存。用毕归还时，密件经保管人员点收无误后，将归还时间填记于"文件传递记录卡"并经调卷人签认后一并存档。

第九条 副本。机密文件需影印、复印时，应呈经理以上主管（专业性者呈厂长、处长以上主管）核准后，交由保管人员印发，并将份数登记于"机密文件保管备查簿"；副本（含复印件）视同正本依本规则的规定处理。

第十条 文件管理。经办人、保管人员或调卷人员应妥善管理经手的机密文件。倘有下列情形之一者，依公司规定议处：

(1) 拆散原案显有弊端者。

(2) 原案被污损、抽换、涂改或遗失者。

(3) 擅自将文件携带外出、转借或出示于人及其他宣泄机密情事者。

(4) 调卷逾期拒不归还而不申述理由者。

(5) 擅自请托他人代抄、代描、复印或打字、印刷者。

(6) 文件分办传递时，未以"文件传递记录卡"记载或未于分办当日下班（或完工）时收回（缴回）者。

第十一条 文件处理日数的统计。

(1) 各收发人员根据"收（发）文登记单"第一联，业务接洽便函第一联（发文）及第四联（收文）分别造具"文件处理统计表"一式两联，于翌月五日前，将一联呈送经理核阅后存经理室备查（全公司的"文件处理统计表"应呈总经理核阅后存总经理室备查），一联自存。

(2) 处理日数计算标准。

①收文案件：自收文之日起至复文发出或文件归档之日止，所需日数扣除节假日后，为实际处理日数。

②发文案件：自文件发出之日起至其销案之日止，所需日数扣除节假日后，为实际处理日数。

第十二条 文书用纸。

(1) 对关系企业外机构的行文以公文用纸为之。对客户或厂商行文须用印有公司名衔的书函用纸。

(2) 对关系企业内部各部门间的行文以"业务接洽便函"为之，但公司间的行文亦须用公文用纸。

（3）电报用电报专用纸。

（4）签呈用签呈专用纸。

第十三条　文件处理的稽查。各公司总经理室应不定期派人稽查各部门的文书处理情况并随时予以辅导，如有异常应立即通知经办部门主管处理。

▲职员保密纪律规定

第一条　保密工作是指对可能发生的泄密和窃取活动采取的系列防范措施。

第二条　保密工作原则：积极防范，突出重点，严肃纪律。

第三条　全体职员应做到：不该看的不看、不该问的不问、不该说的不说。

第四条　文件和资料保密：

（1）拟稿。文稿的拟定者应准确定出文稿的密级。

（2）印制。文件由行政管理部统一印制。

（3）复印。复印秘密文件和资料，应由主管总裁批准。

（4）递送。携带秘密文件外出，应由两人同行，并包装密封。

（5）保管。秘密文件由行政管理部统一保管，个人不得保存。如需借阅，由主管总裁批准，并于当天收回。

（6）归档。没有解密的文件和资料存档时要在扉页上注明原定密级，并按有关规定执行。

（7）销毁。按档案管理的有关规定执行。

第五条　对外披露信息，按公司规定执行，按下列程序办理：由部门经理、主管总裁、法律事务处会签。

第六条　保密内容按以下三级划分：

（1）绝密级：

①集团领导的电传、传真、书信。

②非公开的规章制度、计划、报表及重要文件。

③集团领导个人情况。

④正在研究的经营计划与具体方案。

（2）机密级：

①集团电传、传真、合同。

②生产工艺及指导生产的技术性文件和资料。

③职员档案。

④组织状况，人员编制。

⑤人员任免（未审批）。

（3）秘密级：集团的经营数据、策划方案及有损于集团利益的其他事项。

▲办公室布置规定

第一条 各部门办公室布置以大办公室集中办公为原则。

第二条 经理室设置于大办公室的一端，与所属单位以玻璃间隔。

第三条 各部门所属单位座位应采用同一方向，后排为各室主任，中排为各组组长，前排为一般职员。

第四条 接洽外客频繁的职员，应将其座位排在前面。

第五条 办公桌以单独排列为原则，如因场地或实际情况需要，可以两桌并排。

第六条 接洽外客的地点应安排在经理室客厅。

第七条 因工作性质需独立设置的小型办公室，其室内布置按照大办公室布置的原则办理。

第八条 办公室内办公桌椅、保密箱、书橱颜色暂定为灰色，墙壁、天花板颜色暂定为白色，柜台、窗框及木质隔间暂定为乳黄色。

第九条 各部门衔牌钉挂方式规定如下：

（1）大办公室及独立设置的小型办公室衔牌钉挂在入口处的适当位置。

（2）大办公室内的单位衔牌钉挂在各部门经理座位上方的适当位置。

（3）衔牌颜色为绿底白字，其规格定为宽度为高度的两倍。

第十条 如场地允许，办公室内可划出一角为更衣室。

第十一条 箱橱顶上及柜台上不得堆置文件。

第十二条 公司及各部门办公室布置图及座位图由总事务室于本要点公布后30天内派人实地绘制呈报。

第十三条 本规定经总经理核定后公布实施。

▲收发文管理制度

（1）本企业的收文由保密室签收登记，总经理的收文由总经理签收，属企业领导亲收的信件，一律交收件人亲自拆封。

（2）公文登记后，转交领导传阅，如需转交有关部门阅办，应由保密员送交，并经登记签收后才可送交。

（3）各部门实行公文催办制度。负责办理公文的人员，对经手处理的公文，应事事有下文，件件有落实，催办有结果，转办要及时，防止积压误事。

（4）个人或各部门对承办的公文，必须认真负责，按规定期限迅速办理，不得拖延。

（5）秘密级以上文件须到保密室阅读。因工作需要借阅文件应办理相关手续，用完后及时退还。各级领导及有关人员均不得将秘密文件带出办公室。

（6）公文办完后，应根据文书立卷、归档的有关规定及时将公文定稿，正本和有关材料应整理立卷。

（7）干部调动时，应将文件（含保密记录本）清理移交，凡参加会议带回的文件，应及时送保密室登记保管。

（8）需要销毁的公文经鉴别和主管领导批准，由总经理室定期销毁。销毁秘密公文要进行登记，要有专人监督，保证不漏销、不丢失，秘密级文件一律集中按有关规定处理。

▲文印室管理制度

（1）单位的文件，有打印必要时方可打印。内部传递的简单请示报告或其他不需打印的文件，一般不予打印。

（2）单位发文，须由起草人核准，经有批准发文权的领导签字同意后方准打印。一般文件的打印、复印、传真，须经所在部门负责人签字同意后才予办理；部门经理不在时，可经总经理办公室主任同意后办理。

（3）私人资料不得在本单位打印、复印或用传真机传送，以免影响企业的正常工作。

（4）文印室工作人员应认真做好本职工作，按时完成任务。对收到的文件资料，应及时给有关部门、人员送发，或及时通知有关人员到文印室取回，不得延误。

（5）文印室人员应树立严格的保密观念，不得随意将打印、复印或传真资料中有关商业秘密或企业管理中须保密的事项透露给他人，不得截留任何文件。

（6）文印室对送来打印、复印、传真的文件资料，应做好登记，并在月终作统计核算。属业务部门的，由各部门承担费用；属行政、管理部门的，统一归列行政开支。

（7）文印室工作人员初次违反上述规定的，给予批评或处50元以下罚款；屡教不改或给企业造成不良社会影响或较大经济损失的，处50元以上罚款直至辞退。

▲会议室、接待室使用管理制度

会议室、接待室是企业举行会议、接待客户的场所，为加强管理，规范会议室、接待室的使用，给员工营造一个良好的工作环境，特制订本制度：

（1）企业所有员工非接待客人和参加会议，不得随意进入接待室和会议室。

（2）企业各部门如需使用会议室，要提前到总经理办公室申请，在会议室使用登记簿上签字，由办公室统一安排。

（3）接待室有专人负责引见、招待、接送来宾。

（4）任何员工不得随便移动会议室、接待室的家具及物品。

（5）任何员工不得随意使用会议室、接待室的茶叶、咖啡、饮料等。

（6）任何员工不能随意拿走接待室的报纸、杂志等资料。

（7）爱护接待室、会议室的设施。

（8）会议结束，要整理会场，保持清洁，并到办公室办理交接手续。

▲电话接待服务要领

1. 响铃时

电话铃声响后，应尽快拿起话筒。这是非常重要的，直接关系到企业的形象，有人称之为商战成功的秘诀之一。许多公司规定，电话铃声响三次之内，电话员必须拿起电话。如果让客户久等，会引起其不快，下次就不会再来电话联系业务。

拿起话筒后，不等客户询问，要立即报出"您好，这是××公司"，如果客户首先询问，电话员应予以肯定，"是的，这是××公司"。接电话时，语调要亲切诚恳。

2. 找人时

若遇找人电话，应迅速把电话转给被找者。如果被找者不在，应告诉对方，"对不起，××先生（小姐）刚出去了"之类。若需传言，应做好记录。

3. 电话声音太小时

如果对方语音太小，就大声"喂、喂"之类是不礼貌的，而应讲"十分对不起，您的声音有点小"。

4. 通话时注意的问题

客户来电话，多为询问与经营业务有关的问题，所以，接电话者或专职电话员必须熟知企业情况，特别是本公司经营的产品品种、价格等。

通话过程中，若需与其他人讲话，应讲一句"请您稍等一会儿"，然后手捂话筒，与其他人小声交谈。

如果通话过程中，需要客户等待，应讲一句"请您稍等一会"，如果等待时间过长，再讲一句"对不起，请您再等一会儿"，否则客户会挂机。再次通话时，应首先致歉："让您久等了。"在通话时，如果有其他客户，接电话者不应目中无人，应点头致意。此外，由于新职工对企业情况知之不多，一般不要抢接电话，否则一问三不知会给客户留下坏印象。

5. 放下电话时

通话结束后，要等对方先挂上电话，以免对方还有什么话要说。再者，自己先挂电话也是不礼貌的。放下电话时，不能乱摔乱扔，而应手托话筒，轻轻放下。

6. 打错电话时

往往会有人打错电话，这时不能粗暴地说："错了！"正确的说法是："您打错了，这里是××公司。"态度不能居高临下，而应诚恳，语言应亲切，因为这有可能感染对方，使之成为新客户。

7. 打出电话

打出电话时，应先确认号码。通话规范是，先报出自己或企业的名字，然后转入正题。

打出电话最重要的是确认受话人，这不但会避免浪费电话费，而且也不至于耽误事情。

8. 打出电话的时间

非紧要事情，在客户来电话的高峰时，尽量不要占用电话。打出电话时，要简洁，少占用时间，并向对方致歉："对不起，因为是电话高峰……"

9. 打电话时的姿势

打电话时，应面向话筒，头略低，富有诚意。

▲行政办公室工作职责

第一条　负责公司本部的行政管理和日常事务，当好领导的参谋，协助领导搞好各部门之间的综合协调，加强对各项工作的督促和检查，建立并完善各项规章制度，促进公司各项工作的规范化管理。

第二条　负责公司的公文、资料、信息和宣传报道工作，促进内外沟通，保证上情下达和下情上报。

第三条 负责公司来往文电的处理和文书档案的管理工作，负责对会议、文件决定的事项进行催办、查办和落实。

第四条 加强对外联络，拓展公关业务，促进公司与社会各界的广泛合作和友好往来，树立良好的企业形象。

第五条 产销计划设立、修订及产销绩效统计分析。

第六条 全公司组织系统人员编制、工作职责的研讨、修订。

第七条 下列各项管理制度的建议、推行与修订：

（1）生产管理、质量管理、设备管理制度。

（2）技术管理、开发管理制度。

（3）物资管理制度。

（4）会计账务、成本管理制度。

（5）人事、总务管理制度。

（6）其他有关管理制度。

（7）管理有关异常事项的检核、报告、追踪与改善。

（8）管理有关呈核、呈报案件的分析、审核。

（9）全公司教育训练计划的汇总与推行。

（10）大专以上文化程度人员及管理人员的招募、甄选、训练计划的拟订。

（11）厂部间有关事项的协调。

（12）材料编号、成品编号的设（修）订。

（13）标准成本设立、修订及单元成本分析与推行。

（14）经营资料分析、异常反应及改善方案的提供。

（15）预算编制协助建立及管理。

（16）专案性成本及产品利益分析。

（17）投资计划方案的审核、编制及执行、追踪。

（18）新产品的成本预估及售价拟订。

（19）负责公司的印章管理。

（20）负责公司的报关事务。

（21）负责公司的礼品管理。

（22）负责公司的合同管理和法律事务。

（23）负责公司的营业执照管理。

（24）完成领导交办的其他工作。

▲行政办公规范管理制度

第一条　为使公司办公管理及文化建设提升到一个新层次，特制订如下规定。

第二条　办公仪表规范：

（1）每周一至周四：男士着深色套装（马甲）、衬衣、皮鞋，并配领带。

（2）每周一至周四：女士着深色套裙（或套装）、马甲、衬衣、皮鞋。

（3）周五：随意着休闲上装及长裤，女士可着裙装（有外事活动除外）。

（4）头发梳理整齐，服饰熨烫挺括，领带正挺，皮鞋亮净。

第三条　办公室规范：

（1）办公桌：桌面除公司购置的案头用品及电脑外无其他物品。

（2）辅桌：桌面除放置文件盒、笔筒、书籍外，不准放其他物品。

（3）电脑：显示器贴墙放置，横式主机置显示器下，竖式主机置桌面下。

（4）拖柜：置办公桌下左角或辅桌旁，面朝办公椅。

（5）垃圾篓：置辅桌后。

（6）饮水机：置于指定地点，不得随意移动。

（7）报刊：必须上报架，或阅完后放入办公桌内。

（8）外衣手袋：置挂于衣帽间或柜子内，严禁随意放在办公桌椅及辅桌上。

第四条　语言规范：

（1）交往语言：您好，早晨好，您早，晚安，再见，请问，请您，劳驾您，谢谢，周末愉快，拜拜。

（2）电话语言：您好，请问，谢谢，再见。

（3）接待语言：您好，请稍候，我通报一下，请坐，对不起，请登记，我即去联系，打扰您一下，好的，行（切勿说"不"）。

▲行政办公纪律管理规定

（1）凡本公司职员上班要戴胸卡。

（2）坚守工作岗位不要串岗。

（3）上班时间不要看报纸、玩电脑游戏、打瞌睡或做与工作无关的事情。

（4）办公桌上应保持整洁，并注意办公室的安静。

（5）上班时穿西装和职业装，不能穿超短裙与无袖上衣及休闲装，不要在办公室化妆。

（6）接待来访和业务洽谈应在会议室进行。

（7）不要因私事长时间占用电话。

（8）不要因私事拨打公司长途电话。

（9）不要在公司电脑上发送私人邮件或上网聊天。

（10）未经允许，不要使用其他部门的电脑。

（11）未经总经理批准和部门经理授意，不要索取、打印、复印其他部门的资料。

（12）不要迟到早退，否则每分钟扣发工资1元。

（13）请假须经部门经理、分管副总或经理书面批准，到办公室备案；假条未在办公室及时备案者，公司以旷工论处，扣减工资。

（14）平时加班必须经部门经理批准，事后备案公司不发加班费。

（15）不论任何原因，不得代他人刷卡，否则将按有关规定处理。

（16）因工作原因未及时打卡，须及时请部门经理签字后于次日报办公室补签，否则作旷工处理。

（17）加班必须预先由部门经理批准后再向办公室申报，凡加班后申报的，办公室将不予认可。

（18）在月末统计考勤时，办公室对任何空白考勤不予补签，如因故未打卡，请到办公室及时办理。

（19）吸烟到卫生间，否则将被罚款。

（20）请病假如无假条，一律认同为事假。

（21）请假条应于事前交办公室，否则将视为旷工。

（22）市场部因当日外勤而不能回公司打卡的职员，请部门第一负责人在当日8时30分以前写出名单，由办公室经办人打卡。

（23）凡出远勤达1天以上者，须先填报经领导批准的出差证明单。

（24）因故临时外出，必须请示部门经理；各部门全体外出，必须给总经理办公室打招呼。

（25）不得将公司烟灰缸、茶杯、文具和其他公物带回家私用。

（26）无工作需要不要进入经理办公室、计算机房、客户服务中心、档案室、打字室、财务部以及会议室、接待室。

▲行政办公工作说明表

职称_____　　部门_____　　　　撰写日期___年___月___日
姓名_____　　隶属部门_____　　　同职称人数_____人（含本人）
管辖部门_____

次序	工作概述（请分门别类扼要叙述工作内容）

▲职员守则

第一条　遵法制。学习理解并模范遵守国家的政策法律、本市的法规条例和本公司的规章制度，争当一名好公民、好市民、好职员。

第二条　爱集体。和企业荣辱与共，关心公司的经营管理和效益，学习经济及管理知识，提高工作能力，多提合理化建议，牢固树立"团队、竞创、协作、责任"的企业精神。

第三条　听指挥。服从领导听指挥，全面优质完成本职工作和领导交办的一切任务。要按照民主集中制原则，坚决支持、热情帮助领导开展工作。

第四条　严纪律。不迟到，不早退，出满勤，干满点。工作时间不串岗，不办私事，不饮酒，不在禁烟区吸烟，不私拿或损坏公物，不私设灶具自制饮食，不做有损团结之事。

第五条　重仪表。保持衣冠、头发整洁。男职员不准留长发、留胡须，女职员要淡妆上岗，打扮适度。

第六条 讲礼貌。使用"您好"、"欢迎您"、"不客气"等礼貌用语，不以肤色、种族、信仰、服饰取人。与客人相遇，要主动相让；与客人同行时，应礼让，让客人先行；同乘电梯时，让客人先上、先下。

第七条 讲卫生。常剪指甲，注意卫生，无汗味、异味。工作前不得饮酒，吃蒜、韭菜等异味食品，保持口腔卫生。

第八条 讲站姿。

（1）挺胸、收腹、沉肩。

（2）双脚略分开约15厘米。

（3）双臂自然下垂在身体两侧或背后，放背后时，左手放在右手手背上。

（4）头部端正，目视前方，面部表情自然，略带微笑。不得前仰后合或倚靠他物，不得插兜、叉腰、抱肩，不得前后叉腿或单腿打点，不得东张西望、摇头晃脑，不得站立聊天。

第九条 敬客户。

（1）接待客人时，要面带微笑。与宾客谈话时应站立端正、讲究礼貌、用心聆听，不抢话插话、争辩，讲话声音适度，有分寸，语气温和、文雅，不大声喧哗。听到意见、批评时不辩解，冷静对待，及时上报。

（2）遇到客人询问，做到有问必答，不能说"不"、"不知道"、"不会"、"不管"、"不明白"、"不行"、"不懂"等，不得以生硬、冷淡的态度待客。

（3）尊重客人的风俗习惯，不议论、指点，不讥笑有生理缺陷的客人，不嬉戏客人小孩，不收受礼品。

（4）电话铃响立即接转，铃响不得超过三声。接转电话时，要先说"您好！×××部门"，然后细心聆听，声调要温和，勿忘使用本岗位礼貌用语。

（5）会见客人时，不主动握手。必须握手时，应面带笑容、姿势端正、用力适度，不能用左手。握手时，左手不得插兜。

（6）在客人面前不得补妆、修指甲、剔牙、挖耳朵、打饱嗝、伸懒腰、打响指、哼小调。

第十条 守机密。不向客户或外部人员谈论本公司的一切事务。一切内部文件、资料、报表、总结等，都应做到先收锁再离人，保证桌上无泄密。

第十一条 保廉洁。不以拉关系图私利。馈赠物品要如数交公不得私留。不贪污、不受贿，不挪用公款，不以权谋私。勇于揭发问题，敢于同不良的现象做斗争，要打击歪风，树立正气。

第十二条 勤节约。克服"浪费难免论"，消灭长明灯、长流水。节约使用文具和器材，爱惜各种设备和物品。要发扬勤俭兴业的好传统，为公司的增收节支做贡献。

▲企业内部创业规定

第一条　目的。激励员工的热情，增强企业的凝聚力，以使企业向国际化经营水平发展。为企业员工创造良好的福利。为企业员工提供自行创业的机会。

第二条　创业管理。

（1）由总公司统一采购，以获得规模采购的优惠。

（2）由总公司做整体经营企划方案，从而以最低的费用，取得最佳的业绩。

（3）由总公司统一配销，可节省配销人力及财力。

（4）由总公司统一管理，达成内部创业的合理化和制度化的企业经营管理目标。

第三条　创业员工职务要求。

（1）担任本公司其他部门副经理 4 年以上，且表现优异者。

（2）担任本公司其他部门经理 3 年以上，且表现优异者。

（3）担任本公司营业部门副经理 3 年以上，且表现优异者。

（4）担任本公司营业部门经理 2 年以上，且表现优异者。

第四条　创业员工能力要求。

（1）具备领导能力、组织能力、执行能力。

（2）具备相关专业知识及销售能力、财务能力、人事能力等。

（3）具有总体意识及经营观念创新的能力。

（4）具有配合总公司政策与行动的能力和成为超级经营者的雄心。

（5）具有旺盛的精力与顽强的意志。

（6）具有提高工作业绩、增加收益的明确构想。

（7）具有调动别人来协助自己工作的能力。

（8）具有可能实现的目标。

（9）具有积极从自己或他人的错误与失败中吸取经验教训的能力。

第五条　申请要求。

（1）提出内部创业申请书。

（2）拟定营业计划书。计划书的具体内容有：

①市场潜力、市场结构与目标消费群。

②组织规划与人力需求。

③营业方式与目标。

④资金来源与运用。

⑤损益预估。

⑥营运地点及时间。

第六条 内部创业部的设立。

通过调查分析，依据市场概况决定地点，其规模为月平均销售金额 1 万元至 5 万元。

第七条 内部创业部的组织。职务由企业委托经理、副经理负责；财务由总公司统一管理。

第八条 资金。

1. 初始资金

初始投资由总公司负责，初始资金包括房屋、押金、装潢、展示品及第一批员工的培训费等。

2. 营运资金

（1）营运资金由创业人自行筹措。

（2）创业部成立前，应将营运资金一次性交于财务部。

第九条 劳动方式。

（1）公司总经理担任本公司的最高执行主管，负责实施劳动目标，并进行实际督导。

（2）创业部经理负责实际执行工作。

第十条 竞争规定。

（1）创业部的设立区域，不得与现有的创业部相冲突。

（2）创业部应配合总公司的经营政策和目标，不得与总公司恶性竞争。

（3）创业部须在必要时，以人力、物力、财力支援总公司。

第十一条 工作调整。创业部负责人如需调整，应于申请核准后，将工作移交清楚，并负责培训新接任人直到其能胜任工作为止。

第十二条 摊销管理费用。创业部必须分摊总公司的人事管理费用，即管理人员奖金、红利。其金额为营业额减去进货成本余额（即销货毛利）的20%。

第十三条 业务会议。总公司定期举行创业人员业务会议，以扩大营运业务。创业人员应准时参加业务会议。

第十四条 营业收入。创业部的营业收入统一存入总公司账户，货款由总公司统一支付。营业部应将支付日报表呈送总公司，但可以保留必要的流动资金。

第十五条 会计核算管理。各创业部须由总公司建立独立的会计核算制度与损益计算制度。各会计单位要于次月 10 日前向总公司提交当月的财务报表。

第十六条 预、决算管理。创业部营业年度自当年 1 月 1 日起至 12 月 31 日止，于本年 12 月 20 日前提交下一年度的预算方案，并于次年 1 月 20 日前提交上一年度决算报表。

第十七条 借调资金。

(1) 向公司借调营运资金，必须以资金使用计划书的形式向总公司提出申请，经核准后调拨。调拨的资金不能用于营运计划书外的项目支付。

(2) 正常劳动资金不足时，可按当时银行规定的一年期存款利率计息向总公司借调，但借款总额不得超过各部成立时自筹资金的总额。

(3) 创业部不得以总公司名义举借外债，其外债均由创业部负责人承担。

(4) 创业部不得以任何理由借款给个人或其他企业。

第十八条 利润分配。各创业部的税后利润中，35%为总公司的股息和投资报酬，25%为各创业部的保留盈余，40%为创业部的红利。

第十九条 亏损的弥补。

(1) 创业部的税后利润，应优先弥补亏损及提取法定公积金后，方可分配。

(2) 不足数额从保留利润中提出弥补。

第二十条 保留税后利润分配。

(1) 保留税后利润为弥补亏损及转增资本之用。

(2) 税后利润转增资本不得超过保留税后利润的80%。

(3) 保留税后利润超过资本额一半时，其超出部分可由创业部负责人自行处理或保留以备增资。

第二十一条 分配红利。创业部的红利由负责人自行分配。

第二十二条 转增资利益。创业部的增资额视为其负责人的投资额，按增资额占总资本（增资后）的比例来分配。

第二十三条 撤换负责人规定。具有下列情形之一的，总公司撤换创业部负责人：

(1) 无法胜任工作的。

(2) 不能执行总公司政策及不服从指挥的。

(3) 违法失职，纠正无效的。

(4) 经营不善，被提醒后改善效果不佳的。

(5) 有书面辞职报告，经总经理核准的。

第二十四条 资产清算。

(1) 创业部资产如果小于净值时，可由总经理决定是否追加投资或解散。

(2) 创业部经核定解散时，由总公司派人员进行清算。

(3) 清算扣除一切负债和成本后的税后利润归创业部负责人。

(4) 第（3）条的税后利润，由总公司将其转为创业部负责人的股份，或以现金形式于一年内拨付负责人。

（5）清算后的亏损由保留盈余及转增资额优先弥补。

（6）清算后有资金不明、资金减少、私人负债或挪用、盗用公款等事项，一概由创业部负责人全权负责。

创业部更换负责人后的清算，也适用于本条的规定。

第二十五条 人力资源管理

（1）创业初期，各部的负责人以在总公司担任职位的高低来确定其权限。职位高的为经理，职位低的为副经理。

（2）创业部负责人不得要求调动。

（3）经撤换的营业部经理，不再为总公司任用。

▲办公人员工作服配发规定

第一条 本规定确定的是公司工作服配发、穿用及换发等有关事项。

第二条 为使本规定顺利执行，总务部对每一套工作服配制管理表。管理表的项目包括：

（1）规格与编号。

（2）购入日期。

（3）购入价格。

（4）配发日期。

（5）配发对象。

（6）上交日期。

（7）换发日期。

（8）换发负责人。

第三条 各分部为加强工作服管理，也应制订工作服管理表。管理表内容同上。

第四条 向每一职工颁发工作服使用证，以记载工作服的规格、编号、领用日、交换日等内容。

第五条 工作服的规格与编号。

（1）工作服分小、中、大和特大四种规格，分别以 S、M、L 和 XL 表示。

（2）工作服编号方法为：百位数为制作年度最后一位数；十位数及个位数分别为同一种类工作服在同一年度的配发顺序。

第六条 工作服编号应写在一块 10 厘米 × 4 厘米的白布上，并缝制在指定处（有扣工作服缝在第二与第三个扣子内侧，裤子缝在第一个与第二个扣子的内侧。无扣工作服的编号应缝在不易磨损的内侧。帽子直接在内侧填写编号）。

第七条　办公人员必须严格按照不同的穿用期间穿用不同的工作服。

第八条　除清洗、修补外，工作服不得带出工作地。

第九条　工作服应保持清洁，有损坏时，应及时修补。

第十条　职员不得任意改动工作服的样式和穿着方法。

第十一条　总部事务室应准确把握库存工作服数量，在正式换用新工作服2个月前，统计各类及各种型号工作服的需要数量，提交给总务部。

第十二条　工作服到货后，由事务室负责验收。

第十三条　事务室负责对全体职员的身高、胸围、腰围及头部进行测量，并登记造表。

第十四条　配发工作服。

（1）事务室根据职员体位记录，自各类工作服穿用期开始日前两天，开始配发工作服。分部的工作服配发也应如此。

（2）配发工作服时，事务室应填制工作服管理表，填发工作服使用证，或将工作服使用证随工作服一起交职员或分部。

（3）配发新工作服时，事务室还应收回旧工作服，并在工作服管理表和工作服使用证上填写有关项目。

（4）在配发工作结束后，事务室应及时向因故未领工作服、未交旧工作服或未办理换领手续的职员发出通知，督促其补办。

第十五条　事务室对由各分部上交的工作服，应做下列项目的检查，在填写下列记录后，入库保管。

（1）实物与管理表记载项目是否一致。

（2）实交数量。

（3）是否成套。

（4）清洗状况。

（5）修补状况。

（6）有无污损。

（7）布料磨损程度。

（8）褪色或变色程度。

如经检查，上交工作服无法穿用时，应将有关情况报告主管，由其做出处置决定。

第十六条　对于职员丢失工作服、不按要求穿着工作服、严重污损工作服等违纪行为，事务室应将详细情况报告主管上级，并提出详细处理意见。

第十七条　本规定自×××年×月×日起实施。在此前的规定同时作废。

▲职员着装管理办法

第一条 为树立和保持公司良好的社会形象，实现规范化管理，本公司职员应按本规定的要求着装。

第二条 职员在上班时间内要注意仪容仪表，总体要求为得体、大方、整洁。

第三条 男职员的着装要求：夏天穿衬衣、系领带；着衬衣时，不得挽起袖子或不系袖扣；不得穿皮鞋以外的其他鞋类（包括皮凉鞋）。

第四条 女职员上班不得穿牛仔服、运动服、超短裙、低胸衫，并一律穿肉色丝袜。

第五条 女职员上班必须佩戴公司徽章；男职员穿西装时要求佩戴公司徽章。公司徽章应佩戴在左胸前适当位置上。

第六条 部门副经理以上的职员，办公室里一定要备有西服，以便有外出活动或重要业务洽谈时穿用。

第七条 职员上班应注意将头发梳理整齐。男职员头发不过耳，不得留胡子；女职员上班提倡化淡妆，金银或其他饰物的佩戴应得当。

第八条 职员违反本规定的，除通报批评外，每次罚款50元；一个月连续违反3次以上的，扣发当月奖金。

第九条 各部门负责人应认真配合，督促属下职员遵守本规定。职员一月累计违反本规定人次超过3人次或其属下职员总数20%的，该负责人亦应罚款100元。

▲长途电话管理办法

第一条 为使电话发挥最大效力并节省话费，特制订本办法。

第二条 电话由管理部统一负责管理，各部门主管负责监督与控制使用。

第三条 电话使用规范：

（1）每次通话时应简洁扼要，以免耗时占线、浪费资金。

（2）使用前应对通话内容稍加构思或拟出提纲。

（3）注重礼貌，体现公司职员良好的文化素养和精神风貌。

第四条 长途电话使用规范：

（1）各种外线电话应配置专用长途电话记录表（具体表格略），并逐次记录使用人、受话人、起止时间、联络事项及交涉结果。该表每月转管理部主管审阅。

（2）长途电话限主管以上人员使用。

（3）其他人员使用长途电话需先经主管批准。

（4）禁止因私拨打长途电话。

第五条　违反长途电话使用管理办法，或未登记和记载不实者，将视情节轻重给以批评或处分。

▲影印文件申请单

编号：

申请部门：　　　　　　　　　　　　　　　　年　　月　　日

文件名称	原稿页数	影印份数	计 费					备注
			A3 张	A4 张	B4 张	B5 张	合计(元)	

第二节　企业日常涉外服务管理制度

▲外事接待管理规定

第一条　公司的国内外来宾及公司领导接待工作，除由公司总裁或其他高级管理人员亲自接待以外，其余由行政管理部配合有关部门负责安排接待工作。

第二条　外事接待工作必须按照公司的有关规定和统一部署安排办理。

第三条　外事接待工作的基本原则：认真负责，热情周到，不卑不亢，言行得体，严守机密。

第四条　国内外宾客来访，接待人员要准确掌握宾客或领导乘坐的交通工具和抵离的时间，提前通知有关单位和人员做好接送准备。

第五条　国内外宾客来访时，接待者要根据来访者的目的、规格及兴趣、意愿等选择安排参观项目，确定活动内容，拟定接待方案，报请主管总裁批准。

第六条　有关单位根据批准的接待方案，认真做好政务接洽和业务洽谈。洽谈中遇有非权限内的事情，要向主管领导请示，来不及逐级请示时可直接请示主管总裁。

第七条　安排外宾用餐，除特殊情况外，原则上陪同人员不超过两名，安排娱乐活动时我方陪同人员亦应控制，坚决杜绝高消费、大吃大喝等现象的发生。

第八条　对于本公司附属外埠单位人员的来访，按通常规定接待，如对方级别较高或对公司的业务开展具有重要意义，必须将接待方案报集团主管总裁审批。

第九条　在接待来宾过程中，要认真做好安全保卫工作。

▲参观管理规定

第一条　申请与许可：

（1）欲参观公司者，必须事先与预约室主任联系，填写"参观公司申请书"，并正式提出申请，然后，转交相关部门负责人审批。

（2）相关部门对"参观公司申请书"进行审核，一经批准即转交总务部。

（3）由总务部填写参观内容、范围与路线，然后交副总裁审批。

第二条　许可资格：

（1）凡持有公司印制的"公司参观许可证"者，有资格进入公司参观。

（2）凡事先用电话或其他方式与本公司联系，并经总务部批准者，有资格进入公司参观。

（3）凡合乎下列条件，并经副总裁许可者，有资格进入公司参观：

①事先与本公司总部或其他事业部门联系过，并征得有关部门许可者。

②主顾及其介绍本公司的人。

③政府机构、社会公众团体及其介绍给本公司的人。

④其他希望参观者。

第三条　参观者胸卡。申请者必须向公司总务部出示"公司参观许可证"

以及"参观公司申请书"，领取"参观者胸卡"。总务部在参观公司申请书上填写"许可编号"后转交门卫。

第四条 拍照：

（1）一般情况下禁止外来参观者在作业现场拍照。

（2）和本公司有关系的公司、职员，如果对所参观的某机械设备感兴趣，希望拍摄该设备的照片，必须向总务部主管请示。

（3）总务部主管可以在获得该生产主管同意的前提下，指定专人对该设备所需要部分进行拍照，并以公文形式把照片寄给参观者主管。

（4）为了防止所拍摄照片被过量复制，应由所在生产厂保管底片。

（5）本公司设备的照片，不得擅自公开刊登，如果有必要刊登，必须事先请示公司工程部。

▲来宾参观接待办法

第一条 为促进公共关系，扩大宣传效果，并兼顾公司机密，特制订本办法。

第二条 参观种类。

（1）定时参观：先以公文或电话预先约定参观时间与范围。定时参观又分为以下三种：

①团体参观：机关学校或社会团体约定来公司参观。

②贵宾参观：政府官员、社会名流以及国内外各大企业负责人经公司允准前来参观。

③普通参观：一般客户或业务有关人员来公司参观。

（2）临时参观：因业务需要临时决定来公司参观。

第三条 接待方式。

（1）团体参观：凡参观人数能在会客室容纳的，均以茶点招待，否则一律免于招待，陪同人员由管理部门协调有关部门决定。

（2）贵宾参观：按公司通知以咖啡、糕点、冷饮或其他方式招待，并由公司高级人员陪同。

（3）普通参观：以茶点招待，由管理部或有关部门派人陪同。

（4）临时参观：同普通参观。

第四条 参观规则。

（1）贵宾参观及团体参观：由公司核准并于参观前三日将"参观通知单"填送各公司管理部门，作为办理接待的凭证，出现意外时应先以电话通知后补通知单。

（2）普通参观：由各部经理核准，并于参观前一日将"参观通知单"填送公司管理部门，以利于接待。但参观涉及两个部门以上者，应视同团体参观办理。

（3）临时参观：由各部经理核定，并于参观前一小时以电话通知各公司管理部办理接待。如参观涉及两个部门以上者，应同管理部协调办理。

（4）未经核准的参观人员，一律拒绝参观，擅自率领参观人员参观者，按泄露商业机密论处。

（5）参观人员除特准者外，一律谢绝拍照，并由陪同参观人员委婉说明。

第五条　本办法如有未尽事宜，可以随时研究修正。

第六条　本办法呈报公司核准后公布施行。

▲参观工厂接待办法

第一章　总则

第一条　为了加强对参观工厂事务的管理，确保参观工作顺利进行，给每个参观者留下美好的印象，提高企业的形象，特制订本规定。

第二条　所有参观工厂（以下简称"参观"）事务，都由公司总务部负责管理，由各工厂总务科负责接待。

第三条　对来访者，根据目的和身份分为两类，一类是重要来访者，另一类是普通来访者。

（1）重要来访者，是指外宾、贵宾以及本公司的重要人物；对此，必须全力以赴，予以认真、周到和热情的接待。

（2）普通来访者，是指一般外来参观人员。

第二章　申请受理

第四条　总务部受理有关参观申请的来源有：

（1）总务部直接受理来自公司外部的参观申请。

（2）托本公司内部人员与总务部联系，转达参观申请。

（3）由公司其他部门、科室提出的接待外来参观的申请。

第五条

（1）总务部接到申请后，及时与工厂总务科联系，决定是否被批准参观。

（2）如属于重要人物的来访与参观，必须请示总务部主管，经讨论后做出决定。

第六条　总务部必须就外部申请参观事宜，与对方所在单位或机构进行联系，并明确通知对方是否批准参观，以及具体安排。

第七条　如果参观者提出改变参观日期与参观内容，总务部必须对此重新进行审核，并与有关部门联系，调整部署，安排好接待工作。

第三章　重要来访

第八条　总务部主管必须制订相应的接待方针与方式，做出具体的部署与安排。

第九条　总务部主管必须召集广告宣传科、总务科、摄影科以及其他相关部门，就接待工作做出具体安排，确保重要来访的接待工作顺利进行。总务部宣传科负责实施，处理参观过程中的一切事务。

第四章　普通来访

第十条　原则上参观时间安排在接到或受理申请后一周之内；参观人数不超过30人。

第十一条　总务部批准参观后，填写"参观工厂传票"，把有关参观事宜用书面形式通知总务科长（工厂负责接待的部门）。如有必要拍照的话，还需通知摄影科以及其他相关部门与科室。

第十二条　总务科长除特殊情况外，必须依据事先确定下来的向导要领（解说、用餐与礼品等），负责实施参观计划。

第十三条
（1）参观结束后，由宣传科主持召开参观者意见征集会。
（2）在特殊情况下，也可由总务科临时主持召开意见征集会。
（3）主持会议的总务科事后必须以书面形式汇总意见，上报宣传科。

▲接待费用管理规定

第一条　本公司有关客户、供应商、融资方以及其他外部关系者的交际费、接待费和招待费（以下统称"接待费"）的开支一律按本规定执行。

第二条　有关接待费的申请、批准、记账、结算等，一律按本规定的手续办理。凡不按本规定办理者，任何对外接待与交际的开支费用，本公司一概不负责。

第三条　无论总裁、董事，还是业务人员，一律按本规定执行，不得擅自或任意动用接待和交际费用开支。但是，本规定允许业务接待人员委托代理人办理必要的手续。

第四条　本规定所指接待费，包括以下所列各项费用开支项目（但其中典礼费与捐赠两项开支另有制度性规定）：

（1）会议费。

（2）研讨费。

（3）招待费。

（4）交际费。

（5）典礼费。

（6）捐赠。

第五条　使用接待费注意事项：

（1）必须注意接待费支出项目与接待用途及目的是否一致。公司的营业、采购、融资以及其他经营，有其客观的目的性，任何接待上的开支不得背离经营上的目的与要求。

（2）接待费用开支，必须本着最小支出、最大成果的原则，充分考虑和认清每一次接待的目的和接待的方法，合理接待，有效使用经费开支。

（3）各级责任者或主管领导，必须充分审核每一次接待任务与接待方式，给予接待任务的担当者以适当的指示。

第六条　每个部门都必须分别进行预算，并在预算范围内开支。预算按过去的平均支出来确定。

第七条　接待次数原则上每人每月不得超过×次，但是，××元以下的开支不在其列。同样内容与对象的接待应尽量避免，不要重复接待。

第八条　对重要的关系户要设立接待卡，详细记载其爱好、兴趣与特点等。有关接待卡的填写与保管，另行规定。

第九条　接待的目的按下列原则分类，并在"接待申请及报告书"上写明规定的接待目的：

（1）招待新交易伙伴关系户。

（2）庆祝合作关系的建立。

（3）销售收入提高后的致谢。

（4）出访时的请客。

（5）来访时的招待。

（6）接纳各种建议后的致谢。

（7）达到各种目的后的致谢。

（8）重要的节日或庆典。

第十条　接待按对象、目的以及场合，分为以下三档：

（1）A档：特别重要和重大的接待。

（2）B档：比较重要和重大的接待。

（3）C档：一般的接待。

第十一条　接待场所根据接待档次确定，分为"高"、"中"、"低"三类场所。

（1）高（适合于A档接待规格），主要指高级的饭店、餐馆、美食中心。

（2）中（适合于B档接待规格），略低于"高档"水平的中高档餐馆。

（3）低（适合于C档接待规格），主要指中低档大众用餐场所。

第十二条　接待当事人根据具体情况，判断是否需要接待或招待，并填写公司规定的"接待申请及报告书"，向主管领导正式提出申请，主管允许后加盖印章，送交总务部主管。

第十三条　总务部主管根据申请表内容进行审核，批准后加盖印章。总务部主管的审批权限为一次××元，超过审批权限，必须上报总裁批准。

第十四条　接待费由总务部直接支付给申请部门及申请人。总务部依据申请内容以及相应的接待档次与场所，支付一定的费用。申请部门应在规定的时间内，将收据和发票凭证，连同申请书一起送回总务部进行结算。

第十五条　在接待工作结束后15日内，必须到总务部门结算，如果没有收据或开支凭证，一切费用由本人承担。

▲招待用餐管理规定

第一条　用餐程序：

（1）各部门在公司安排用餐须报总经理批准，并提前将报告送交订餐部。报告要列明招待单位、时间、标准、人数及餐厅名称。

（2）在职员食堂用餐，经接待部门的经理批准后，直接在该部门秘书处领取餐券用餐。

（3）如遇特殊情况，可口头请示，同意后先用餐，再补办手续。

第二条　用餐标准：

（1）餐费标准。营业餐厅用餐标准分为A、B、C三个档次（酒水除外）。也可按以上标准单点，但须在报告上说明。

（2）一般客人为 C 档，较重要客人为 B 档，重要客人为 A 档。

第三条 酒水标准。除有明确批示外，招待一律只供应适量的本地啤酒及饮料。其余如香烟、洋酒、葡萄酒、烈酒、冰淇淋等须经批准后方可按量供应。

第四条 用餐后的核算：

（1）所有招待用餐和饮料，接待部门须及时注明并签字。

（2）职员食堂月底将招待用餐数核准无误后，交财务部拨款。

（3）对不符合手续、不按规定办理的，各有关岗位可以拒绝提供服务，否则将追究有关人员的责任。

▲宴请管理办法

宴请开支标准：

（1）宴请外宾标准（中、西餐同一标准）：

①总公司领导出面举办的宴请，可到"大厦餐厅"进行，按每人每餐 140～150 元控制。

②部门或子公司领导出面举办的宴请，一般控制在 100 元以内，特殊情况可到"大厦餐厅"就餐。

③处级领导出面举办的宴请，每人每餐控制在 80 元之内。

④冷餐、酒会、茶会，每人每次分别为 80 元、65 元、50 元。

⑤组织外宾到郊区参观、游览，需要在外用餐，每人每餐 65 元。

⑥宴请、便宴、冷餐所用的酒、饮料、水果等的费用，不得超过其全部费用的三分之一。

⑦陪餐人数，根据有关规定和工作需要从严掌握。

（2）宴请内宾标准：

①总公司领导出面举办的宴请，每人每餐 100 元，特殊情况下可到"大厦餐厅"就餐。

②部门和子公司领导出面举办的宴请，每人每餐 80～85 元。

③处级领导出面举办的宴请，每人每餐 50～55 元。

④所用酒、饮料、水果等费用及陪餐人数可参照宴请外宾标准从严掌握。

（3）宴请外宾或内宾的承办人员要填写"宴请、工作餐申请单"。

①宴请外宾、内宾的申请单，应由部门和子公司负责人审批。

②工作餐申请单应由部门领导（含公司机关和子公司的处级领导）审批。

▲参观申请登记表

接待部门：＿＿＿＿　　　　　　　　　　年　月　日填

	姓　名	性别	单　位	职　务
主要参观人				
合计人数	人	介绍人	介绍人保证事项	
参观时间		引导人		
参观场所				
守卫签章	入厂　时　分　守卫		出厂　时　分　守卫	
备注		胸章号码		

总务部主管：＿＿＿＿　　　　　　　　申请人：＿＿＿＿

▲来宾出入登记表

访问时间： 年 月 日 时 分	
来宾姓名： 识别证号码：	
来宾服务单位：	
来宾地址： 来宾电话：	
来访事由：	
受访者签名：	
离厂时间： 时 分	
备注：	

▲来宾来访通知单

接访部门		主要接访人		接访人电话	
来厂日期		在厂期限		交通工具	□自备车辆 □派车接送
来宾姓名		单位		职 务	
				电 话	
来厂事由					

请通知如下人员接访：

请服务台准备事项

第一会客室	简报	产品说明	咖啡茶	普通中餐	特制中餐
第二会客室					

▲接待用餐申请表

年　月　日

接待负责人		部门		职务	
来宾负责人		单位		职务	
来宾人数		用餐时间		陪客人数	
接待事由					
用餐规格					

厂长：_____　　经理：_____　　主管：_____　　经办人：_____

▲接待申请及报告表

年 月 日

接待申请	接待时间:	申请人:
	接待对象（企业）：	接待理由：
	接待场所：	接待内容：
	出席人数：	接待档次：
	预算金额：	其他：

接待报告	在何处接待	支出额	备注：

第三节 企业印信管理制度

▲印章管理制度

第一条 本制度就公司内使用印章的制度，改刻与废止、管理及使用方法作出规定。

第二条 本规定中所指印章是在公司发行或管理的文件、凭证文书等与公司权利义务有关的文件上，因需以公司名称或有关部门名义证明其权威作用而使用的印章。

第三条 公司印章的制订、改刻与废止的方案由总经理办公室主任提出。

第四条 总经理办公室主任必须在提出的议案中对新旧公司印章的种类、名称、形式、使用范围及管理权限做出说明。

第五条 公司印章的刻制由总经理办公室主任负责，更换或废止的印章应由规定的各管理人迅速交还总经理办公室主任。

第六条 除特别需要，由总经理办公室主任将废止印章保存3年。

第七条 公司印章丢失、损毁、被盗时，各管理者应迅速向公司递交说明原因的报告书，总经理办公室主任则应根据情况依本章各条规定的手续处理。

第八条 总经理办公室主任应将每个印章登入印章登记台账内，并将此台账永久保存。

第九条 印章在公司以外登记或申报时，应由管理者将印章名称、申报年月日以及申报者姓名汇总后报总经理办公室主任。

第十条 公司印章的使用依照以下手续：

（1）使用公司或高级职员名章时应当填写"公司印章申请单"（以下简称申请单）。写明申请事项，征得部门领导签字同意后，连同需盖章文件一并交印章管理人。

（2）使用部门印章和分公司印章，需在申请单上填写用印理由，然后送交所属部门经理，获认可后，连同需要用印文件一并交印章管理人。

第十一条 公司印章的使用原则上由印章管理人掌握。印章管理人必须严格控制用印范围和仔细检查用印申请单上是否有批准人的印章。

第十二条 代理实施用印的人要在事后将用印依据和用印申请单交印章管理人审查。同时用印依据及用印申请单上应用代理人印章。

第十三条 公司印章原则上不准带出公司，如确因工作需要，需经总经理批准，并由申请用印人写出借据并标明借用时间。

第十四条 常规用印或需要再次用印的文件，如事先与印章主管人取得联系或有文字证明者，可省去填写申请单的手续。印章主管人应将文件名称及制发文件人姓名记入一览表以备查考。

第十五条 公司印章的用印依照以下原则进行：公司、部门名章及分公司名章，分别用于以各自名义行文时；职务名称印章在分别以职务名义行文时使用。

第十六条 用印方法：

（1）公司印章应盖在文件正面。

（2）盖印文件必要时应盖骑缝印。

（3）除特殊规定外，盖公司章时一律应用朱红印泥。

（4）股票、债券等张数很多，盖章麻烦时，在得到经理批准后，可采取印刷方式。

第十七条 本规定自发布之日起实行。

▲印章处理制度

第一条 本制度规定本公司重要印章及一般交易印章的处理事项。

第二条 重要印章由总经理或总务部主管负责保管，交易用章由总务部秘书室保管。

第三条 需加盖重要印章或交易用章时依照以下手续进行：

1. 重要印章

（1）需盖章时，持需盖章文件并填写"重要用印申请书"，经所属部门的负责人批准后报总务部秘书室。

（2）接到申请的秘书室主任，确认手续完备和申请单上填写无误后，将其与文件一起交总务部经理批复。

（3）总务部主管对文件的效用进行审查，对有关疑点进行询问后注明意见，呈报总经理。

（4）总经理在对上述过程及文件审查后，直接在文件上盖印。

（5）盖过印的文件及"重要用印申请书"由总务部主管返还秘书室，文件发还申请人，"重要用印申请书"的"处理结果"一栏由总经理填写，由秘书室统一保存。

（6）总经理若认为文件有不完善之处，由总务部主管、秘书室主任依次向申请者反馈。

2. 一般交易印章

（1）将文件及填写好的"交易印章施印登记表"交总务部秘书室。

（2）接收上述文件及表格的总务部秘书室主任要亲自处理用印事务。

（3）总务部主管作为秘书室主任的上级，负有管理用印的责任。

第四条　总经理因不得已的原因而不能自行用印时，要预先征得同意后委托常务董事代行用印。

第五条　办理用印事宜应在上班时间之内。

第六条　严禁将印章带出公司。如不得不带出公司时，需经总经理批准。

第七条　印章如发生丢失、损毁或被盗情况，应迅速向总经理或总务部主管汇报。

第八条　印章的新刻或改制由总务部主管获总经理批准后办理。

第九条　不论是重要印章，还是一般交易用章，用于文件和凭证时就代表着公司的权利和义务，因此，应将公司印章的印模制成印鉴簿，交由总务部主管保管。

第十条　本制度的制订、下发和修改、废止，由董事会研究决定。

▲印章使用管理规定

第一条　印章的种类：

（1）印鉴：公司向主管机关登记的公司印章或指定业务专用的公司印章。

（2）职衔章：刻有公司董事长或总经理职衔的印章。

（3）部门章：刻有公司部门名称的印章。其不对外单位的部门章可加注"对内专用"。

（4）职衔签字章：刻有经理及总经理职衔及签名的印章。

第二条　印章的使用规定：

（1）对公司经营权有重大关联、涉及政策性问题或以公司名义对政府行政、税务、金融等机构以公司名义的行文，盖公司章。

（2）以公司名义对国家机关团体、公司核发的证明文件及各类规章典范的核决行文等由总经理署名，盖总经理职衔章。

（3）以部门名义于授权范围内对厂商、客户及内部规章典范的核决行文由经理署名，盖经理职衔签字章。

（4）各部门于经办业务的权责范围内及对于民营事业、民间机构、个人的行文以及收发文件时，盖部门章。

第三条 印章的监印：

（1）总经理职衔章及特定业务专用章的监印人员由总经理核定。

（2）总经理职衔签字章的监印人员为管理部主管。

（3）经理职衔签字章及部门章由经理指定监印人员。

第四条 印章盖用：

（1）用印前，先填写"用印申请单"，经主管核准后，连同经审核的文件、文稿等交监印人用印。

（2）监印人除于文件、文稿上用印外，并应于"用印申请单"上加盖使用的印章存档。

第五条 各种印章由监印人负责保管，如有遗失，由监印人负全责。

第六条 监印人对未经刊行文件，不得擅自用印，违者将受处罚。

第七条 印章遗失时除立即向上级报告外，应依法公告作废。

第八条 本办法经总经理核准后施行，修改时亦同。

▲公章使用办法

第一条 公司可以对外使用的公章。公司章、公司业务专用章（办公室章、人事部章、计划财务部章、国际合作部章、合同专用章）。

第二条 公司章使用范围：

（1）以公司名义上报总公司的报告和其他文件。

（2）以公司名义向上级国家机关，各省市、自治区党政机关发出的重要公函和文件。

（3）以公司名义与有关同级单位的业务往来、公函文件和联合发文等。

第三条 公司业务专用章使用范围：

（1）办公室章：以办公室名义向公司外发出的公函和其他文件、刻制印章证明。

（2）人事部章：就有关人事、劳资等方面业务代表公司用章。

（3）计划财务部章：就有关计划、财务等方面业务代表公司用章。

（4）国际合作部章：就有关国际交往、业务联系、接待计划、组织国际性会议等方面业务代表公司用章。

（5）合同专用章：以公司名义签订的协议、合同和有关会议纪要等。

第四条 公司印章使用手续：

（1）公司章、计划财务章、合同专用章必须经总经理、副总经理或总经理助理批准方可使用。

（2）办公室章、国际合作部章，由办公室主任批准后使用。

（3）使用公章必须事先履行登记手续。

▲凭证管理规定

凭证包括介绍信、工作证、发票等票证。凭证管理，有两层意思：

（1）未盖公章或专用章的空白凭证，虽然还不具备生效的条件，但仍应严格保管好，不得丢失外流。

（2）加盖公章并已具有效力的凭证，更应严格保管和使用。

对于凭证的管理，要做到：

①严格履行验收手续。

②建立凭证文书登记。

③选择保密的地点和坚固的箱柜，有条不紊地入库保存。

④定期进行检查，若发现异常情况，要随时提出处理意见。

⑤严格出库登记，对于有价证券和其他主要凭证，应参照国家规定的金库管理办法进行管理。

同时，凭证文书具有很高的查考价值，大多需要永久保存。因此，一切有关凭证的正件、抄件、存根、复写件以及文稿、草图、签发、资料，都应该及时整理，妥善保存，并按立卷归档的规定，随时分类入卷，定期整理归档，不得随意丢失，更不准自行销毁。

▲介绍信管理规定

介绍信一般由总经理办公室机要秘书负责保管和开具。开具介绍信要严格履行审批手续，严禁发出空白介绍信。介绍信的存根要归档，保存期5年。因情况变化，介绍信领用人没有使用介绍信，应立即退还，将它贴在原存根处，并写明情况。如发现介绍信丢失，应及时采取相应措施。介绍信一般分信笺介绍信、存根介绍信和证明信三种。因类型不同，其管理方式也不同。

1. 信笺介绍信

这种介绍信多为联系某项工作。用这种信笺开介绍信，可以表达较为复杂的内容。

2. 存根介绍信

这种介绍信分成两联：一联是存根，即副联；另一联是外出用的介绍信，即正联。正副联中有一间缝；正副联都有连续号码。除要在正联下方盖公章外，在正副联间缝骑缝处也要盖公章。

3. 证明信

证明信是以企业的名义证明某人的身份、经历或者有关事件的真实情况的专用书信。一种是以组织名义发的证明信；另一种是以个人名义发的证明信。除个人盖章外，组织也要盖章以证明此人的身份。

▲印章样式规定表

印模	文　字	字体	形状及尺寸	材质
○	××股份公司总务部主管之印	楷书	圆形　直径 15 mm	黑水牛角

▲销毁印信申请表

原　因	印信种类	报备机关	核　批
	□图记　　□职章 □长戳　　□职衔章 □部门章　□校对章 □骑缝章　□附件章		

印　信　文　字	制发日期	销毁日期	印信管理部门
	年 月 日	年 月 日	

印　信　模　式		销毁印信部门
		申请人 ｜ 主管

▲印章台账登记单

印章登记台账 　年　　月　　日		秘书室	呈报者
		主任	
登记年月日		名称	
印模	种类： □公司名章　□职员　□其他	形状： □方□圆□其他	
	用途：		
管理人：	制成日期： 　年　　月　　日	印章材质： □金属□水晶□牛角□其他	制印人
经手人：	废止： 　年　　月　　日	废止理由：	
	备注：		

▲公章使用登记簿

盖章时间	文件名称及发文号	公章类别	盖章次数	批准单位	批准人	公章管理人及代行人印	备注

▲印章使用范围明细表

种类	区分	股票公司债券	支票及银行兑现凭证	合同及其他重要文件	订货单及日常业务文件	各类对外文件	辞令	请示	收据	人事关系及有关证明	职员存款账目	委任状
公司名称印章	公司名章(1名)											
	公司名章(2名)											
	公司(股份公司专用)											
	部门名章											
	分公司名章											
职务名章	董事长名章											
	董事(股份公司专用)											
	其他高级职员专章											
	财务部经理名章											
	××研究所长章											
	分公司经理章											

▲ 用印申请单

单　　位		申请日期	年　月　日
用印类别		份　　数	
文 件 名 称 及 说 明			
印 鉴 留 存		核　　准	申请人

第二章 企业会议、提案管理制度

第一节 企业会议管理制度

▲会议管理要点

第一条 提高会议成效的要点：

（1）要严格遵守会议的开始时间。

（2）要在开头就议题的要旨做一番简洁的说明。

（3）要把会议事项的进行顺序与时间的分配预先告知与会者。

（4）在会议进行中要注意如下事项：

①发言内容是否偏离了议题。

②发言内容是否出于个人的利益。

③全体人员是否都专心聆听发言。

④发言者是否过于集中于某些人。

⑤是否有从头到尾都没有发言过的人。

⑥某个人的发言是否过于冗长。

⑦发言的内容是否朝着结论推进。

（5）应当引导在预定时间内做出结论。

（6）在必须延长会议时间时，应取得大家的同意，并决定延长的时间。

（7）应当把整理出来的结论交给全体人员表决确认。

（8）应当把决议付诸实行的程序理出，加以确认。

第二条 会议禁忌事项：

（1）发言时不可长篇大论，滔滔不绝（原则上以3分钟为限）。

（2）不可从头到尾沉默到底。

（3）不可取用不正确的资料。

（4）不要尽谈些期待性的预测。

（5）不可进行人身攻击。

（6）不可打断他人的发言。

（7）不可不懂装懂、胡言乱语。

（8）发言不要抽象或概念化。

（9）不可对发言者吹毛求疵。

（10）不要中途离席。

▲会议管理制度

第一章　会议组织

第一条　公司级会议，如公司员工大会、公司技术人员会以及各种代表大会，应报请总经理办公室批准后，由各部门分别负责组织召开。

第二条　专业会议，如全公司性的技术、业务综合会（经营活动分析会、质量分析会、生产技术准备会、生产调度会、安全工作会等），由分管副总经理批准，主管业务部门负责组织。

第三条　系统和部门工作会，是各部门召开的工作会，由各部门主管决定召开并负责组织。

第四条　班组（小组）会，由各班组长决定并主持召开。

第五条　上级公司或外单位在本公司召开的会议（如现场会、报告会、办公会等）或业务会（如联营洽谈会、用户座谈会等），一律由总经理办公室受理安排，有关业务对口部门协助做好会务工作。

第二章　会议安排

第六条　例会的安排。为避免会议过多或重复，公司正常性的会议一律纳入例会制，原则上要按例行规定的时间、地点、内容组织召开。

1. 行政技术会议

（1）总经理办公会。研究、部署行政工作，讨论决定公司行政工作的重大问题。

（2）行政事务会。总结评价当月生产行政工作情况，安排布置下月工作任务。

（3）班组长以上经营管理大会（或公司员工大会）。总结上期（半年、全年）工作情况、部署本期（半年、新年）工作任务。

（4）经营活动分析会。汇报、分析公司计划执行情况和经营活动成果，评价各方面的工作情况，肯定成绩，指出失误，提出改进措施，不断提高公司经济效益。

（5）质量分析会。汇报、总结上月产品质量情况，讨论分析质量事故（问题），研究决定质量改进措施。

（6）安全工作会（含治安、消防工作）。汇报总结前期安全生产、治安、消防工作情况，分析处理事故，检查分析事故隐患，研究确定安全防范措施。

（7）技术工作会（含生产技术准备会）。汇报、总结当月的技术改造、新产品开发和日常生产技术准备等工作计划及其完成情况，布置下月技术工作任务，研究确定解决有关技术问题的措施方案。

（8）生产调度会。调度、平衡生产进度，研究解决各部门不能自行解决的重大问题。

（9）部门事务会。检查、总结、布置工作。

（10）班组会。检查、总结、布置工作。

2. 各类代表大会

（1）员工代表大会。

（2）部门员工大会（或员工代表小组会）。

（3）科协会员代表大会。

（4）企协会员代表大会。

3. 民主管理会议

（1）公司管理委员会会议。

（2）总经理、工会主席联席会。

（3）生产管理委员会会议。

（4）生活福利委员会会议。

4. 论文、成果发布会

（1）科协年会。

（2）企协年会。

（3）思想政治工作研究会年会。

（4）质量控制成果发布会。

（5）科技成果发布会。

（6）信息发布会。

（7）企管成果发布会。

第七条　其他会议的安排。凡涉及多个部门主管参加的各种会议，均须于会议召开前10天经分管副总经理批准后，报办公室汇总，并由总经理办公室统一安排，方可召开。

（1）总经理办公室每周六应将公司例会和各种临时会议，统一平衡并编制会议计划，分发给公司主要管理人员及有关服务人员。

（2）凡总经理办公室已列入会议计划的会议，如需改期，或遇特殊情况需安排新的其他会议时，召集单位应提前2天报请总经理办公室调整会议计划。未经总经理办公室同意，任何人不得随便打乱正常会议计划。

（3）对于准备不充分、重复性或无多大作用的会议，总经理办公室有权拒绝安排。

（4）对于参加人员相同、内容接近、时间相近的几个会议，总经理办公室有权安排合并召开。

（5）各部门会议的会期必须服从公司统一安排，各部门小会不应与公司例会同期召开（与会人员不发生时间上的冲突除外），应坚持"小会服从大会、局部服从整体"的原则。

第三章　会议的准备

第八条　会议主持人、召集单位、与会人员都应分别做好有关准备工作（包括拟好会议议程、提案、汇报总结提纲、发言要点、工作计划草案、决议决定草案，落实会场、安排好座位，备好茶具茶水、奖品、纪念品，通知与会者等）。

第九条　参加公司办公例会的人员无特殊原因不能请假，如请假需经主持人批准。

第十条　有以下原因，副总裁以上的高层管理人员可提议临时或提前召开公司办公例会：

（1）有重要事项需提交公司办公例会讨论决定。

（2）各部门重要业务管理人员的录用及辞退。

第十一条　《会议纪要》属公司内部重要文件，具有一定范围的保密性，未经批准不得外传。

第十二条　与会人员应知无不言、集思广益，一经会议决定之事，应按期完成。

第十三条　与会人员必须严格遵守会议纪律，不得随意走动，不得使用手机。

▲会议管理规定

第一条　公司会议主要由办公例会、日常工作会议组成。

第二条　例会中的最高级会议通常情况下每月至少召开一次，就一定时期工作事项做出研究和决策。会议由集团总裁主持，参加人为公司总裁、副总裁、各部门主管等领导班子成员。

第三条　公司办公例会是为贯彻落实做出的决议、决定召开的会议。会议由总裁主持，参加人员为各部门负责人及有关人员。

第四条　公司办公例会由公司行政管理部组织。行政管理部应于会前3天将会议的主要内容书面通知与会的全体人员，并在会后 14 小时之内整理、发布"会议纪要"。

（1）会议纪要的形成与签发：

①公司办公例会会议纪要、决议，由行政管理部整理成文。

②行政管理部根据会议内容的需要在限定时间内完成纪要和决议的整理工作。

③会议纪要和决议形成后，由与会的公司领导班子成员签字确认。

④会议纪要发放前应填写"会议纪要发放审批单"，审批单内容包括纪要编号、发放范围、主管领导（或主持会议的领导）审批意见。

⑤会议纪要应有发文号，发放时应填写"文件签收记录表"，并由接收人签收。

⑥会议纪要应分类存档，并按重要程度确定保存期限。

（2）会议纪要作为公司的重要文件，备忘已研究决定的事项，发至参加会议的全体人员，以便对照核查落实。

第五条　日常工作会议由会议召集者填写"会议申请单"，经主管副总裁批准方可召开，会议通知由行政管理部根据申请部门的要求发出。如会议需要撰写会议纪要，由会议召集部门撰写完毕后报有关人员及行政管理部。

▲会议规范

1. 开会准备

（1）拟定会议内容：

①决定会议目的。

②归纳会议事项与要点。

③准备会议重点或特别强调的事项。

④重要事项应与上级协商。

（2）决定会议的细节：

①决定出席人员、会场、时间与期限。

②拟定会议的具体运作方法，包括讨论事项及讨论方法、说明事项及说明方法、强调事项及强调方法、决议事项及决议方法。

（3）会议资料准备与会议通知：

①准备分发给出席会议人员的书面资料（如有必要，可事先分发）。

②会议用图表准备。

③寄发会议通知（如需准备资料，应注明）。

（4）会场准备：

①出席会议人数较多时，应准备扩音设备。

②会议用挂图或投影幕布，应保证每个与会人员都能看清楚。

③会议用桌椅的准备。

④分发资料、记录本、笔、烟灰缸等。

⑤注意照明、温度、空气及噪声等问题。

⑥茶水准备。

2. 主持会议须知

（1）注意开会时间。

（2）充分了解会议目的，始终把握会议主题，积极引导会议讨论。

（3）善于诱导与会人员积极参与讨论。

（4）讨论如出现混乱时，应以指名方式组织发言。

（5）议题如果偏离主题，应在说明理由后，中止讨论。

（6）让与会者自由地表述意见，尽量公开地给每一个人发言的机会，不能根据个人好恶指定发言。

（7）对每个人的发言，不能以个人偏见或感情用事加以指责。

（8）在会议过程中，应随时注意整理归纳各种意见。

（9）对每一项议案，都应付诸表决，以多数决定通过或否决。

（10）会议结论应获得全体承认，如有必要应宣读记录。

此外，应切记，主持人准备如何，是决定会议能否成功的一半。会议的目的在于，寻求有价值的结论，否则，会议是一种浪费。

3. 参加会议须知

（1）应将会议的目的、宗旨、议题及有关资料认真地予以研究，并准备提出意见或询问事项。

（2）严格遵守开会时间，准时出席。如因故不能出席，须事先通知会议主持人。

（3）发言力求简要明确，注意发言时机。

（4）只要有利于企业整体利益，就应毫不保留地发表意见。

（5）凡与会议主题无关的话题，应尽量避免。

（6）对于与自己相反的意见，也应认真听取。

（7）在反驳他人意见时，应注意态度和语气。

（8）不能因细节问题争吵不休。

（9）注意不能喋喋不休，应让他人也有发言机会。

（10）应服从多数人的决定。

4. 提问的方法

（1）提问的形式：

①间接提问：不特别指名，而向全体与会人员发问。

②直接提问：指名向特定的人员发问。

③反问：与会者提问时，会议主席不立即回答，而反问提问题者或其他人。

（2）提问时应注意的问题：

①使用正确的语言。

②语气要亲切。

③注意考虑提问的顺序。

④要提出促人思考的问题。

⑤如对方不了解所提问题时，应解释清楚。

⑥所提问题应便于回答。

⑦应说明所提问题的重点。

▲ 会议规程

一个现代化公司组织要灵活运转，会议是必不可少的。要使各类会议成功地进行，制订正确的会议程序和会议规范是非常重要的。

1. 会议程序

制订会议程序，首先对本公司的会议体系进行分析，然后按会议的层次或性质分类，分别确定各类会议的程序和具体时间安排。

（1）经营会议：

①主席经营政策报告（10 分钟）。

②上次议案追踪（20 分钟）。

③部门业务成果报告（30 分钟）。

④各部门协调及讨论事项（30 分钟）。

⑤未决议事项复议（10 分钟）。

⑥上级指导、报告（10 分钟）。

⑦主席结论（10 分钟）。

（2）产销会议：

①主席报告（10 分钟）。

②上次议案追踪（20 分钟）。

③各部门产销成果报告（20 分钟）。

④未来销售、生产规格、数量预测（20 分钟）。

⑤产销合作单位报告（10 分钟）。

⑥产销协调事项讨论（30 分钟）。

⑦未决议事项复议（10 分钟）。

⑧上级指导、报告（10分钟）。

⑨主席结论（10分钟）。

（3）厂务会议：

①主席报告（10分钟）。

②上次议案追踪（20分钟）。

③各部门成果报告（30分钟）。

④各部门作业协调及讨论事项（30分钟）。

⑤管理制度研讨事项（30分钟）。

⑥下月生产目标分配（20分钟）。

⑦未决议事项复议（10分钟）。

⑧上级指导、报告（10分钟）。

⑨主席结论（10分钟）。

（4）营业会议：

①主席报告（10分钟）。

②上次议案追踪（20分钟）。

③各区域业务成果报告（30分钟）。

④市场、同业动向及经销商管理研讨事项（20分钟）。

⑤各区域协调及讨论事项（20分钟）。

⑥下月销售目标及推销重点、日程安排（20分钟）。

⑦未决议事项复议（10分钟）。

⑧上级指导、报告（10分钟）。

⑨主席结论（10分钟）。

（5）科务会议：

①主席报告（10分钟）。

②单位进度报告（30分钟）。

③单位协调及讨论事项（30分钟）。

④工作改善、人员动态事项及开发事项报告（20分钟）。

⑤未决议事项复议（10分钟）。

⑥上级指导、报告（10分钟）。

⑦主席结论（10分钟）。

（6）专案会议：

①发起人报告（10分钟）。

②专案内容报告或上次议案追踪（20分钟）。

③讨论及协调事项（30分钟）。

④未决议事项复议（10 分钟）。

⑤上级指导、报告（10 分钟）。

⑥主席结论（10 分钟）。

（7）周会：

①周会开始（1 分钟）。

②互道早安（1 分钟）。

③各部门主管报告（10 分钟）。

④轮值人值勤报告（3 分钟）。

⑤协调事项报告（8 分钟）。

⑥主管指示（5 分钟）。

⑦在职训练（16 分钟）。

2. 会议规范

各项会议的通知应在 3 天前发出，固定日期的例会，如遇到星期日或假日，应顺延一天。会议的时间、地点如没固定负责者，则由主席事先决定通知。会议主持、记录由主席指派。规定例会除非有重大事故，均须依照时间进行。会议记录限一天内呈报上一级主管，主管批示限 3 天内完成，再交由会议主持人进行追踪办理。各种会议的规范必须建立齐全。

（1）经营会议：每周一在总公司举行，由总经理担任主席，除各部级主管参加外并请董事长、常务董监事列席指导、报告。经营会议的目的是让公司的最高层干部参与经营政策的制订，听取各部门业务政策的报告，同时决定整个公司一周的工作重点和作业方针，协调各部门一周内的业务活动。

（2）产销会议：生产过剩或供不应求，都是产销不协调引起的，因此公司内最重要的部门是生产与销售部门，产销会议每个月至少要一次以上。一个月一次的话，最好是在每个月的 25 日举行。产销会议参加人数比一般会议的人数多，为不影响各部门作业时间最好选择下午开会。开会地点轮流在业务部门所在地及工厂两个地方召开，不但可以彼此了解现况，而且还可以亲眼看到产销的各种新创意（资料、图表、工作进度等）。主席由产销双方主管轮流主持，参加人员以产销双方科长级以上干部为主，其他单位如总务、财务、企划等有关单位主管应列席参加，总经理以上人员视需要程度列席指导或报告经营方向。产销会议的目的在谋求产销双方配合协调，报告本月产销的成果后，共同检讨今后 3 个月内的销售规模与数量，确定生产目标。产销以外单位的与会人员，在会中可以提供有关的策划意见或向产销单位提出管理建议，促进产销更加密切合作。

（3）厂务会议：工厂的技术虽然重要，作业的流程、人事的管理亦不可忽视。厂务会议是为了讨论与决定整个工厂的大事及进度而召开的，正常的状况下每月召开固定会议一次。为配合产销会议的召开，最好于每月 23 日举行，以紧接着下班时间为最佳。厂长担任主席，科长主管及有关管理人员参加，上级和其他部门的高级主管可列席了解生产概况。厂务会议的重点在于组织直接生产单位与厂内生产单位的协调，研讨实际成果与计划得失、差异，促进整个工厂管理绩效的提高，更重要的还是制订下月生产目标及确认个别生产日程。

（4）营业会议：一般公司平常靠着日报表的联系是可以推行业务作业的，但是业务政策的执行方案必须首先依靠市场信息资料的交流。所以，营业会议必须每月举行一次。为配合产销会议及方便上级列席，日期选择在每月 24 日才不致冲突，时间以分支机构主管回到总公司的适当时间为佳。由业务主管担任主席，科长级以上人员及区域负责人参加。业务会议主要议案应集中于追踪业绩成果、回收成果及市场动向、同业活动概况，制订下月业务目标及促销方案，经销商管理得失的分析也非常重要。

（5）科务会议：科级主管经常接受部级主管的命令，为了转达上级的命令，便于在日常工作中执行贯彻，每个月或半个月都要集合一次组级干部，配合公司政策，布置第一线的任务。如果每月召开一次时挑选每月 2 日为宜，至于时间、地点则由科长自己选定。组长及协调有关事务的人员参加，部级主管要经常列席指导，总经理亦要轮流到各科参加，为基层干部提高士气。科务会议的重点应放在现场作业的改善及人事问题，当然也要检讨成果及预定目标，促成基层的团结。

（6）专案会议：凡由专门议题或创造某种新事业而形成的专门案件，为了不影响其他会议的正常进行而举行专案会议。专案会议不受时间、次数的约束，只要对公司有利的重大议题均可由发起人经上级同意而召集有关人员开会商讨。专案会议为不定期性的临时性会议，当然一个专案如果需要多次的研讨才能定案时，可以互相约定次数与日期，切记要以"一案一会"为原则。

（7）周会：企业界的员工要经常加强敬业精神的教育，所以在每周星期一的早上用 30 分钟以上的时间开展员工教育及重点工作报告，同时还可以利用周会表扬优秀员工，以提高士气。周会的主席最好由干部或员工轮流担当。周会一般分别在总公司、工厂或分支机构举行。

▲ 每周例会制度

第一条 部门管理人员例会每周举行一次，由总经理主持，副总经理及各部门经理级人员参加。

第二条 会议主要内容为：

（1）总经理传达主管或上级公司有关文件，董事会、总经理办公会议精神。

（2）各部门经理汇报一周工作情况和需提请总经理或其他部门协调解决的问题。

（3）由总经理对本周各部门的工作进行讲评，提出下周工作的要点并进行布置和安排。

（4）其他需要解决的问题。

第三条　会议参加者在会上要畅所欲言，各抒己见，允许持有不同观点和保留意见。但会上一旦形成决议，无论个人同意与否，都应认真贯彻执行。

第四条　严守会议纪律，保守会议秘密，在会议决议未正式公布以前，不得私自泄露会议内容，影响决议实施。

▲会议事务处理规定

第一条　会议计划检查要点：

项　　目	审　核　备　注
会议名称	
开会地点	
开会日期	
开会时间	
会议宗旨及议题	
与会单位、人员	
人数	
主持人	
会议召集单位	
会议主要工作人员	
与会者应备资料	
会场标示资料	
召集者拟分发资料	

第二条 会议筹备审核要点：

项 目		审核备注
会议目的	本次的会议是否确实需要？（是否是一次偏重于形式的例行会议？有没有其他更好的解决方法？）	
	开会的目的是否明确？	
会议要领	开会的时机、时间是否妥当？	
	开会的地点场所是否合适？	
	邀请对象是否恰当？	
开会通知	与会人员是否已得到通知？	
	开会的主旨、议题是否已通知与会人员？	
	与会人员是否已就议题做好准备？	
	是否要求与会人员事先备妥有关资料？	
会议准备	是否已拟就议题的进行顺序及时间的分配？	
	是否应分发参考资料？准备工作是否已完全充分？	
	是否已安排好会议记录？	
	是否使用幻灯机或录影机等机器设备？	

第三条 会议活动细节审核要点：

（1）活动的主旨。

（2）活动的规范。

（3）预算。

（4）招待对象的层次。

（5）总人数（查邀请回函）。

（6）活动日期及时间（注意是否与其他同业的活动冲突）。

（7）活动天数。

（8）筹备单位。

（9）活动负责人。

（10）活动作业明细分工表。

（11）会场的预订（主会场、分会场、洽谈室、展示室、来宾休息室、演艺人员休息室）。

（12）制作来宾名册（姓名、地址、公司名称、电话、职衔等的核对）。

（13）邀请函（信封、邀请卡、回函明信片的订制张数、投递日期）。

（14）纪念品（纪念品的选定、包装、订制数量）。

（15）交通工具（飞机、火车、面包车、轿车）。

（16）酬谢费（给司机、演艺人员等）。

（17）会场布置（主席台、会标、灯光、音响效果、录音、座次、台下座位、应急疏散方案、茶水饮料供应）。

（18）宴会的形式（餐桌入座式、自助餐入座式、半入座式自助餐）。

（19）看板、标示板类（欢迎看板、大门看板、方向标示、发放座位牌）。

（20）拍照摄影（纪念照片、快照、纪录摄影）。

（21）选择桌子（圆桌或方桌）。

（22）座位顺序（桌面标示卡）。

（23）胸章、名牌（颜色、大小、种类的选定）。

（24）新闻（新闻稿，文字记者、摄影记者、录像记者及电源准备）。

（25）资料的收发。

（26）住宿安排（安排来宾的住宿、领导人的住宿、工作人员的住宿，预订房间、妥善分配房间）。

（27）特设专用柜台。

（28）支付的负担范围（住宿、餐费、取用冰箱内的食物费用……）。

（29）安排用餐（住宿者的用餐事宜、来宾的用餐、服务人员的用餐、演艺人员的用餐）。

（30）活动行程方面（司仪开场白、主持人致辞、来宾致辞、宣读贺电、致谢辞、活动行程表、播放背景音乐）。

（31）服务柜台的工作（来宾出缺席确认、发放胸章、发放活动行程表、引导来宾到休息室、发放纪念品、设置临时电话）。

（32）支付旅馆费用（支付的日期，汇款、前来收款、当天支付现金）。

▲会场布置管理规定

第一条　实施布置前必须考虑周详，根据布置任务来确定执行人员，并做好明确分工。

第二条 会议现场要做好清洁保护工作，地毯、大理石面应落实好保护措施。

第三条 根据宴会部及有关部门的宴会、会议通知单，按时、按规格做好绿化布置。

第四条 绿化布置力求整齐、美观，植物干净、无尘、无虫口、无黄叶，花盆机架的主体、台面插花要卫生清洁，色彩鲜艳、造型端庄。

第五条 布置完毕后，应清理好现场，再重新清理、喷水一次，以取得最佳布置效果。

▲年度会议计划表

会 议 名 称		
开会地点		
开会日期		
开会时间		
会议宗旨及议题		
与会单位		
人数		
主持人		
会议召集单位		
会议主要工作人员		
与会者应备资料		
会场标示资料		
会场拟分发资料		

▲年度例行事务会议安排表

活动名称	日期	内　容	单位承办人	联络
年初工作会议		董事长致辞、训话	总　务	
新年宴会				
周年纪念日				
新进职员之招考				
就职典礼				
新进职员训练				
运动会				
员工旅游				
记载事项：				

▲会议室使用申请表

年　月　日

日　期	时　间	会议名称	主持人	地点	人数	备　注

申请使用单位			管理单位		
名　称	填表人	主　管	管理人	事务科长	副经理

▲会议登记簿

会议名称	会议时间	会议地点	主席	参与人员人数	会次	主要决议事项

▲会议通告单

_____年_____月_____日 编号：_____

开会部门		召集人	
开会日期	年 月 日	时间	
开会地点			
会议内容			
参加人员			
拟交费用			
准备资料			
备　注			

▲会议议程表

会议议事日程				年　月　日
序号	程　序	主持人	时间分配	备注
1				
2				
3				
4				
5				
6				
7				
8				

▲会议记录表（一）

编号：

开会时间：　　年　月　日　时　分至　月　日　时　分	
开会地点：	
会议名称：	
主持人：	
参加人员：	
记录：	
出席人员：	
主持人报告：	
讨论事项及结论：	

▲会议记录表（二）

_____年_____月_____日　编号：_____

时间	月 日 时 至 月 日 时	地点		主持人		记录人	
会议名称							
参加者							
主要议题	对策措施		期限	负责人	追踪情况（时间）		

第二节　企业提案管理制度

▲提案管理办法

（1）为了推动公司科学技术的发展，鼓励全体员工提出合理化建议并参与技术革新、技术开发活动，加强科技成果的管理、推广和应用，不断提高科技水平，根据上级有关规定，结合我公司的实际情况，制订本管理办法。

（2）本办法所称合理化建议，主要是指有关改进和完善生产、经营管理等方面的办法和措施；所谓的技术革新、技术开发，主要是指对科学技术、业务的开发以及对生产设备、工具、工艺技术等方面的改造和挖潜。

（3）本办法由总工室组织实施。

（4）项目的范围：

①适用于市场的新产品、新技术、新工艺、新材料、新设计。

②对引进的先进设备和技术进行消化、吸收、改造。

③开拓新的生产业务。

④计算机技术在生产和管理中的应用。

⑤发展规划的理论和方法、企业经营管理、人员培训等软科学的研究。

⑥生产中急需解决的技术难题。

（5）项目的来源：

①由上级单位下达的项目。

②由本公司有关部门下达的项目。

③各部门根据生产和管理需要提出的项目。

（6）任何单位及个人无正当理由，不得阻止有关人员进行项目申报和奖励申请。

（7）对弄虚作假、骗取荣誉者，公司科技项目评审委员会有权撤销其荣誉称号，追回奖金，情节严重者，追究其行政或刑事责任。

（8）本办法自颁布之日起开始施行。

▲提案项目申报立项制度

（1）合理化建议由建议人填写提案申报卡，交总工室。

（2）技术革新、技术开发项目由各部填写项目申请书报总工室。若要申请经费，需填报项目经费申请表及可行性报告。

（3）由总工室组织相关部门对所报项目进行评审、筛选、汇总后报总工程师审批。

（4）批准立项后，由总工室向相关部门下达项目计划，项目承担部门按计划实施。

（5）需要向上申请立项的项目，由总工室上报上级主管部门。

（6）为了避免项目的低水平重复开发，任何项目必须经部门同意后才能上报，经公司立项后才能实施。

（7）技术革新、技术开发经费列入公司管理开支。财务部每年按自有收入的1%左右做出安排，由总工室掌握使用。

▲提案项目成果奖励制度

（1）成果评审鉴定后，选择优秀项目向上级主管部门申报申请专利奖。

（2）对获专利的项目将按专利管理有关规定进行奖励。

（3）未申报专利或申报而未获的项目，由公司科技项目的评审委员会评定奖励。

（4）公司科技项目评审委员会每年组织对成果集中评奖一次，原则上按项目经济效益的大小予以奖励，也可根据项目创造性大小、水平高低、难易程度和对生产发展贡献大小给予客观、公正的评奖。评奖标准按有关规定执行。

▲提案改善制度

第一章　目的

第一条　为集中个人的智慧与经验，鼓励职员提出更多的有利于公司生产改善、业务发展的建议，以达到降低成本、提高质量、扩大公司经营、激励同人士气的目的，特制订本办法。

第二章　范围

第二条　提案内容包括本公司生产、经营范围具有建设性及具体可行的改善方法等。

（1）各种操作方法、制造方法、生产程序、销售方法、行政效率等的改善。

（2）有关机器设备维护保养的改善。

（3）有关提高原料的使用效率，改用替代品原料，节约能源等。

（4）新产品的设计、制造、包装及新市场的开发等。

（5）废料、废弃能源的回收利用。

（6）促进作业安全，预防灾害发生等。

第三条　提案内容如属于下列范围，为不适当的，不予受理：

（1）攻击团体或个人的。

（2）诉苦或要求改善待遇的。

（3）与曾被提出或被采用过的提案内容相同的。

（4）与专利法抵触的。

第三章　提案

第四条　提案人或单位，应填写规定的提案表，必要时可另加书面或图表说明，投入提案箱。每周六开箱一次。

第四章　审查

第五条　审查组织：

（1）各厂成立"提案审查小组"，由有关主管组成。

（2）公司成立"提案审查委员会"，由各厂长及公司有关部门主管组成，并设执行秘书。

第六条　审查程序：

（1）各提案表均须先经各厂"提案审查小组"初审并经评分通过后，方可汇报"提案审查委员会"（公司各部门提案均送委员会）。

（2）"提案审查委员会"每月视需要，召开1至2次委员会会议，审查核定各小组汇送的提案表及评分表，必要时并请提案人或有关人员列席说明。

第七条　审查准则：

1. 提案审查项目及配合

（1）动机占20%。

（2）创造性占15%。

（3）可行性占25%。

（4）回收期投资占30%。

（5）应用范围占10%。

2. 成果审查项目及配合

（1）动机占15%。

（2）创造性占20%。

（3）努力程度占15%。

（4）投资回收期占25%。

（5）效益占25%。

第五章　处理

第八条　审议采用的提案，由有关部门实施，除通知原提案人外，予以整理及实施成效检查。

第九条　不采用的提案，将原件发还原提案人。

第十条　保留的提案，须经较长时间考虑的，先将保留理由通知原提案人。

第十一条　成果检查：

（1）实施的提案，各实施部门应认真执行，每月应填具成果报告表，呈直接主管核定后，转呈各厂"提案审查小组"。经过三个月的考核，并予评分后，再呈提案审查委员会。

（2）"提案审查委员会"依审查小组所报的成果报告表及评分表详细进行审查核定。

第六章 奖励

第十二条 提案奖励。改善提案由"审查委员会"评定，凡采用者发给 1200 ～ 6000 元的提案奖金，未采用者发给 50 元的奖金。

第十三条 成果奖励。"审查委员会"依提案改善成果评分表，可给予 5000 ～ 10000 元的奖金。

第十四条 特殊奖励。提案采用、实施后，经定期追踪，成果显著、绩效卓越者，由委员会核计实际效益后，报请核发 20000 ～ 100000 元的奖金。

第十五条 团体特别奖。以科为单位，六个月内，每人平均被采用四件提案以上，发给前三名特别奖：

第一名：锦旗及奖金 5000 元。
第二名：锦旗及奖金 3000 元。
第三名：锦旗及奖金 2000 元。

第七章 附则

第十六条 提案内容如涉及《中华人民共和国专利法》者，其权益属本公司所有。

第十七条 本办法经呈董事长核定后，公布实施，修改时亦同。

▲提案建议管理条例

第一章 总则

第一条 为了调动广大职员的积极性、创造性，推动公司提案建议和技术革新、技术开发工作的开展，促进生产技术的进步，改善经营管理，增强企业活力，特制订本条例。

第二条 提案建议和技术革新、技术开发工作是企业管理的重要组成部分，是提高企业素质的重要手段。各部门要积极发动、支持和鼓励职员开展这项活动。

第三条 本条例由总工室和科技项目评审委员会组织实施。

第二章　奖励范围

第四条　本条例实施奖励的范围包括两个方面：一是被采纳并取得效果的合理化建议；二是取得成果的技术革新、技术开发项目。

第五条　合理化建议和技术革新、技术开发项目应该在如下诸方面发挥效用：

（1）挖掘设备能力，改善、增强生产能力。

（2）改善经营管理，提高质量和经济效益。

（3）应用新技术、新设备、新材料、新工艺，推广新的科技成果，对引进的先进设备和技术进行消化、吸收、改造，取得明显的经济效益。

（4）开拓新业务，增加企业收入。

（5）计算机技术的应用取得明显的经济效益。

（6）改善劳动组织，减轻劳动强度，改进设备维护、业务操作方式方法，提高劳动生产效率。

（7）节约能源及其他费用开支，降低生产成本。

（8）降低工程造价，节约基建投资。

（9）解决公司在通信生产中的重大技术难题。

第三章　奖励的申报和审查

第六条　成果评审鉴定后，对于需要申报奖励的项目，已在上级主管部门立项的由总工室按有关规定向上申报；未在上级主管部门立项的由公司各部门填写"科学技术进步奖申请表"报总工室。

第七条　向上报奖的项目由上级主管部门审查，其余项目由公司科技项目评审委员会负责审查。

第八条　公司科技项目评审委员会将从各部门申报的项目中选择优秀项目，向上申报科学技术进步奖。

第九条　未向上报奖或上报而未获奖的项目，由公司科技项目评审委员会组织评定奖励。

第四章　奖励标准

第十条　对符合奖励条件的合理化建议和技术革新、技术改造项目，按其产生经济效益的大小参照下列数额进行一次性奖励：

年节约或创造经济效益	奖 金 数 额
10 万元以下	1000 ~ 5000 元
10 万 ~ 50 万元	5000 ~ 20000 元
50 万 ~ 100 万元	20000 ~ 30000 元
100 万 ~ 500 万元	30000 ~ 50000 元
500 万 ~ 1000 万元	50000 ~ 100000 元
超过 1000 万元	100000 元以上

第十一条 对于经济效益不容易估算的项目，评审委员会可按其作用大小、技术难易、创新程度、推广价值，给予科学、客观、公正的评判，确定相应的奖励等级。

奖 励 等 级	奖 金 数 额
特 等	50000 元以上
一 等	10000 元
二 等	6000 元
三 等	4000 元
四 等	2000 元
五 等	1000 元
六 等	500 元

第五章 附则

第十二条 公司科技项目评审委员会必须公正、实事求是地对合理化建议和技术革新、技术开发项目进行评奖，评审人员及其他与项目无关人员不能在奖金中分成。

第十三条 对获奖项目及人员有争议的，须待争议解决之后才能给予奖励。

第十四条 本条例自颁布之日起开始试行。

▲职员建议管理制度

第一条　目的。为大力发掘职员内在的思考力和创造力，充分利用职员的聪明才智，推动企业的持续发展，特制订本办法。

第二条　建议人资格：

(1) 凡本公司职员及关系企业之职员皆可提出建议。

(2) 建议可以个人或数人名义提出。

第三条　建议内容：

(1) 生产技术的进一步改善，公司业务上的对策或具有经济价值的事项等。

(2) 建议内容不得涉及个人薪资、人事方面的问题。

第四条　建议方法：

(1) 写好的建议投入提案箱，于每月 1 日开箱并于月底前审查完毕。

(2) 建议内容不需获得各级主管之许可。

(3) 每三个月召集全体职员会讨论一次，评定奖级，当场给奖。

第五条　审查委员会的职责及组成：

(1) 审查委员会的主要职责：调查提案内容，协调各单位之间之意见，并决定评价。

(2) 审查委员会由下列人员组成：主任委员由常务董事担任；副主任委员由副总经理或厂长担任；委员由四名主管级人员担任。

第六条　主任委员及委员的职责：

(1) 主任委员的职责：

①主持委员会之议事。

②主任委员有事时，由副主任委员代理。

(2) 委员的职责：委员需出席审查委员会，并公正、迅速地审查，决定是否采用，其职责如下：

①所有建议的事前调查及资料的准备。

②有关委员会的各项事项的执行。

③与建议制度有关的企划推进、统计及公共关系。

④其他与建议制度有关的事项。

第七条　建议的审查及询问：

(1) 原则上委员于每月月底召开，或者并入经理级会议办理。

(2) 审查的决议原则上需经全体委员同意，并经主任委员决定。

(3) 如在审查过程中需要有关人员说明时，须与建议涉及的单位共同研究。

第八条 奖励办法：

（1）对于提合理化建议的职员应予以表扬，原则上于次月 10 日进行。

（2）各项提案根据其评分，给予奖励。

（3）另设实施绩效奖。

（4）公司各部门依建议案件（以决定采用的建议为计算基准）与人数之比例，确定前三名，由公司颁发"团体奖"，并作为单位考绩的参考。

第九条 审查决定后的通知及公告：

（1）每月月底公布审查的结果，并通知建议人。

（2）经采用者在本公司网站上予以公布。

第十条 建议的保留或不采用之处理：

（1）经委员会认定尚待研究的，暂予保留，延长其审查期。

（2）不采用的建议如审查委员会认为稍加研究改进者即可充分发挥效果的，应告知建议人，并予以协助修改。

等 级	评分基准	金额/元
一等奖	具有独创性及经济价值，并可能实施，由其内容可划分为四个等级	1000.00
二等奖		800
三等奖		600
四等奖		400
线索奖	该项建设具有独创性，将来可能有用	200
鼓励奖	建议人已努力，但不可能实施	赠品

第十一条 专利权的处理：

（1）委员会应将决定采用的建议，区分部门，填写"建议实施命令单"，于建议之次月 15 日以前交各部门组织实施。

（2）经办部门之经理应将实施日期、要领填入"建议实施命令单"，于月底前送回委员会，如遇有实施上的困难时，应将事实报告主任委员。

（3）经决定采用之建议，在实施时如与有关部门的意见不合时，由主任委员裁决。

（4）建议实施后其评价如超过原先预期之效果时，由委员会审查后再追补奖金。

（5）实施的最后确认由审查委员会负责，但实施责任应属各部门，有关建议实施的困难事项由委员会处理。

▲ 职员建议管理办法

第一条　为倡导职员参与管理，并激励职员就其平时工作经验或研究心得，对公司业务、管理及技术，提供建设性的改善意见，借以提高经营绩效，特制订本办法。

第二条　本公司各级职员对本公司的经营，不论在技术上或管理上，如有改进或革新意见，可向行政管理部索取建议填写表格，将拟建议事项内容详细填列。如建议人缺乏良好的文字表达能力，可洽请行政管理部经理或单位主管协助填列。

第三条　建议书内容有如下几项：

（1）建议事由：简要说明建议改进的具体事项。

（2）原有缺失：详细说明在建议案未提出前，原有情形之未尽妥善处以及应予革新处。

（3）改进意见或办法：详细说明建议改善之具体办法，包括方法、程序及步骤等。

（4）预期效果：应详细说明该建议案经采纳后，可能获得的成效，包括提高效率、简化作业、增加销售、创造利润或节省开支等。

第四条　建议书填妥后，以邮寄或面递方式，送交行政管理部经理。

第五条　建议书内容如偏于批评，或无具体的改进或革新实施办法，或不具真实姓名者，行政管理部经理可不予交付审议；其有真实姓名者，由行政管理部经理据实委婉签注理由，将原件密退原建议人。

第六条　本公司为审议职员建议，设置职员建议审议委员会（以下简称审委会），各下属单位主管为审议委员，会议经理为召集人，在必要的时候，行政管理部经理与召集人洽商后，可邀请与建议内容有关的单位主管出席。

第七条　审委会的职责如下：

（1）审议职员建议案件。

（2）职员建议案件评审标准的研讨事项。

（3）建议案件奖金金额的研议。

（4）建议案件实施成果的检验。

（5）其他有关建议制度的研究改进事项。

第八条　行政管理部收到建议书后，认为应审议的，应于收件后 3 日内编号密封送交审委会先行评核。

审委会的审议除因案件特殊可延长至 30 天外，一般应于收件日起 15 天内完成审议工作。

第九条 本公司职员所提建议，具有下列情形之一者，应予奖励：

（1）对于公司组织提出调整意见，能收到精简或强化组织功能效果的。

（2）对于公司商品销售或售后服务提出具体改进方案，具有重大价值或增进收益的。

（3）对于商品修护的技术提出改进方法，值得实行的。

（4）对于公司各项规章、制度、办法提出具体改善建议，有助于经营效能提高的。

（5）对于公司各项作业方法、程序、报表等提出改善意见，具有降低成本、简化作业、提高工作效率的。

（6）对于公司未来经营的研究发展等事项，提出研究报告，具有采纳价值的。

第十条 奖励的标准，由审委会各委员依职员建议案评核表各个评核项目分别逐项研讨并评定分数后，以总平均分数依下表拟定等级及其奖金金额。

等　　级	奖金（元）
一	200
二	400
三	600
四	800
五	1000
六	2000
七	3000
八	5000
九	7000
十	10000
特等	50000

第十一条 建议案经审委会审定认为不宜采纳施行的，应交由行政管理部经理据实委婉签注理由，通知原建议人。

第十二条 建议案经审委会审定认为可以采纳、施行的，应由审委会召集人会同行政管理部经理于审委会审定后 3 日内，以书面详细注明建议人姓名、建议案内容及该建议案施行后对公司的可能贡献、核定等级及奖金数额与理由，连同审委会各委员的评核表，一并报请公司经营管理工作会议复议后由总经理核定。

经审委会核定其等级在第四等以下者，由审委会决议后即按等级发给奖金。

经公司经营管理工作会议复议后认为可列为第十等者，应呈请董事长核定。

第十三条 为避免审委会各委员对建议人的主观印象影响评核结果的公平，行政管理部经理在建议案未经审委会评定前，对建议人的姓名予以保密。

第十四条 建议的案件如是由两人以上共同提出的，其所得的奖金，按人数平均发放。

第十五条 有下列各情形之一者，不得申请评奖：

（1）各级主管人员对其本身职权范围内所提出的建议。

（2）被指派或聘用从事专门研究工作而提出与该工作有关的建议方案者。

（3）由主管指定从事业务、管理、技术的改进或工作方法、程序、报表的改善或简化等作业，而提出改进建议者。

（4）同一建议事项经他人提出并已获得奖金者。

第十六条 本公司各单位如有问题或困难，需要解决或改进时，经呈请总经理核准后可公开向职员征求意见，所得建议的审议与奖励，依本办法办理。

第十七条 职员建议案的最后处理，应由行政管理部通知原建议人。职员所提建议，不论采纳与否，均应由行政管理部负责归档。经核定给奖的建议案，应在公司公布栏及公司月刊中表扬。

第十八条 本办法经呈请总经理核准后公布施行，修订时亦同。

▲会议提案改善方案

（1）为使各单位主管踊跃提供有利于营运改进的意见，借此提高经营的效率，并使会议能疏通及统一与会人员的意志，避免"会而不议，议而不决，决而不得"的弊病，与会人员除口头提出工作报告（前月）外，特制订本方案。

（2）提案建议书，其内容如下：

①有关管理改进事项。

②提案规章的修订。

③有关制造技术及品质的改良，操作方法或程序及机械配置的改进事项。

④有关设备的设计或修改事项。

⑤有关新产品的创意或包装的改良事项。

⑥有关成本的减低事项。

⑦有关物料的节省及废料的利用事项。

⑧有关工厂安全或机械、工具的保养事项。

⑨部门间的协调事项。

⑩有关业务的调整方案。

⑪其他有利于本公司改革发展的事项。

（3）提案手续如下：

①应使用规定的提案建议书用纸。

②提案建议书记载下列事项：

A. 提案人。

B. 所属单位。

C. 案由。

D. 具体内容说明（必要时添附改善前后的数值比较、图画或说明资料）。

E. 研议事项（由总经理填写）。

（4）为了顺利地处理提案，请按照规定时间送达总经理室以便汇编处理。

（5）本方案经呈准后通知实施，修改时亦同。

▲客户提案意见处理规定

第一条　目的。本规定的提出，旨在广泛听取客户意见，使客户的提案与意见处理规范化、标准化，做到广泛听取、及时处理、迅速反馈。

第二条　对象。以本企业销售的全部产品为对象，企业的全部客户都应视作提案（意见或合理化建议）的提出者。

第三条　提案内容。客户购买、使用本企业产品，最终目的在于降低使用成本。因此提案内容归结为降低使用成本、提高产品质量两方面。具体讲，包括：

（1）提高产品标准化程度的有关建议。

（2）降低物流成本，改善销售渠道与方式的建议。

（3）有关为提高加工组装和质检效率等方面的技术性建议。

（4）提供新材料、新零部件方面的信息。

（5）有关改善售后服务等方面的建议。

（6）其他。

第四条　提案目标。资材科每半年提出提案目标和提案收集计划，并及时通知客户。

第五条　提案的受理与处理方法：

（1）客户将自己的提案填入统一表格，返还资材科。

（2）资材科受理后，作受理记录，送交相关部门研究分析。

（3）相关部门的研究分析时间原则上不超过一个月，否则，应报告具体日程安排。

（4）相关部门将研究结果记入提案表，返还资材科，资材科告知客户提案采纳与否的同时，并就实施时间、改进措施等通报客户。

（5）因客户提案而产生所有权问题时，如属本企业开发研制，则归本企业所有；如属本企业与客户共同开发研制，双方协议解决。

第六条　提案成果分配：

（1）提案成果享有权为一年，其分配比例为本企业40%，客户60%。

（2）提案实施一年后，其成果为本企业独享。

第七条　表彰与评价：

（1）对提案成果明显的客户，依据"客户提案表彰规定"，予以表彰奖励。

（2）提案的评价标准以供求计划确定时的成本降低额和提案件数为依据。

第八条　本规定自××××年×月×日起施行。

▲公司提案表（一）

年　　月　　日

单位		姓名		职称		请把内容写详细，并把你
提案名称				编号		所想要实施的方法写具体
1. 现状（现在的做法）：						
2. 改善案（我的想法）：						
3. 效果（其结果是）：						

▲公司提案表（二）

年　　月　　日

单位		职称		姓名	
提案名称				编号	

1. 现状、缺点（附图）、说明

2. 提案改善内容（具体、详细、附图）

3. 估计投资额（分项估算）

4. 预计效益及投资回收期

▲提案记录表

月份

| 提案编号 | 提案人 | 所属部门 | 性质 | | 提案事项 | 收件日期 | 审核日期 | 审核人 | 结果 | | | 实施结果 | 核发奖金 |
			制作流程	其他					可用	可试	不佳		

▲提案评定表

提案编号：

提案人	所属单位		提案日期	年　月　日	评定日期	年　月　日

提案名称及大概内容：

	评定标准	评审意见	最高评分	评　分
评定成绩	经济效益		50%	
	提案完整性		10%	
	创造性		10%	
	应用范围		10%	
	研究观察花费时间		10%	
	改善成本		10%	
	合　　计		100%	

评审者其他建议：

奖金金额评定：
　　①经济效益显著者：所得经济效益　　　　×20%
　　②经济效益不明显者：评分　　　　奖金

董事长	总经理	审查主任委员	审查小组	评定员

▲提案实施命令表

分配实施提案部门：	
建议号码：	
建议事由：	
注意 事项	1. 依据上项建议即刻改善 2. 填写下列之建议案实施预定表后，一星期内送交建议审查 委员会
	建议案实施预定表
实施 日期	1. 根据建议预定于　　年　　月　　日实施 2. 稍加变更拟于　　年　　月　　日实施
实施概要：	

▲改善案结案报告表

□工程改善案
□配方改善案
□事务改善案   年　月　日

改善项目		原专案编号	
		完成改善日期	年　月　日
改善内容及修改情况			
预期改善结果			
改善结果			
厂处理意见			
研究小组意见			

▲提案改善成果报告表

提案名称		提案编号	
实施单位		提案日期	
改善动机原因	（简单扼要叙述动机、原因）		
改善前情况	（简单扼要叙述改善前使用方法、效率，需附数据）		
改善方法	（简单扼要叙述如何改善、改善过程、投资金额）		
改善效益	（简单扼要叙述何时完成、成果，如节省金额，对质量、产量的改善，回收期）		
结论	（对改善提案做简单扼要的结论）		

实施单位主管：_____　　　　　　填表：_____

▲合理化建议采用通知单

建议书 编　号	提案内容	提案人 姓　名	提案人所属单位	提案人 电　话

_____部门

　　合理化建议方案已于_____月_____日第_____次会议决议采用，请尽速实施，并请开设备申请单，改善方法细节请联络提案人。

此致

合理化建议审查委员会
年　月　日

第三章 企业财物管理制度

第一节 企业办公用品管理制度

▲办公用品管理规定

第一章 办公用品的购买

第一条 为了统一、限量、控制用品规格以及节约经费开支，所有办公用品的购买，都应由办公用品管理员统一负责。

第二条 根据办公用品库存量情况以及消耗水平，向办公用品管理室主任报告，确定订购数量。如果办公印刷制品需要调整格式，或者未来某种办公用品的需要量将发生变化，也一并向办公用品管理室主任提出。

调整印刷制品格式，必须由使用部门以文书形式提出正式申请，经企划部门审核确定大致的规格、纸张质地与数量，然后到专门商店采购，选购价格合适、格式相近的印刷制品。

第三条 在办公用品库存不多或者有关部门提出特殊需求的情况下，按照成本最小原则，选择直接去商店购买或者订购的方式。

第四条 在各部门申请的办公用品中，如果包含有需要订购的办公用品，则申请部门还必须另填一份订购单，经办公用品管理部门确认后，直接向商店订购。

办公用品管理部门必须依据订购单，填写"订购进度控制卡"，卡中应写明订购日期、订购数量、单价以及从哪个商店订购等。

第五条 按订购单和订购进度控制卡检查所订购办公用品，并确定是否在预定日期送到。

第六条 所订购办公用品送到后，按送货单进行验收，核对品种、规格、数量与质量，确保没有问题后，在送货单上加盖印章，表示收到。然后，在订购进度控制卡上做好登记，写明到货日期、数量等。

第七条 收到办公用品后，对照订货单与订购进度控制卡，开具支付传票，经主管签字盖章，做好登记，转交出纳室负责支付或结算。

第八条 办公用品原则上由总公司统一采购、分发给各个部门。如有特殊情况，允许各部门在填写"办公用品购买申请书"的前提下就近采购。在这种情况下，办公用品管理部门有权进行审核，并且把审核结果连同申请书一起交付监督检查部门保存，以作为日后使用情况报告书的审核与检查依据。

第二章　办公用品的申请、分发领用及报废处理

第九条 各部门的申请书必须一式两份，一份用于分发办公用品，另一份用于分发领用用品台账登记。在申请书上要写明所要物品、数量与单价。

第十条

（1）接到各部门的申请书（两份）之后，有关人员要进行核对，并在申请受理册上做好登记，写上申请日期、申请部门、用品规格与名称以及数量，然后再填写一份用品分发传票给发送室。

（2）发送室进行核对后，把申请的全部用品备齐，分发给各部门。

（3）用品分发后做好登记，写明分发日期、品名与数量等。一份申请书连同用品发出通知书，转交办公用品管理室记账存档；另一份作为用品分发通知，连同分发物品一起返回各部门。

第十一条 对决定报废的办公用品，要做好登记，在报废处理册上写清用品名称、价格、数量及报废处理的其他有关事项。

第三章　办公用品的保管

第十二条 所有入库办公用品，都必须一一填写台账（卡片）。

第十三条 必须清楚地掌握办公用品库存情况，经常整理与清扫，必要时要采取防虫等保全措施。

第十四条 办公用品仓库一年盘点两次（6月与12月）。盘点工作由管理室主任负责。盘点要求做到账物一致，如果不一致，必须查找原因，然后调整台账，使两者一致。

第十五条 印刷制品与各种用纸的管理依照盘存的台账为基准，对领用的数量随时进行记录并进行加减，计算出余量。一旦一批消耗品用完，立即写报告递交办公用品管理室主任。

第十六条　必须对总公司各部门所拥有的办公日用低值易耗品（主要指各种用纸与印刷制品）做出调查。调查方式是，每月 5 日对前一月领用量、使用量以及余量（未用量）进行统计，向上报告。办公用品管理室对报告进行核对，检查各部门所统计的数据是否与仓库的各部门领用台账中的记录相一致。最后将报告分部门进行编辑保存。

第四章　对办公用品使用的监督与调查

第十七条　对总公司各部门进行监督调查的内容包括：

（1）核对用品领用传票与用品台账。

（2）核对用品申请书与实际使用情况。

（3）核对用品领用台账与实际用品台账。

第十八条

（1）核对收支传票与用品实物台账。

（2）核对支付传票与送货单据。

▲办公用品管理制度

第一条　行政管理部负责公司办公用品、办公设备、低值易耗品、通信设备的采购、保管与发放。电脑及附属设备的购置与管理，由信息管理部设专人负责。

第二条　公司各部门将所需办公用品提前半个月报至行政管理部，行政管理部根据实际用量和库存情况制订购置计划，经总裁批准后购置。

第三条　特需办公用品、低值易耗品和通信设备，须经主管总裁批准，由行政管理部负责购置，然后记入备品保管账目。

第四条　备品发放采取定期发放制度，每月的 1 日和 15 日办理，其他时间不予办理。

第五条　备品仓库设专人负责。备品入库需根据"入库单"严格检查品种、数量、质量、规格、单价是否与进货相符，按手续验收入库，登记上账。未办入库手续，财务一律不予报销。

第六条　备品保管实行"三清、两齐、三一致"，即：材料清、账目清、数量清、摆放整齐、库房整齐、账、卡、物一致，做到日清月结。

第七条　做好出库管理。在日清月结的条件下，月末必须对所有单据按部门统计，及时转到财务部结算。

第八条　各部门设立耐用办公用品档案卡，由行政管理部定期检查使用情况，如非正常损坏或丢失，由当事人赔偿。

第九条　行政管理部负责收回公司调离人员的办公用品和物品。

第十条　行政管理部建立公司固定资产总账，对每件物品要进行编号，每年进行一次普查。

▲办公用品发放规定

第一条　本公司为规范办公用品的发放工作，特制订本规定。

第二条　公司各部门应本着节约的原则领取、使用办公用品。

第三条　各部门应指定专人管理办公用品。

第四条　各部门应于每月28日前将下月所需办公用品计划报行政管理部。行政管理部于每月6日前一次性发放各部门所需办公用品。

第五条　采购人员须根据计划需要采购，保证供应。

第六条　办公用品入库和发放应及时记账，做到账物相符。

第七条　任何人未经允许不得进入办公用品库房，不得挪用办公用品及其他物资。库房要做到类别清楚、码放整齐。

第八条　应加强库房管理和消防工作，防止失盗、失火。

▲奖售品、赠品、样品管理制度

（1）奖售品、赠品、样品的范围：

①奖售品：外单位推销某项商品及物料，由该单位按其规定拨出所售商品、物料的一部分或小部分奖给职工。

②赠品：外单位对企业某部门或个人的酬谢物品。

③样品：外单位推销他们的商品、产品，免费送一些给有关部门作为样品。

（2）奖售品、样品、赠品经批准做出处理后的收入，由企业管理部门统一分配。

（3）任何部门或个人均不得私自占有奖售品、样品和赠品，否则按所值价格加倍罚款，并建议人事部做出扣发浮动工资的处理。

▲办公消耗品管理规定

第一条　本公司为加强对办公消耗品的管理，特制订本规定。

第二条　办公消耗品是指文具、纸张、账本及其他印刷物品。

第三条　办公消耗品一年的消耗限额为×万元，各部门及有关人员必须节约使用，避免浪费。

第四条　办公消耗品的购买与管理，由总务部负责，下设保管员处理领用事务。

第五条　总务部必须把握消耗品在正常情况下每月的平均消耗量以及各种消耗品的市场价格、消耗品的最佳采购日期。在此基础上，确定采购量与采购时间，以最小的采购量满足日常事务运营对消耗品的基本需求。

第六条　对于特殊场合所用的特殊办公用品，使用部门必须先提出书面申请，总务部据此进行必要的调查后决定是否准予采购。如果一次采购价格总额超过×万元时，须经该部门主管同意，必要时需请示总裁。

第七条　在订制各种账票时，如果需要改动原格式或者重新设计新格式，使用部门的主管必须起草正式文件或方案，若有相关部门，则需要一式多份，然后将这些材料送至总务部，并附上委托订制或订购申请单。之后，总务部在其责权范围内，审核新格式、订购数量是否合适以及新格式的适用性与时效性等。通过审核后，还必须就是否由本公司自行复制或复印，还是委托外部进行印刷等问题，与申请部门作进一步协商。

第八条　向总务部领取办公消耗品时，必须填写申请书，写明申请时间，使用场所（部门名称）以及物品名称与数量。同时，申请者以及其部门主管必须加盖印章或签字。另外，特殊办公消耗品的申请，必须填写用途。

第九条　局部使用或特殊用途的账簿传票的订购与领用，统一由总务部调控与管理。使用部门或申请者必须按特殊的程序提出申请。

第十条　总务部必须在填写办公消耗品购进登记簿的基础上，对照各申请采购传票，在每月末进行统计，向总裁报告。

▲文具用品管理制度

第一条　为使办公文具用品管理规范化，特制订本制度。

第二条　本制度所称办公文具分为消耗品、管理消耗品及管理品三种。

（1）消耗品：铅笔、刀片、胶水、胶带、大头针、图钉、笔记本、复写纸、卷宗、标签、便笺纸、信纸、橡皮、夹子等。

（2）管理消耗品：签字笔、荧光笔、修正液、电池、直线纸等。

（3）管理品：剪刀、美工刀、订书机、打孔机、钢笔、打码机、姓名章、日期章、计算机、印泥等。

第三条 文具用品分为个人领用与部门领用两种。个人领用指个人使用和保管的用品，如圆珠笔、橡皮、直尺等。部门领用指本部门共同使用的用品，如打孔机、订书机、打码机等。

第四条 消耗品可依据历史记录（如过去半年耗用平均数）、经验法则（估计消耗时间）设定领用管理基准（如圆珠笔每月每人发放一支），并可随部门或人员的工作状况调整发放时间。

第五条 消耗品应限定人员使用，自第三次发放起，必须以旧品替换新品，但纯消耗品（如直线纸）不在此限。

第六条 管理品移交时如有故障或损坏，应以旧换新，如遗失应由个人或部门赔偿、自购。

第七条 文具的申请应于每月 25 日由各部门填写"文具用品申请单"，交管理部统一采购，并于次月一日发放，但管理性文具的申请不受上述时间限制。

第八条 各部门设立"文具用品领用记录卡"，由总务部统一保管，在文具领用时作登记使用，并控制文具领用状况。

第九条 文具严禁带回家私用。

第十条 文具用品一般由管理部向文具批发商采购，其中必需品、采购不易或耗用量大的物品，应酌量库存，管理部无法采购的特殊文具，可以经管理部同意并授权各部门自行采购。

第十一条 新进人员到职时由各部门填写文具申请单向总务部领取文具，并列入领用卡，人员离职时，应将剩余文具一并交管理部。

▲办公用品财务处理制度

（1）企业各部门用于办公所需的纸张、笔墨、计算器具、账册、凭证以及其他办公用品，每季度编报领用计划，统一由财务部购进，交仓库保管，各部门按月领用。

（2）企业的办公用品除个别零星急需外，各部门不得自行采购。

（3）各部门领用办公用品，必须填写领用单（一式两联），并经领导批准。

（4）领用人领取物品后，由仓管员签名，领用部门取回一联作部门财务或文员记录之用，另一联由仓库按月装订，作为便查簿，以备检查。

（5）仓库保管员在收到办公用品并经验收无误后，在进仓办公用品的发票上签收，并立即登记商品货卡和便查簿，不必填制进仓验收单。

（6）财务部对办公用品的账务结算，可凭采购员进货交仓库验收后的原始发货票，经审查票面品名、规格、数量、金额以及仓管员验收和经手人签名，即准予办理报账。

（7）办公用品财务核算处理，直接摊入费用列支，即应以"管理费－办公用品"科目列支，不必通过库存物料科目的重复核算。

（8）在各部门逐步确立为独立核算后，办公用品由财务部在管理费科目列支，但应分部门设立明细账户，以便按部门实际领用分摊费用。

▲复印机使用规定

第一条 复印文件资料要办理登记手续，详细填写复印时间、保密等级、份数，经办公室主任批准签字后送打字室复印。

第二条 为确保复印机的安全运转，每天下午 5 时关机，过时送来的文件将延至次日复印；急件经办公室主任批准后，方可临时开机。

第三条 不得擅自复印机密文件和个人材料。复印机密文件需经公司领导批准。

第四条 复印机由专人保管使用，其他人员非经允许不得自行开机。

第五条 本规定适用于各部门所属复印机的管理。

▲电传机及传真机使用规定

第一条 服务对象：总公司领导或有电传机、传真机的各子公司和职能部门。

第二条 服务内容：

（1）发送按规定签署的各类电文、传真函件。

（2）为总公司的领导及时递送收文、收电。

第三条 发电手续：

（1）发送电文须填写"发电收费记录单"，并由主任签字后方可发出。

（2）发送一次入境签证邀请电，须由部门主管签发。

（3）发送多次入境签证邀请电，须由总公司领导签发。

（4）邀请电如以传真方式发出，须加盖外联部印章。

第四条 收费标准：

（1）发电：电传、传真收费参照中国电信收费标准执行。

（2）收电：对发给各部门的传真，按页计收成本费。

▲事务用家具使用及管理规定

第一条 为加强对事务用家具的使用和管理，特制订本规定。

第二条 事务用家具指事务用的桌椅、书架、书柜等，其配发和管理，由总务科负责。

第三条 事务用家具管理过程的各环节，如购买、配置、分发领用、修缮与保管等，总务科须用台账形式记录下来。

第四条 台账按部科分别设置，分别记录各部科领用、借用和使用事务用家具的情况，定期向各部科长通报。通报以台账的复印件形式进行。

第五条 供应或配置的事务用家具，一律在醒目处贴上金属牌，打上部科名称、家具编号以及购置日期等。

第六条 各部科长对其部科所配置的事务用家具，负有使用与保管的责任，要防止事务用家具被盗、被挪用以及污染与破损。

第七条 使用责任者调离时，人事科必须尽早与总务科联系，由总务科做出具体安排；任何人不得擅自调配或使用该事务用家具。

第八条 事务用家具采取"谁使用、谁保管"的原则，使用者具有不可推卸的保管与维护责任，不得擅自委托他人保管事务用家具。

第九条 未经使用责任者同意，任何人都不得动用已经投入使用的事务用家具。

第十条 总务科必须按部、科长的指示，至少一年两次，对库存事务用家具进行盘点，并把账物是否一致的情况制成清查明细表，上报部、科长。

第十一条 事务用家具破损或污染后需要进行修理与清洗。各部科必须与总务科联系，由总务科负责办理各项修理与清洗事宜；使用责任者及各部科不得随意处置。

第十二条 总务科经检查，确认破损家具已经没有修理必要时，向主管领导请示并得到同意后，予以报废处理。

第十三条 如属个人原因，造成事务用家具破损、丢失，视其情节轻重，做出相应赔偿。

▲备品供应与保管规则

第一条　为使公司备品供应及保管工作富有成效，特制订本规则。

第二条　本规则所指备品，包括价值在×千元以上、耐用年限在一年以上的固定资产；以及价值在×百元以上、耐用年限一年以上的事务用品。

第三条　低值易耗品：

（1）事务用备品。

（2）作业用备品。

（3）事务用计量器具。

（4）作业用计量器具。

第四条　备品的管理由三个科室负责。在总公司，由总务部主管备品；在工厂，由总务科主管事务用备品；辅助科主管作业用备品。具体管理原则有如下规定。

（1）主管科应该就备品管理上的必要事项做出指示，并提供备品管理的方法、实施方案以及相应的资料。

（2）主管科应该保证备品供应，对备品进行有效保管、供应、出借、整修与报废处理等。

第五条　备品保管科的责任者为科长；科长有权任命专职人员，负责科内备品的出纳保管事务。在任命专职保管人员时，必须通知主管科。

第六条　保管科负责以下工作：

（1）申报采购预算。

（2）制订备品供应新方式。

（3）掌握现存备品的名称、数量、磨损或完好程度。

（4）申请备品的更新改造，以及改变备品的用途。

（5）备品供应或借出通知。

（6）申报备品的修理、破损与丢失情况。

（7）申报备品闲置与废弃情况。

（8）报告库存盘点结果。

第七条　主管科必须确立备品台账，并记录以下内容：

（1）备品名称。

（2）型号、尺寸与规格。

（3）购入价格。

（4）购入时间。

（5）用途（分类）。

（6）保管（使用）科名称。

（7）分类编号。

（8）登记编号。

（9）如果是计量器具，则予以注明，并表示其功能与作用。

（10）如果是固定资产，则注明是否进入固定资产管理账户。

（11）其他必要事项。

保管科按照上述台账内容，制作相应的"备品保管传票"。

第八条 对购进的备品，主管科要进行登记，并填写"备品保管传票"；然后，把保管传票转交保管科。

第九条 保管科对备品进行分类，贴上标签，写上分类编号与登记编号。

第十条 在向其他科室供应或转移备品时，"备品保管传票"必须交回主管科；主管科在台账及保管传票上填写使用科室的名称、日期以及必要的事项后，把保管传票移交给使用科室。

第十一条 备品可以"出借"方式使用。借用者必须出具借用证，借用证由主管科负责填写，记录下列内容：

（1）借用者住址与姓名。

（2）备品名称、分类编号与登记编号。

（3）数量。

（4）借出日期。

（5）借出期限与出借条件。

第十二条 保管科回收闲置的物品时，须请示主管科，并在回收后将保管传票交主管科存档。

第十三条 如备品已无法使用，可向主管科申请报废处理，并在保管传票上注明理由与意见，上报主管科。

主管科经过调查，决定报废后，在台账上做好记录，销毁报废备品的保管传票。如果属于固定资产账目中的备品，其报废处理，必须按申请报废程序办理。

第十四条 修理后的备品，必须由主管科在台账上做好记录，写明修理日期、修理项目等内容。如果一次修理费预算超过×百元，必须按申请报废程序办理，由上级主管裁决。

第十五条 保管科必须按期核对所保管备品的账物，出现异常情况，应立即向主管科报告。

第十六条 凡属于故意或者因重大过失造成物品损坏或丢失者，必须追究个人责任，并进行部分或全部赔偿。

▲工作服管理制度

工作服是反映企业整体形象及员工精神面貌的重要标志，因此，有必要加强工作服管理。

（1）行政部根据企业的要求负责联系工作服的选料制作、发放与保管。

（2）为防止冒领和丢失，发放工作服时，要手续齐全，填制领存卡。

（3）员工领用工作服后，个人保管。要保持其整洁、完好，不得对工作服私自改制式样、装饰。

（4）员工工作服统一由企业按规定时间清洗。办公室人员每季洗一次；一线员工两月洗一次。

（5）员工内部调动，经劳动人事部审批后，领用新岗位工作服。

（6）因个人原因损坏工作服，在照价赔偿后，补领新工作服。

（7）员工调出本企业，按一定标准折价收款，不再收回工作服。

▲文具用品一览表

文具名称	规格	单位	单价（元）	代号	文具名称	规格	单位	单价（元）	代号
修正液					订书钉（中）				
胶　水					订书钉（小）				
图　钉					公文袋（大）				
曲别针					公文袋（小）				
印　台	红				黑带子				
印　台	蓝				胶　带				
印　台	黑				复写纸				
印　油	红				中式卷宗				
印　油	蓝				强力夹				
印　油	黑				弹簧夹				
印　泥					订书机（大）				
投影片					订书机（中）				
投影笔					订书机（小）				
胶带台									

▲办公用品需求计划表

单位：_____ 　　　　人数：_____

个人领用类（每人每月 50 元）							业　务　领　用　类						
办公用品名称	代号	单位	数量	单价	金额	备注	办公用品名称	代号	单位	数量	单价	金额	备注
小　计：							小　计：						
预算金额： 实际金额：		部门主管：			科长：			经办人：					

▲办公用品请购单

财管字第　　　　　　号

填单日期　　年　月　日

物品名称	规格	用途	单位	数量	需用日期	估计价值	签注
请购部门负责人意见： 年 月 日		总经理办公室主任意见： ：年 月 日			总经理批准： 年 月 日		

▲重要办公用品登记卡

管理部门：总经理办公室

使用部门：＿＿＿＿＿＿＿

名称：		编号：						
规格：		厂名或牌名：						
构造：		附属设备：						
存放地点：		耐用年限：						
原价：		增加价值：						
日 期		摘 要	凭证号数	单位	数量	增加	减损	结存
年 月 日								
年 月 日								
年 月 日								
年 月 日								
年 月 日								
年 月 日								
年 月 日								
年 月 日								
年 月 日								
年 月 日								
年 月 日								

▲领物卡

年　月　日

部门		领用人		核发	
领用物品及规格	用途	数量	单位	单价	总价

总务部经理：_____　　　　　　保管员：_____

▲办公用品领用卡

姓名：_____　　　　　　　　　　部门：_____

文具名称	日期	单位	数量	主管签章	领用登记	备注

▲办公用品领用单

部门：_____　　　　　　　　　　　　年　月　日

项次	品　名	规格	单位	数量	单价	金额
1						
2						
3						
4						
5						
6						
7						
8						
9						
10						
11						
12						
合计金额		保管	管理部门		领用部门	
			主管	经办	点收	经办	点收

▲办公用品盘存报告表

年　月　日

编号	名称	规格	单位	单价	上期结存		本期购进	本期发放数	本期结存		备注
					数量	金额			数量	金额	

主管：＿＿＿＿　　　　保管员：＿＿＿＿

▲个人领用文具用品统计表

姓名：			所属部门：		
文具名称	规格	单位	代号	领用日期	备注

第二节 企业财产管理制度

▲财产管理办法

第一条 本公司的财产管理依照此办法执行。

第二条 本公司财产主要为：

（1）办公事务用品：桌椅、公文箱、电话机、打印机、复印机、计算机等。

（2）办公楼、厂房、宿舍等建筑物。

（3）机器设备：压造设备、检验仪器、焊接设备、维修设备、输送设备等（本类另案讨论）。

（4）原料及成品（本类另案讨论）。

第三条 各部、厂单位根据需要提出请购单或请购计划，报上级核准后，交由总务部办理采购。

第四条 采购品经验收合格后，即由采购单位填写财产卡交由总务部建档管理，财产实物由使用单位领回使用并负责保管。

第五条 总务部每年需依折旧年限规定，摊提折旧额送会计部门列账。

第六条 总务部每年 12 月底前需对公司财产盘点一次，核对财产数量，并由会计单位依盘亏、盘盈状况调整财产金额。

第七条 对无法继续使用的财产按规定办理报废或以登报公开招标方式出售，并进行相应的会计处理。

第八条 各项财产的使用说明书、质量保证书等资料统一由总务部保管，使用单位可使用复印件。

第九条 各单位对所使用的财产负有保管、保养的责任。财产受到损害时，应查明原因、分清责任，出具调查报告和处理意见，视情节轻重进行处分。

▲物品管理规定

（1）对所有入库物品都要妥善保管，防止损坏、变质、丢失。对食品及清洁用品定期检查保质期或有效期，防止过期失效。

（2）对常用物品要测定每月正常消耗量，保证正常储备量，及时提出补充计划，在保证合理需求的前提下，减少库存量，加速资金周转，防止物资积压。

（3）库存物品要定期盘点，每月 25 日对在用物品做一次清点，期初数加本期增加数减本期消耗数等于期末盘点数。检查消耗量是否合理，期末办理退库手续，以正确核算成本。

（4）对库存物品每月抽查（不少于 10%），每季度进行一次全面盘点，要求做到账物相符，账账一致。在清查中发现临近保质期或有效期的物品要及时提出处理意见。

（5）工具、器具及低值易耗品、棉针织品要以旧换新。

（6）物品丢失要让责任者按质赔偿后方可补发。特殊情况由部门经理说明原因，总会计师审批后方能补领。单项价值超过 500 元的物品要经总经理批准。

（7）纪念品、礼品等交际应酬用的物品，领用时要经总经理或总经理授权人批准。

（8）物资保管员要严格遵守规章制度和工作程序，认真做好物品收货、保管、发放工作。对超计划领用、不符合报批手续的有权拒绝发货，并及时向部门经理汇报。

（9）工程及维修所用材料，考虑其品种多、需急用等特点，采购物资办完验收手续后，实物由工程部设专人保管，并建立实物账。

（10）每月末工程部库房管理人员要对所管物资与计财物资部三级明细账逐一核对，保证账物相符。工程部实物账与计财部三级账要做到账账一致。计财物资部有责任对工程部库房进行不定期抽查。每季度抽查物品品种不能少于 30%，每半年进行一次大清点，年终进行全面盘点。

（11）工程项目及大、中修使用的材料、备件、设备等按工程预算及修理计划做好储备及供应。

（12）积压物资的管理。各类物资一年内无人领用，经使用部门确认一年内仍不需用的，除专用的市场短缺物资外，均可视为积压物资。计财部按上述条件每半年提供一次积压物资明细表，并说明造成积压的原因。凡因为个人原因造成物资积压的，要由责任者承担部分经济损失（视情节不同分别确定赔偿比例）。积压物资经总会计师审批后交有关部门统一处理。

▲ 物品申领规定

（1）各部门日常所需物品、食品、客用品、维修及工程专用材料等，在本部门用款计划之内申请领用时，应填写物资申领单，经部门经理同意和计财部经理审核后，从物资库领用。

（2）如果超计划领用物品是由于销售量增加所致，可按成本率控制，视为计划内用料。经部门经理同意，计财部经理审核，总会计师批准后方可申领：单项金额小于 5000 元、大于 1000 元的要经主管副总经理批准；超过 5000 元的要报总经理批准。

（3）其他超支计划领用物品要由总经理批准。

（4）特殊急用物品可由使用部门暂由内部用款计划调剂，事后按程序补办手续以调整本部门用款计划，若内部无力调剂，必须详述理由，并经主管副总经理审批同意，总会计师批准方可领用。

▲固定资产管理制度

第一条　为加强对公司所属固定资产的管理，使固定资产管理工作规范化，特制订本制度。

第二条　本制度中的固定资产包括公司所属的土地、构筑物、建筑物、机械装置、车辆、船舶、工具、器具、山林和树木等。但不满规定使用年限或价值不足××元的，不在此列。

第三条　固定资产的取得、让渡、移交、报废、借贷及担保，必须向总经理请示，并经其裁决后才可进行。

第四条　固定资产的新建、改建以及其他属资本支出的维修工程，必须经总经理裁决后才可进行。裁决后的工程，如工程费用明显超过预算额，须追加申请。如有难以预测的偶发事件，须及时向总经理报告。工程完工后，应及时提出预决算报告。

第五条　发包工程采取竞标方式，竞标公司至少应有两家以上，并依据其信用状况和投标书确定承包者。

第六条　在发包合同上，必须明确写明与工程有关的材料支付等内容。

第七条　与固定资产取得相关的支出，均通过临时会计科目处理，待工程完工，经总经理裁决后，编入正式的固定资产科目。固定资产的取得价格，按以下基准确定：

（1）工程类。按材料费、劳务费、工程发包费合计额确定。

（2）购入类。按购入价格和购入直接费合计额确定。

（3）交换类。按不低于交换时的账面价格确定。

（4）赠予类。参考市场价格来确定。

第八条　固定资产的管理责任者在公司其他有关规定中另行确定。

第九条　管理责任者应设立固定资产管理台账，以准确记录固定资产的现状及增减情况。

第十条　管理责任者应注意固定资产的状况，当需要改造或修理时，须迅速向上级主管报告。

第十一条　在固定资产的改造与修理费用中，能够增加其能力或延长其使用年限的部分，应计入该固定资产的价格中。但仅维持固定资产使用效果的费用应视作维护费。

第十二条　管理责任者应在第一财政年度末，与财会人员共同进行固定资产的核资查账。

第十三条　固定资产的让渡处理必须履行请示裁决程序，且应通过竞价方式处理固定资产。

第十四条　固定资产在公司内部移交，必须得到总经理的裁决。移交价格为原值扣除累计折旧额。

第十五条　固定资产在取得和移交时，应办理不动产登记手续。

第十六条　财会人员依据固定资产台账，进行会计处理。在每一财政年度，至少要进行一次固定资产台账与管理台账的对账，但账外资产不在此列。

第十七条　经总经理裁定价格后，可进行与资产增加、移交、临时折旧、处理、报废、让渡相关的固定资产台账修订。

第十八条　固定资产自启用日起进行折旧，折旧基金按照有关规定间接计提。但对预计可能中间报废而需临时折旧的固定资产，不计提折旧。

第十九条　在固定资产发生重大损伤且其价值明显减少的情况下，经总经理裁决，必须进行临时折旧处理。

第二十条　固定资产的残值，原则上定为其原值的1%。

第二十一条　固定资产的使用年限和折旧率，按照法人税法的规定办理。

第二十二条　固定资产应投保火灾保险，保险金额由总务部主管确定，并经总经理批准。

▲不动产管理制度

第一条　本制度为公司不动产管理事务处理的准则。

第二条　本制度在加强不动产保护、改善、利用和不动产权利（指所有权、处置权和收益权等）得失等方面确立规范，以提高不动产管理的效率。

第三条　当发生不动产权利的变更时，必须签订合同，以使其权利关系明晰。但经过政府法定手续处理的除外。

第四条　对于远离公司且无法实行直接管理的不动产，应指定专门管理人。

管理人由总务部主管提名，并经总务经理批准。

第五条　根据政府有关规定，应由总务部主管指定不动产纳税管理人，并报有关税务机关备案。

第六条　不动产及其得失资料应由专人负责整理与保管。

第七条　当发生不动产所有权得失时，有关部门必须向总务部提交下列文书：

（1）契约：包括各类合同和证明文件。

（2）说明书：说明有关事由、影响以及对方与本公司的关系等的文件。

第八条　上述文书如属总务部权限范围内的，由总务部在查实审核后盖章。如超出其权限范围，应由公司总经理裁定后盖章。

第九条　总务部持盖章后的文书与对方办理有关手续，然后到有关机关办理不动产登记申请。

第十条　各部门在签订或变更土地、房屋的租赁契约时，必须提起契约和有关报告。后者包括事由、期限、支付方法、对方基本情况及不动产账面价值与现值等内容。

第十一条　当土地或房屋发生转移，而其账面价值与实际价值不等时，须进行账面调整。

第十二条　如部门发生不动产转移时，应填写账面变更书所列事项，并附说明书，提交给总务部。

第十三条　总务部应建立全公司的不动产管理台账，以全面把握公司的不动产状况。不动产管理台账应包括下列账票或图表：

1. 公司所有土地

（1）地籍表。

（2）土地台账。

（3）土地课税台账。

（4）土地综合图。

（5）土地实测图。

（6）借出土地台账。

2. 借入土地

（1）借入土地台账。

（2）借入土地图。

（3）借入土地综合图。

3. 公司所有房产

（1）房产台账。

（2）借出房产台账。

（3）房产名册。

（4）建筑物分布图。

4.借入房产

（1）借入房产台账。

（2）借入房产图。

第十四条 本制度自××××年×月×日起实施。

▲现金及有价证券管理制度

第一章　现金及有价证券会计业务范围

第一条 本企业及所属机构现金及有价证券的管理，除国家或地区法令另有规定外，悉依本制度之规定办理。

第二条 现金是指库存现金、银行存款、即期支票及到期票据。

第三条 有价证券是指政府债券、企业债券及企业股票。

第四条 现金及有价证券的会计业务，是指现金预算、现金支出、有价证券收付的登记报告等事项。

第五条 应由出纳部门办理各机构有关现金及有价证券的出纳、保管与移转事务。

第六条 各机构的现金，除供日常零星支付所需定额的库存现金外，均应存入银行。

第七条 各机构的各项收入，外币部分应存入政府指定银行，有价证券由总部集中管理。

第八条 应由会计部门负责随时或定期派员抽查、盘点各机构库存现金及有价证券。

第九条 由企业集中负责的各机构的资金运用、购入债券与企业股票，应报请总企业核准后，办理债券及股票的签报手续。

第十条 各银行的支票，应由其负责人或授权人、主办会计人员及主办出纳人员会同盖章。

第二章　现金预算

第十一条 应由会计部门编列预算现金支出，并切实执行，如因事实需要必须变更时，须由会计部门主管呈请总经理核准修正。

第十二条 应力求配合业务部门的需要，以财力的经济有效运用为原则进行现金预算，并分为年度预算及分期或分月预算。

第十三条 现金预算，依业务计划，编制固定资产建设改良及扩充计划、举债及偿债计划、资金周转投资计划、资金调度计划及盈余分配等。

第十四条 每期或每月末，应对现金实际收支数与预算数进行比较，列报有关财务调度的主管参考。

第三章 现金支付

第十五条 出纳部门应根据会计部门合法的收支传票执行收付，但属下列情况的不在此限。

（1）营业收入，由业务部门指定专人办理收款及报销事宜。

（2）因情况特殊来不及由会计部门编送收入传票时，应先由出纳部门收款，收款当日即送会计部门，据以补编收入传票，完成收款程序。

第十六条 出纳部门收款时应查核其统一发票或收据是否具备；付款时，如需取得收据者，应向收款人查核后方能给付款项，并在凭证上加盖"付讫"章。

第十七条 出纳部门对于付款不得故意拖延，如无正当理由不得超过 3 天。除对员工的薪金、差旅费、公务上的借款或内部报销及对外付款在 100 元以下的小额款项外，应开抬头画线支票，其金额满 10000 元者，除抬头画线外，并注明"本票据禁止背书转让"字样。

第十八条 出纳部门收入的支票，经银行交换入户后，均视为"收讫"；收入的支票发生退票时，应根据银行退票理由单通知业务部门或经办部门向债务人催收，并通知审计部门处理。开出支票如尚未交付收款人，不得视为"付讫"。

第十九条 收支传票届满两周尚无法收付时，出纳部门应通知会计部门处理。

第二十条 出纳部门将付款支票送各级主管盖章时，应附相关的支出传票，并于传票上注明银行账号、支票号码及支付金额。

第二十一条 凡将 A 银行存款提存 B 银行，或将银行存款提还透支户，或由银行存款户中提取库存现金时，均应经财务总监核准后，由出纳部门即时填单或书面通知会计部门，编制记账凭证后予以办理。

第四章 有价证券的收付

第二十二条 对各项有价证券，出纳部门应根据合法的记账凭证收付，如因情况特殊，先由出纳部门根据核准文件直接收付时应立即填单或书面通知会计部门补编记账凭证。

记账凭证经收付后，收付有价证券的人员及主管出纳人员应于记账凭证上签章，以示收讫或付讫。

第二十三条 出纳人员收到各项有价证券，必须存放银行保险箱保管。关于银行保险箱开启的印鉴，应由各机构负责人或授权人、主办会计人员、主办出纳人员会同盖章。

第二十四条 出纳部门应随时注意各项有价证券到期日期，按期兑取本息，并即时填单或书面通知会计部门编制记账凭证。

第五章　登记及报告

第二十五条 出纳部门每日收支完毕，登记"现金日记账"、"银行存款明细账"后，应编制"现金及银行存款日报表"，连同该日收支传票，于次日送会计部门。

第二十六条 银行对账单应及时送会计部门核对，并编制调节表。

第六章　周转金设置与收付

第二十七条 视其业务需要，总企业及所属机构有关部门可以设置周转金，其额度由各有关部门同会计部门报请总经理核定。

第二十八条 周转金的动用须由各部分主管核定。

第二十九条 经管周转金的部门，应设置周转金收支登记单，根据原始凭证登记。

第三十条 周转金的支出，以原设科目的范围为限，不得做其他用途。

第三十一条 周转金应于年终时一次退回会计部门，必要时于第二年度再向会计部门续借。

第三十二条 会计部门应不定期派员检查周转金的经营情况，并将检查结果呈报主管核阅。

第三十三条 经管周转金人员，应恪尽职守，如因疏忽而致企业蒙受损失，应负赔偿责任，有关主管人员将受连带处分。

第七章　出纳人员

第三十四条 办理现金票据及有价证券的出纳人员及保管人员，应遵守下列各项规定：

（1）应由本企业正式员工担任，不得由试用人员办理。

（2）不得兼任福利、工会机构有关会计、财务等职务。

第三十五条 现金、票据及有价证券的经管人员应尽忠职守，如因疏忽而致使企业蒙受损失时，应负赔偿责任，有关主管人员将受连带处分，如有挪用库存、侵占公款等违法行为，除尽快追回依法追究处理外，其直接主管也将予以连带处分。

▲财产采购管理制度

第一条 本公司为加强对采购工作的管理，做到有章可循，以保证各项生产、业务工作的正常进行，特制订本制度。

第二条 本公司采用统一采购方式，以期发挥下列优势：

（1）节省相关人力、物力，简化或合并相关业务。

（2）有效统一管制各项物品、物料用量，降低材料采购成本。

（3）利用群组技术，以降低材料采购成本。

（4）加强采购检查，以确保采购品质及成本目标。

第三条 统一采购业务范围。

（1）办公用品及文具用品，表单印制。

（2）生产所用原物料、物品（含直接材料、间接材料、消耗品）。

（3）机器、仪器设备、工具（含零配件、量具、夹具、模具、检查仪器）。

（4）厂房设备维修保养工作。

（5）进口零件。

第四条 统一部门采购作业程序。

（1）各部门应填具"物料请购单"或"设备工具请购单"，经核准后送总务部采购室办理。

（2）采购品经使用部门或检验部门验收后，交使用部门使用与管理。

第五条 请购申请单内需注明单位、规格、数量、需要日期、包装量、包装方式、用途及其他特别规定或要求的事项。

第六条 采购时除参考上述资料外，还需准备相关图示、质量指标、验收基准等。

第七条 采购业务范围：

（1）处理各部请购单业务。

（2）厂商询价、招标、发包、议价、订购单业务。

（3）厂商交货记录、进度管制业务。

（4）提款业务。

（5）验收采购品及处理不良品。

（6）厂商品质监察业务。

（7）厂商发票处理业务。

（8）厂商资料卡建立业务。

第八条 采购注意事项：

（1）在确保品质的前提下，尽量降低采购成本。

（2）尽可能向制造商采购，不要向经销商购买。

（3）须考虑市场变化及库存成本等因素。

（4）采购与检验部门分开。

（5）尽可能参考过去的使用需求量，做计划性采购。

（6）须注意销售方的售后服务和信誉。

（7）订购单内应注明检验质量的基准、抽验方式及不良率拒收标准。

（8）订购单内应注明误期或因品质不良退货而产生误期的责任及惩罚办法。

▲物料用品财务处理制度

（1）采购物料用品的原则是勤进少储，防止积压和浪费。

（2）对于物料用品的购进、领用和处理，要严格按照规定和审批手续办理。

（3）物料用品购进的运杂费，计入物料用品的成本内，如同时购进多种物料用品所发生的共同费用，则按同时购进的各种物料用品单项价值分担费用，并计入成本。

（4）购进物料用品后，应立即全部交付使用部门领用，应在填制进仓验收单的同时填制发货票与领料单，办理有关报账手续。

（5）业务部门领用后作为生产或营业之用者，应计算在营业成本科目。

（6）建立原材料物料明细分类账，按品名、数量、金额进行明细分类核算。

（7）物料用品除基建材料外，统一由仓管部按各部门编报的计划，综合平衡后报总经理审批。

▲固定资金管理制度

（1）企业的固定资金主要来源于流动资金，占用固定资金直接影响流动资金的运用，因此必须严格控制固定资金的使用。

（2）企业及各部门必须节约使用固定资金，充分利用已置的固定资产，每月均需核算固定资金利润率，季度检查、年终清算考核各部门使用固定资金的效果。

（3）全面推行部门独立核算，同时推行固定资产有偿占用制度，即按各部门拥有的固定资产实绩，摊缴占用费，摊缴费率按国家规定执行，促使各部门充分发挥固定资产的效能，压缩固定资金的使用。

（4）未经工程部及总经理室审批，不得私自购置设施设备。未经批准进行采购，财务部不予报销费用。

▲流动资金管理制度

（1）企业的流动资金既要保证需要又要节约使用，在保证按批准计划供应营业活动正常需要的前提下，以较少的占用资金取得较大的经济效果。

（2）要求各业务部门在编制流动资金计划时，严格控制库存物品，物料原材料的占用资金不得超过比例规定。

（3）除经批准为特殊储备者外，超储物资商品原则上不得使用流动资金，只能压缩超储的商品、物料，以减少占用流动资金。

（4）严格遵守不得挪用流动资金进行基建工程的规定，严格遵守有关财务法规和制度。

（5）使用的基本要求：

①在符合国家政策和企业总经理室、总经理要求的前提下，加速资金周转，扩大经营，以减少流动资金的占用。

②加速委托银行收款和应收款项的结算，减少对流动资金的占用。

③各业务部门应办理流动资金存货的报批手续，并在每月上报经济业务报表的同时，上报流动资金使用效率的实绩，即流动资金周转次数和流动资金周转一次所需的天数。

④对商品资金的占用，应本着勤俭节约的精神，尽量压缩。

⑤尽量减少家具、用具的购置。

▲应收货款管理办法

为改进应收货款资产的管理，实现对公司更有利的销售条件，特发布本办法。

1. 风险评估

（1）由信贷经理负责为每一个客户建立一个赊销额度和信用分级编码，这一工作需要销售人员的配合。

（2）信贷经理将使用来自专业咨信机构的财务数据来评估确定赊销额度和信用分级编码。

（3）赊销额度和信用级别每年修订一次，如有必要，可提前修订。

2. 赊销额度

赊销额度是对客户资产流动性的评价，是可以提供给客户的最大赊销额。超出这一额度，货款就有可能遭到拖欠，公司就会蒙受损失。

3. 信用级别

信用级别是对客户偿债能力的评价。根据其财力和风险，每一个客户将被归入 A、B、C 或 D 类，具体如下：

（1）A 类：风险小到可以忽略不计。所有的跨国公司、政府部门、大型公司几乎没有破产倒闭的可能，归为 A 类。

（2）B 类：平均风险。那些不属于 A、C 或 D 类的客户。

（3）C 类：风险较高，有较差的付款记录。那些财务不稳定的小公司以及成立不到两年的新公司归为此类。

（4）D 类：风险最高，对其只提供现金销售，不提供任何赊账。

（注：C 类客户已经到了风险过大的边沿，前途不大，所以，销售努力应集中于 A 类和 B 类客户。）

4. 新客户

（1）在评出赊销额度之前决不赊账供货。如果此时要求立即供货，则必须先支付现金。

（2）非正式客户必须先填完并交赊销额度申请表。赊销经理将根据向该客户的期望销售确定为其提供的赊销额度。

（3）该赊销额度被批准后，信贷部门将为客户提供一个账号，用于以后所有的与该客户的买卖。

5. 快速启动限额

用于某些快捷的销售操作，如电话订购等。为使有关部门能在收到订单的当日发货，可以在正式的额度评定前给新客户一个 500 元的赊销额度。而全面的赊销额度审核评定必须在下一次发货前完成。

6. 现有的客户

除非是主要客户，所有的拖欠货款 30 天以上的客户都将自动被终止供货。

这些客户的订单将被归入"终止供货"类。只有当拖欠的货款付清之后，才可继续供货。

如果拖欠的货款是有争议的，信贷部门将保证 7 天之内解决所有的争议，如果客户是对的，则给客户发赊销通知；反之，客户必须付清货款。

预先发货的价值需要加到总发货额上并与赊销额度比较。超过赊销额度的发货必须经由信贷经理审核批准。

7. 订单记录

（1）所有新订单必须加到原有订单上，并比较客户账号上的总额是否超过其赊销额度。

（2）超过赊销额度的订货额须申报信贷经理，信贷经理则须尽快设法解决。如通过先付部分货款，或某种担保等。

（3）除非有足够赊销额度，否则，绝不能发接受订货的通知给客户。

8. 信贷和销售部门的关系

一旦有任何会影响到对该客户销售的客户状况的变动，信贷经理都应及时告知销售经理。

每月将召开由信贷和销售人员参加的会议，目的在于：

（1）交流有关问题客户的见闻和经验。

（2）决定采取哪些措施。

（3）讨论竞争对手的赊销政策。

（4）讨论赊销政策应做哪些调整。

▲ 货款回收处理办法

1. 货款的进款管理

（1）制作"客户送款预订及实施管理表"。经营管理科制作两张"客户送款预订及实施管理表"，一张交给管理科负责保管，另一张交给销售人员保管。

（2）依据进款的日期，制作"收款预定表"。进款的日期共有 5 日、10 日、15 日、20 日、25 日五天，依据这些日期，分别制作两张"客户收款预定表"，一张交给销售科，另一张由经营管理科负责管理。

（3）特定人员的特别回收。对于付款情况恶劣的客户，经营管理科可指派特定人员进行货款的催讨。

（4）设置销售科室。货款收款人员应另行成立单独的办公室。

2. 货款支付方式

（1）制作付款约定书。针对付款方式与客户进行商讨，签订付款约定书后，一张交给客户，另一张由企业自行保管。

（2）付款方式的内容明细：

①客户的付款方式通常采取下列方式中的任何一种：

A. 存入银行。

B. 开立指名支票。

C. 户头转账汇款。

D. 现金支付。

E. 期票。

F. 汇票付款。

②对于上述各项付款方式，应设法争取其中的 A、B、C 及 F 项，D、E 两项则应尽量避免。

③另外，E 项尽量不要从客户处收取，C 项应由销售科负责处理，适用对象以地处偏远的客户为主。

（3）对客户的往来银行进行调查。如果客户采用货款存入银行的付款方式，应先调查该客户所往来的交易银行。

（4）增加存款银行的账目。为方便客户将货款存入银行，将设法增加存款的账目。例如，增加大部分中小型商店所往来的××银行及信用社等。

3. 防范收款事故的处理措施

（1）对客户进行教育指导。

（2）正确使用收讫印。销售人员如不使用正规的收讫印，当发生意外事故时，一切责任由销售人员承担，企业概不负责。

（3）寄送"收款谢函"。收到客户货款时，应附送收款谢函给对方。

①如进账的货款超过一定的额度，应以邮寄方式送上谢函给对方。

②未达一定额度者，可视情形寄送谢函。

4. 现金进款的处理

（1）收款活动时间。收款活动原则上应尽可能于下午 6 点之前完成。

（2）现金回收交纳。收款人员在收款日，将所收得的现金（或支票、汇票）交给主管。

（3）收款人员回企业后，先将所收得的现金、支票和汇票与原有的计算资料做对照，结算完后放入信封内并将封口封好，在信封上注明金额后交给会计值班人员。

（4）零钱的处理。凡客户以支票方式付款，概不得有零头出现。

（5）收银袋的验收：

①应于隔天早晨由主管点验存放现金、支票及汇票的收银袋，办理进款的

处理。

②如封面注明的金额与实际金额有差异，应仔细查明原因。如责任为收款人，则收款人当负责赔偿，其他情况则应作为企业的杂项损失处理。

▲维修处理规程

第一条　公司的财产维修计划及维修手续依照本规程执行。

第二条　本规程中的维修是指土地、建筑物、构筑物、车辆、搬运工具和备品的增设、改造和更新。

第三条　维修工作的责任人为制造部主管、总务部主管和技术部主管。

第四条　责任人负责制订所属财产等的维修计划，依据维修计划和预算，组织实施维修业务。

第五条　总务部协助责任人，组织、协调维修工作。

第六条　财务部协助责任人，编制综合维修预算，检查执行预算与实际维修费用是否一致。

第七条

（1）责任人在进行维修前，应向技术部主管提交维修计划。

（2）技术部主管确认有必要，并请示公司主管后，做出具体的指示。

（3）技术部主管从技术的角度对维修计划的内容进行审查，提出投资计划，交财务部主管审查。

（4）财务部长依据该计划，编制资金计划。

（5）4000元以下设备投资计划和资金计划由副总经理审批，超过4000元由总经理裁定，超过1万元的维修项目，须交董事会审议。

第八条

（1）对核准的维修项目，责任人和相关部门组织讨论具体的维修工程方案，并制订出详细的实施计划，提交给技术部主管和财务部主管后，组织实施。

（2）紧急性的维修工程，不需要办理上列手续，直接由责任人与技术部主管协商后，组织实施。

（3）当责任人制订的详细实施计划的内容、期限和预算与设备投资计划有显著差别时，应按第八条第1项所列程序，修订设备投资计划。

第九条

（1）维修实施后，如维修内容、期限、预算等需要进行重要变更，或需追加预算时，经责任人与技术部主管协商后，提交工程变更或追加预算申请。

（2）技术部主管应从技术角度对上述申请进行审查，编制设备计划修正案，提交财务部主管审查。

（3）维修计划和资金计划的修正案超过 4000 元，由总经理裁决，超过 1 万元，由董事会审议。

第十条 责任人应及时向技术部长、财务部长和总务部长报告维修进展和预算执行情况。

第十一条 公司职工住宅和集体宿舍的维修规程，另行制订。

第十二条 本规程的实施细则由负责维修计划实施管理的公司主管和财务部主管制订。

第十三条 本规程自××××年×月×日起实施。

▲财产登记表

页次_____

使用部门					登记年月日				
财产名称	编号	类别				使用人	取得日期	取得价格	修理记录
		家具	仪器用品	机器	其他				

▲ 财产登记卡

卡号：_____　管理部门：_____　　　使用部门：_____

名　称 （中文/英文）		管理编号	
规　格		型　号	
制造商		销售商	
存放地点		耐用年限	
原　价			

日　期	摘　要	凭证号	单　位	增　加	减　少	结　存

▲财产记录保管表

（正面）

财产分类		编 号	
中文名称		英文名称	
厂 商		取得日期	
原 价		原币值	

增加资本支出		原 值	使用年数	每年折旧额		
				第一年	年~ 年	最后一年
年 月						
年 月						
年 月						
年 月						
年 月						
年 月						

（背面）

使用部门	接管日期	使用保管人签章	交还经营部门日期	经营部门签章

▲财产领用单

使用部门：_____

类别：_____ 管理部门：_____

_____年___月___日 财管字第_____号

编号	品名及规格	用途	单位	数量	价值	备　注

领用人	使用部门经理	财产管理科	总务部经理	总经理

▲财产移出（移入）单

管理部门：_____

使用部门：_____

会计科目：_____　　　　　　　财管字第_____号

编号	名称及规格	单位	数量	单价	购置年月日			已提折旧	减折旧后净值	耐用年数	已使用年数	残余价值	备注
					年	月	日						
移入（出）部门				事由									

副总经理：____　管理部门：____　使用部门：____　填单：____

▲财产移交清单

部门：_____　　　____年__月__日　共___页　第____页

项　　目	规格及说明	单　位	数　量	备　　注

接受部门：_____　　　　　移交部门：_____

主管：____科长：____经办：____　主管：____科长：____经办：____

▲财产请修单

请修部门：_____　　　____年__月__日　　请修单号码：____

项次	财产编号	品名	规格	数量	故障损坏说明	预估修理费	需要日期	使用人	备　　注

经办：_____　　　部门主管：_____　　　制单：_____

▲ 财产报废单

_____年____月____日　编号：____

管理部门						
使用部门						
名称	中文		规格		耐用年限	
	英文		厂牌		已使用年数	
购置日期		数量	取得价值		账面价值	
废损原因	估计废品价值					
	处理使用					
	实际损失额					
拟处理办法					使用人 填报人	
总经理	财务部门		使用部门		管理部门	
		厂长(经理)	主管	主(协)办	主管	主(协)办

▲ 财产减损单

会计科目：_____　　　　　　管理部门：_____
　年　　月　　日　　　　　　　使用部门：_____
　　　　　　　　　　　　　　　财管字第_____号

编号	名称	规格	购置			单位	数量	单价	总价	残余价值	耐用年数	已使用		已折旧		备注
			年	月	日							年	数	金	额	

减损事由		主管副总经理核示	
拟定处置办法			

管理部门主管：_____　　使用部门主管：_____　　填单：_____

▲ 财产增加单

会计科目：_____   管理部门：_____
年　　月　　日   使用部门：_____
                                财管字第_____号

编号	名称	规格	单位	数量	单价	总价	耐用年限	估计残值	每月折旧金额	备　注

事由：

副总经理：_____　　财务部：_____　　管理部门主管：_____
使用部门主管：_____

▲ 财产增减月报表

使用部门：_____　　　　　　编制日期：_____年____月

财产单位编号及名称	设备名称	规范说明	单位	上期结存数量	本期增加		本期减少		本期结存数量	财产增减凭证字号（请按财产凭证编号表填写）	备注
					数量	金额	数量	金额			

注：本单一式三联。一联由使用部门留存；另一联由会计处财产会计室核对用；还有一联由财产会计室核对后送经管部门留存。

▲ 财产投保明细表

日期	编号	名称	数量	保险公司	保单号码	保险期间	保险金额	费率	保管费	保管单位	抵押情形	备注

第四章 企业文书、书刊、档案管理制度

第一节 企业文书管理制度

▲文书管理制度

第一章 总则

第一条 为确保文书事务顺利进行，促进与提高组织管理工作的效率，特制订本制度。

第二条 所谓"文书"是指业务工作上往来公文、报告、会议决议、规定、合同书、专利许可证书、电报、各种账簿、图表、参考书等一切业务用书与公文。

第三条

(1) 文书的收发、领取与寄送，原则上由总公司总务部负责。

(2) 分公司或分支机构的文书管理，另有文书管理细则作出规定。

第二章 文书的收发

第四条 到达文书全部由文书主管部门接收，并按下列要点处置：

(1) 一般文书予以启封，分送各部门。

(2) 私人文书不必开启，直接送收信人。

(3) 分送各部门的文书若有差错，必须立即退回总务部。

第三章 文书的处理

第五条 文书按机密程度可分为以下几类：

（1）绝密文书。指极为重要并且不得向无关人员泄露内容的文书。

（2）机密文书。指不宜向公司以外人员透露内容的文书。

（3）秘密文书。指次重要并且所涉及内容不能向公司内外无关人员透露的文书。

（4）普通文书。指非机密文书。如果附有其他调查问卷之类的重要东西，则另当别论。

（5）传阅文书。指在本公司内部传阅或传达的文书。

第六条 普通文书的处理原则如下：

（1）由部门经理以上级别的主管负责对文书进行审阅、回答、批办以及其他必要的处理，或者由其指定下属对文书进行具体处理。

（2）如果遇到重要或异常事项，必须及时与上一级主管取得联系，按上级指示办理。

（3）各种有关联的事项，必须与各部门商议后方能处置。

第七条 机密文书的处理原则如下：

（1）机密文书原则上由责任者或当事者自行处理。

（2）指名或亲启文书，原则上应在封面上注明文书所涉及事项的要点和发文者姓名，并由发文者封缄。

（3）到达的指名或亲启文书，原则上由信封上所指名的人开启，其他人不得擅自启封。如果某主管在职务上有权替代文件所指名者，不受本条规定的约束。

第八条 文书的阅览原则如下：

（1）某文书被阅览后，阅览者必须签字，表示已经阅览完毕。如有必要，可在文书的空白处填写阅览后的意见，并转给或交还文书的主管。

（2）有必要在各部门传阅的文书，必须附上"传阅登记簿"，按"传阅登记簿"规定栏目填写，并最终交还文书主管。

第九条 与各部门有关的文书，在处理意见上如果存在分歧，则由文书的主管部门出面进行协商，如果不能协商一致，上报或请示上级领导，由上级裁决。

第四章　请示审批

第十条 凡公司经营的重要事项，都必须经请示并获得董事会、总裁和常务董事审查、裁决和公文批复之后，方能实行。

第十一条 须请示审批事项如下：

（1）职务及重要人事安排。

（2）各种制度性规定的变更。

（3）重要契约的缔结、解除与变更。

（4）诉讼行为。

（5）与政府机构有关的各种重要的请求回执、申请等。

（6）土地、建筑物以及事务所权利的购买与转让。

（7）大额馈赠、谢礼以及宣传广告费用的开支。

（8）分支机构的增减与升降。

（9）预算与决算等事宜。

（10）借款与贷款以及借贷银行的开设与变更。

（11）重要高额物品的采购，不急用或不需要物品的转让或廉价出售。

（12）定期或不定期刊物的发刊、修改与废除以及费用开支的修订。

（13）有关公司经营的重要计划与企划。

（14）其他上述未涉及的重要事项。

第十二条 请示审批者为分公司经理以及以此为标准确定的主管。

第十三条 请示审批的事项，必须以提案文书的方式，经主管呈交总部。如果事情紧急，允许直接以非文书形式请示，但事后必须尽快撰写请示提案文书上报。

第十四条 请示提案文书的内容包括标题、正文、理由、说明和附录。提案文书应一式多份，分送有关部门，如业务部门、总务部门和财务部门等。

第十五条 请示提案文书必须编号，注明起草者或请示者、所属分支机构及部门，并签名盖章。

第十六条 请示审批内容一旦被上级认可并做出决定，则以请示提案书（副本）替代批复返回，并请有关部门予以执行。

第十七条 请示提案原本归总务部保管。

第五章 文书的制作

第十八条 文书制作要领如下：

（1）文书必须简明扼要，一事一议，语言措辞力求准确、规范。

（2）起草文书的理由包括起因、中间交涉过程，加以证明的必须做出交代，必要时还要附上相关资料与文件。

（3）必须明确起草文书的责任者，并署上请示审批提案者姓名。

（4）对请示提案文书进行修改时，修改者必须认真审阅原件，修改后必须署名。

第十九条　文书的起草必须征得主管同意，并且在主管有了明确的决定之后进行。文书起草只是一个"文书化"的过程与结果。文书的草案必须予以保存。

第二十条　重要文书，必须经过公证，并且在正式文书形成前，掌握并附上具有价值的证据或证明文件。

第二十一条　文书的署名按下列规定进行：

（1）公司内文书，如果是一般往来文书，只需主管署名；如果是单纯的上报文书，或者不涉及各部门且内容不重要的文书，只需部门署名；如果是重要文书，按责任范围由总裁、副总裁、常务董事署名，或者署有关部门的主管姓名与职务。

（2）对外文书，如合同书、责任状、政府许可申请书、回执、公告等重要文书，一律署总裁职务与姓名。如果是总裁委托事项可由指名责任者署名。

上列规定以外的文书，也可署分公司或分支机构主管的职务与姓名。

第二十二条　文书的盖章按下列要点进行：

（1）在正本上必须加盖文书署名者的印章，副本可以加盖署名者或所在部门印章。

（2）如果文书署名者不在，可加盖职务或代理者印章，并加盖具体执行者印章替代。但在这种情况下，文书存档前必须加盖署名者印章。

（3）以部门或公司名义起草的文书，在旁侧加盖有关责任者印章。

第二十三条　总裁与公司印章按下列原则使用：

（1）在有必要加盖总裁与公司印章时，必须填写委托申请书，经所属部门主管认可并且加盖印章之后，向总务部门提出。

（2）总务部主管经审核，签名盖章，批准申请。如有必要则需请示加盖总裁或公司印章。

（3）需要总裁签字的情况，手续同前。

（4）经总务部批准后，去印章保管员处加盖公司印章。

（5）一些带有公司字样或总裁职务字样的印章，须经主管同意，直接向印章保管员申请加盖。

第六章　文书的发送

第二十四条　一些需要邮寄或专人递交的文书，按下列要点进行发送，必要时还须给文秘室以回复或回执。调查报告不受本条规定限制。

（1）文书封面必须明确写清发送或接收单位、单位地址以及收件人姓名，并且注明"快递"、"邮寄"、"面呈"或"转交"等字样。

（2）公司内部文书原则上不作封缄。

第二十五条　各部门的邮寄文书，必须于发送前在"发信登记本"与"邮资明细账"上登记、填写。

第七章　文书的整理与保存

第二十六条　全部完结的文书，分别按所属部门、文件机密程度、整理编号和保存年限进行整理与编辑，并在"文书保存簿"上做好登记，归档保存。

第二十七条　分公司或分支机构的文书分为两类：一类是特别重要的文书，直接归主管保存；另一类是一般的文书，留存各部门保管。

第二十八条　文书的保存年限如下：

（1）永久保存的文书，包括章程、股东大会及董事会议事记录、重要的制度性规定；重要的契约书、协议书、登记注册文书；股票关系文书；重要的诉讼关系文书；重要的政府许可证书；有关公司历史的文书；决算书和其他重要的文书。

（2）保存10年的文书，包括请求审批提案文书；人事任命文书；奖金工资与津贴有关文书；财务会计账簿、传票与会计分析报表；永久保存以外的重要文书。

（3）保存5年的文书，指不需要保存10年的次重要文书。

（4）保存1年的文书，指无关紧要或者临时性文书。如果是调查报告原件，则由所在部门主管负责确定保存年限。

第二十九条　全部重要的机密文书，一律存放在保险柜或带锁的文件柜中。

第三十条　保存期满以及没必要继续保存的，经主管决定，填写废除理由和日期之后，予以销毁。机要文书一律以焚烧的方式销毁。

第三十一条　如果职务或部门划分发生变更，或者做出调整，则必须在有关登记簿上注明变更与调整的理由，以及变更与调整后的结果。

第三十二条　必须做好重要文件的借阅登记工作，并注明归还日期。一切借阅都必须出具借阅证。

▲文书管理规定

第一章　总则

第一条　为使文书管理制度化，提高文书处理的质量和效率，特制订本规定。

第二条 本规定所称文书管理，指总管理处各部、室、中心或各公司（含事业部、业务执行部门）与外界来往的文书及关系企业（含公司内部）各部门间来往文书（包含签呈），自收（发）文至归档全部过程之办理与控制。

第二章　承办部门

第三条 总公司各部门与外界来往文书的收发由总务处总务部门统一办理，各公司（工厂）所在地的总收发由其所属总务部门办理。总收发部门负责文书之收受及发送。

第四条 管理部门：

（1）总务部门的文书，以各公司总经理室或管理处为管理部门；业务部门的文书，则以各业务部门的最高主管部门为管理部门。

（2）各公司（工厂）所在地与外界来往之属地区性文书，以其所在地之经理室或管理处（或总务部门）为管理部门。

（3）关系企业各公司、部门间来往文书，原则上以厂、处、部、室以上部门为管理部门。

（4）管理部门应指定人员负责来往文书的核稿及收发、拆封、登记、分文、稽催、校对、监印、档案管理等事宜；文书未按规定处理者，管理部门不得受理。

第五条 主办及会办部门：

（1）文书内容所涉及的业务主办部门为该项文书的主办部门，如涉及其他部门时，其他部门则为该项文书的会办部门。

（2）本企业各类资料对外统一报送的主办、会办及提供部门。

第三章　行文

第六条 行文类别：

（1）函：发布规章或临时性规定及对机关团体、公司行号、私人或关系企业各公司部门及公司内各部门间行文使用。

（2）公告：就主管业务向公众或特定对象宣布时使用。

（3）便函：关系企业各公司、部门间或公司内各部门间业务接洽时使用。

（4）签呈：下级对上级有所请示或报告时使用。

（5）电报：业务处理须以电报行文时使用。

（6）表格式公文：政府机关规定的表格式公文及公司人事令等，可依实际需要印为固定格式使用。

（7）其他：

①司法文书，依据司法部门规定程序实施；诉讼文书，依政府有关部门诉讼审议委员会规定程序实施。

②会议记录及例行表报等不必发送的行文。

第七条　行文名义、署名及印信借用：

（1）对关系企业外部机构行文的名义、署名及用印规定如下：

①以公司名义由董事长署名盖董事长职章：属政策性或影响公司重大权益的行文。

②以公司名义由总经理署名盖总经理职章：对政府各部、会、局、署及其所属一级、二级机构或省政府、市政府及其所属一级机构等的行文。

③以公司名义由总经理署名、盖总经理职衔签字章：

A. 对省政府、市政府所属二级机构等的行文。

B. 对当地市、县政府及其所属一级机构的行文。

C. 对税务、金融机关的行文。

D. 总管理处各部、室、中心代表各公司对外的行文（但本款第六项另有规定者从其规定）。

④以部门名义，由厂、处长署名盖厂、处长职衔签字章：营业、资材、工务等部门于各类规章规定的核决权限或授权范围内对客户、厂商的行文。

⑤以部门名义盖部门章：

A. 采购部门对厂商的行文。

B. 人事、服务、训练、法律等部门于经办业务的权责范围内对民营企业、民间机构或个人的行文。

⑥应依本款第四项的名义、署名及用印规定行文而该行文单位无经理者，行文应盖用公司公章。

⑦因环境特殊或事实需要，须另行规定行文名义、署名及印信使用者，应专案签送总管理处总经理室转呈董事长或总经理核准。

（2）关系企业各部门间应以部门名义行文，并依下列规定签署、用印：

①正式行文者，以公司名义由总经理或事业部经理署名，盖职衔签字章；以业务接洽便函行文者，由经办部门主管及经办人署名，盖部门章。

②总管理处各部、室、中心对各公司行文的油印函件，盖部门章。

③工务、资材、会计、总务等服务部门对其他部门的行文盖部门章。

④厂、处以上部门主管对其直辖部门行文以部门主管的职衔签字章签署。

（3）公告、人事通知单、聘任书、奖状、契约及依法令或特定业务（如进出口、税务、关税、劳保、投标等），须加盖公司或业务专用章的文件，均应盖章，并视业务需要依规定加盖董事长或总经理的职衔签字章或职章或加盖于其权限或授权范围内的部门主管签字章或私章。

（4）特定签署人及印信的文件从其规定。

（5）需以对等身份的签署人名义复文者，应酌情处理。

第八条 行文的批示权限。

（1）以董事长署名行文者，应送总管理处总经理室转呈董事长批示。

（2）以总经理署名行文者，除总管理处各部室、中心代表各公司对外行文得由经理（主任）批示者外，应送各公司总经理室转呈总经理批示。

（3）以事业部经理署名行文者，应送经理室转呈经理批示。

（4）以部门名义由厂、处长署名行文者，应由部门主管批示。

（5）以部门名义行文者，应由部门主管批示。

（6）以公司名义盖用公司公章行文者，应由经理级人员批示。

（7）因专案业务需要，如进出口、税务、关税、劳保、投标等使用公司名义须盖用董事长或总经理的业务专用章者，行文时应经各该业务部门主管于授权范围内经核准后始得为之。

（8）固定格式文书，应由署名的主管于原稿批示后，授权业务主办部门主管依式行文。

第四章 文书处理程序

第九条 文书分类。

（1）机密类：具有专利性、独特技术性的资料及特定列管的业务机密文件，应依本规定办理。

（2）A类：凡关系重大，足以影响公司权益的文书，应呈总经理核阅后始得以公文办理。

（3）B类：一般文书及经常性业务往来文书。

（4）C类：一般通知或参考性的函件无须呈批者，仅登记公文直接交经办部门处理后归档。

（5）其他类：与公司业务无直接关系的报表、宣传或印刷函件，无须收文、登记，可直接送有关部门参阅。

第十条 收发文登记单。

（1）第一联为收（发）文登记单，收发人员按流水号码顺序装订存查。

（2）第二联为催办单，送经办部门签收后，由收发人员回收，按处理期限或待复日期的先后次序整理，按日核对催办。

（3）第三联为主管催办单，经办部门主管于交办后留存，按处理期限或待复日期的先后整理，以备随时稽催督导用。

（4）第四联为经办人员存查联，于文件办妥后按结案、未结案分类存查。

（5）第五联为核查联，于文件办妥时随文归档，如系代行或授权批示的文件，由收发人员转送主管核阅后归档。

第十一条　收（发）文字号的制定管理。

（1）对外行文的字号：

①公司：X_1X_2（X_3）总字第○○○○号。X_1X_2为公司简称；X_3为地区别，不需分地区者省略；○○○○为公司收（发）文流水号。

②事业部（含直属部门）：X_1X_2（X_3）X_4字第○○○○号（X_4为事业部或直属部门代号，由各公司总经理室制订管理）。

③营业部门：由各公司总经理室制订。

（2）对关系企业行文的字号：

①由各公司总经理室统一制订管理。

②总管理处各部、室、中心，由总管理处总经理室统一制订管理。

（3）收（发）文编号：

①由文书管理部门按年份依流水号码一文一号编列。"业务接洽便函"另行编定，亦采流水号码一文一号编列。

②复文以收文号码为发文号码，如有两号以上来文并案处理，以最后的收文号码为发文号码。

③主动发文号码与一般收复文号码采取同一编号顺序。

第十二条　收文。

（1）登记、分文。来文由收发人员拆封后，于"收（发）文登记单"登记后，送分文人员依其性质判定文书类别、经办部门，再由收发人员分发。

（2）文件的分发。收发人员分发文件，应留存"收（发）文登记单"第一联，依收文编号之流水号码装订。其余第二、第三、第四、第五联连同来文以"分文专用卷宗"送交经办部门主管，核定"要"、"否"答复及处理期限，记入"收（发）文登记单"第二、第三、第四、第五联，第二联于当天签收后，夹放于"分文专用卷宗"退收发人员，由收发人员按处理期限的日期先后予以整理，作为文件催办之用。

（3）文件交办。经办部门主管将文件批交办理时，应将经办人姓名记入"收（发）文登记单"第三、第四、第五联，留存第三联按处理日期的先后整理稽催督导，第四、第五联连同文件交经办人办理。

（4）文件处理：

①经办人办理文件时，应将拟办或复文拟稿签呈主管批示。

②经办人应将处理经过、结果或复文摘要记录于"收（发）文登记单"第四、第五联纪要栏〔如不敷使用时，须以"文书签办单"补充，签办单随同"收（发）文登记单"第五联流程处理〕，并填记预定保存期限及销案或待复日期后连同来文（复文时需附复文稿）经呈批示后，送打字、校对，再转送文书管理部门收发人员。经办部门主管于文件批示后，将"收（发）文登记单"第三联抽出销案。

③收发人员收到办妥的来文及"收（发）文登记单"第四、第五联时：

A. 如无须复文者，依其类别编定档号填记于第四、第五联，将档号及销案日期转记第一联，抽出原留存的第二联销案，并将第五联同文件归档，将第四联退还经办人。

B. 如必须复文者，将复文及复文稿送请监印人员用印后，将复文封发投邮；来文、复文稿、复文底本则依其类别编写档号，填记于第四、第五联后，第五联连同来文、复文稿、复文底本归档，并抽出原留存的第二联销案（如需待复者，则将第二联依待复日期的先后整理以备稽催），再将第四联退还经办人。经办部门如业务需要，可以将复文底本留存。

④来文附件如属现金、支票、汇票或其他有价证券等，经办部门经办人于接到来文时，应即缴交出纳部门签收，不应随文传递。

第十三条 主动发文。

（1）拟稿、登记。经办人以公文稿笺拟妥文稿，填写"收（发）文登记单"一式五联，呈部门主管并与核稿人员会商，经批示后送收发人员编号，转打字、校对后，送交文书管理部门收发人员。

（2）发文处理。收发人员收到发文文件、原稿"收（发）文登记单"（一式五联），即将发文文件及原稿送请监印人员用印。文件封发投邮后，登记单第一联依收发文编号的流水号装订；无须待复文件，第二、第三联即于销案，如须待复者，第二联由收发人员暂存，第三联送经办部门主管，均依待复日期的先后整理以备稽催；第四、第五联连同发文原稿及底本依其类别编写档号，将档号及销案日期填记于第一联后，第四联交还经办人存查，第五联连同发文原稿、底本归档。

第十四条 外界复文的处理。收发人员及文书经办部门收到外界复文，除按收文程序处理外，收发人员应抽出原发文的第二联销案，将销案日期转记原发文的第一联，并将收文日期及字号转记于原发文归档的第五联，经办部门接到复文时，主管应抽出原发文的第三联销案，经办人应于原发文的第四联填记收文日期及字号。

第十五条 关系企业来往文件之行文方式。

（1）正式以公文用纸或油印函件行文者，依本章的规定处理。一般性的规定、通知、公告等函件无须复文时，发文部门仍办理发文手续，收文部门则依下列方式处理：

①主管部门对其直辖部门行文时，收文部门免办收文手续。

②总管理处各部、室、中心及各公司相互行文，由收文公司总经理室或部、室、中心文书管理部门办理收文，转交所属部门时，所属部门免办收文手续。

③收文部门依前两项的规定免办收文者，仍应处理呈核后依收文日期先后顺序归档。

（2）以"业务接洽便函"行文者，依第十六条规定办理。

（3）各类文书的行文，应就组织层级需要数量一次印发，避免逐级转文重印，延误时效。

第十六条 业务接洽便函之处理。

（1）发文。经办人发文时，应将接洽内容填写于"业务接洽便函"第一联，呈请主管批示后另依式填写三联，连同第一联呈主管签署，一并送收发人员编号并记载于"收（发）文编号登记表"，再送监印人员用印后，由收发人员将"业务接洽便函"第二、第三、第四联送交收文部门，第一联则依待复日期的先后整理，以备稽催。

（2）收文。收文部门的收发人员收到"业务接洽便函"第二、第三、第四联，于便函上填记收文时间、编定收文号码并记入"收（发）文编号登记表"，将便函第二、第三、第四联送呈部门主管批定经办人后，由收发人员将第二、第三联交由经办人承办，第四联经经办人签收后由收发人员按发文部门要求的待复日期先后整理，以备稽催。

（3）复文。经办人收到来文后，应于第三联拟具复文稿并填写销案或待复日期，及预定保存期限（如需签办，则以"文书签办单"办理，签办单连同"业务接洽便函"第三联处理），经主管批示后，依式填写于第二联，一并呈主管签署，再由收发人员转请用印，并抽出原暂存之第四联转让销案或加注待复日期，将第二联送交收文部门（原发文部门），第三、第四联编定档号填记于档告栏后；第三联依其类别归档；第四联依收支流水编号的顺序存查。如未结案，则第四联按待复日期先后整理，以备稽催。

（4）回文处理。发文部门的收发人员收到复文部门送达的便函第二联时，于原暂存的第一联注记复文的收文时间；第二联转送经办人呈阅办妥并注明预定保存期限，送收发人员抽出第一联销案，再一并编定档号填记于档告栏，第一联依发文流水编号的顺序装订存查，第二联依其类别存档。如未结案，第一联需加注复文部门要求的待复日期，并按此日期的先后整理以备稽催，再行复文时，则依发文程序办理。

第五章　文书处理方式

第十七条　文书结构。

（1）公告：以"主旨"、"依据"、"公告事项"三段式斟酌运用。

（2）函、签呈：以"主旨"、"说明"、"办法"、"请求、拟办或建议"三段式斟酌运用。

（3）业务接洽便函：以公文三段式或以条例方式逐点叙述。

（4）采用语体文以达到"简、浅、明、确"的要求，可用表格处理的尽量利用表格。

第十八条　信函处理。

（1）指名营业、工务、资材及采购人员收受的信函由信封上的记载可认为公务文书者，应视同公务文书拆封，如系私事，再予发还；未能确认为公务文书的信函，经其本人拆封后如系公务文书，应交收发人员依本规则处理。

（2）指名经（副）理以上人员的信函，直接送其本人，如系公务文书，再交收发人员依本规则办理。

第十九条　签呈处理。

（1）经办人因特殊案件的处理，需签请主管核示时，以签呈用纸缮写一份行之，签呈经核决并依指示办妥后应依类别归档。

（2）经办人签拟后呈主管核示，如需呈转经（副）理级以上主管核示者则于厂（处）长（部、室主管）签示后，由厂（处）、部（室）收发人员登记于"签呈事务备查表"，转呈（副）经理以上主管核示，于核示后由厂（处）部（室）收发人员转记"批示"情形，呈送厂（处）长（部室主管）核阅，核阅后交由经办人依示办理，但与会办部门有关者应复印分送会办部门协同处理或备查。经办人办妥后，将签呈交由厂（处）部（室）收发人员编定档号填记于签呈及"签呈事务备查表"。签呈依其类别归档。签呈内容不宜为公众周知者，应指定专人专案签办。

第二十条　合约处理。

（1）订立或修改合约时，经办部门拟稿后、批示前，应将文稿转送总管理处法律事务室核稿。批示后依业务需要份数送请缮打、校对、用印。

（2）固定格式的合约书其原稿应依前款规定，经核稿判行后使用，经办部门使用时依式填写所需份数，呈准后直接送请用印。

（3）合约书签约代表人及原稿、正本的保管部门规定。

保管部门收到合约书正本后，应立即贴足印花并于销印后与原稿一并归档。其他业务有关部门均以副本留存备用。

第二十一条　副本及图书处理。副本视同正式文书，应依规定处理、归档；各类图书应指定部门集中管理。

第二十二条　电报处理。电报视同文书，依本规定办理。

第二十三条　文书处理要点。

（1）经办文书时，遇有关系重大、足以影响公司权益的重要文件，应将正本妥为保藏。

（2）为利于文书处理并达分层负责之目的，经办人应就内容要点签拟意见或选稿，随来文呈部门主管核阅批办，各主管人员应对文案注明意见，避免只签名而无意见。

（3）经办、会稿、核稿等人员的签名，应清晰可辨，不得潦草难认。

（4）经办文书应视其轻重而定缓急，如案情涉及其他部门，应照会办处理，会稿案件会办部门应按速件处理。

第二十四条　文件处理期限。

（1）收发人员收文后，原则上应随到随送，于文到一小时内送交有关人员，不得积压。

（2）分文人员的分文日期，由各公司视其收文数量自行制订。

（3）经办人员的处理期限。

①速件、电报、机密文件等应随到随办，以文到一日内处理完毕为原则。

②一般案件由部门主管斟酌经办人的工作量，指定处理期限，一般以文到三日内处理完毕为原则。

③来文定有答复期限者，应尽力于来文所定期限内处理完毕。

④计划、试验、研究、开发、规章修订、测定、搜集资料等特殊案件，部门主管应斟酌实际需要分别规定其处理期限。

⑤监印人员原则上于当天完成用印。

⑥文件归档，应日案日清，最迟不得逾两日。

⑦签呈案件，按分层负责的执行层次，由各公司自行制订时限。

第二十五条　文件稽催。

（1）经办人如未能如期办妥文件，应于处理期限届满前，经请示部门主管同意后，以口头通知文书收发人员更改处理期限。

（2）收发人员应按日检查催办联。到期未见办妥销案者，应先口头通知经办部门主管，如再等一天仍不见办妥销案者，即以"文书催办单"一式两联，送经办部门主管并由经办人填注"拟完成日期"及"迟延原因"。并经主管批核后，经办部门自存一份，一份送还收发人员继续依期稽催。收发人员应随时将稽催情形记录于稽催联。

第二十六条 发送方式。文书发送方式分为专送、邮寄（平信、限时、挂号、航空）、电报（寻常、加急、书信、打字）及集运等，经办人应于文书底稿上注明。

第二十七条 文件递送。

（1）呈阅文件的递送方式。文件呈阅、呈判、会办时，如为普通案件，以浅灰色卷宗递送；如系机密、紧急或A类案件，则以橘红色卷宗递送。

（2）部门间文件的递送。

①发文及收文部门在同一厂区内，可以文件直接递送，如需签收者，可以自存联送请收文部门签收后取回稽催。

②发文及收文部门在不同厂区者，发文部门收发人员需将文件依收文部门地区分别以厂（处）、部（室）为单位，装入"内部信封"予以递送，"内部信封"仅书写收文部门的厂、处、部、室名称，不另注明经办人姓名，由收文部门收发人员统一拆封分发。

③各公司于各办公地区应设一文件"寄送中心"，总公司为各公司总经理室，各公司（工厂）所在地总务部门、各"寄送中心"规定每日截止收件时间，以便整理集中装运。

④收发人员将文件递交"寄送中心"后，"寄送中心"人员应将同一收文部门之厂（处）、部（室）的文件集中整理，开具"文件递送清单"一式三联，第一联自存，第二、第三联连同文件装入地区专用"文件袋"寄送。收文地区的"寄送中心"人员收到"文件袋"并拆开后，即以"文件递送清单"第二、第三联连同文件送交各厂（处）收发人员签收，签收后留存第二联，第三联以当天文件袋送还原发文的"寄送中心"存查。

⑤总管理处各部、室、中心寄送各厂区的文件，一律递交各公司的"寄送中心"登记转送。

⑥总公司各"寄送中心"的文件袋，需于下午5时前送交总管理处总务部门统一运寄。

⑦原则上文件应随到随送，不得积压，"寄送中心"人员须于每日上午上班后30分钟内将文件袋内文件分送各厂（处）、部（室）收发人员签收。

▲公文管理规章

第一条　公文管理是指收文、文件制作与发文。

第二条　行政管理部文员收文依下列程序处理：签收、拆封、登记、分阅、承办、催办。

第三条　参加上级机关召开会议带回的文件材料，交集团行政管理部按收文程序处理。

第四条　行政管理部文员对传阅的文件要及时回收。回收文件时要在文件登记表上予以注销。

第五条　公文制作。

（1）公司常用公文种类为：请示、批复、报告、通知、通告、决定、函、会议纪要等。

（2）以公司名义向上级机关呈报的请示、报告及公司有关人、财、物方面的重要决定，发文字号为：××公司发〔××××〕第××号。

一般工作联系和业务往来采用便函，按年度编流水号。

公司办公例会的会议纪要编号为：××公司纪字〔××××〕第×次。

（3）公文格式按国家规定的标准执行。

第六条　公文制发程序。主办部门承办人拟稿，部门负责人审核，行政管理部核稿，总裁签发，行政管理部负责登记、编号、缮印、封发。文件中涉及多部门时，由主办部门与有关部门协商、会签。会签稿以部门负责人签字为准。

第七条　行政管理部有权根据集团规定及有关政策对文稿进行修改。内容不实、格式不符的文稿可以退回拟稿部门。

第八条　上报、下发的文件应注明机密等级、急缓程度、发放范围。

▲文书制作处理规定

第一条　目的。凡公司内的公务文件，除有特殊规定外，一律依照本规则。发往公司以外的文件除有特殊规定外，也适用本规则。

第二条　名义。公务文件的往来以各部长及部主管的名义签署，有些简单事项的文件，也可以部门的名义签署。

第三条　呈交公司经理的文件。凡需呈递公司经理的文件，需逐级上报。各级领导需在调查核实的基础上，写出意见，注明需呈报经理的姓名，然后上报。

若不需呈报，则在该文书右上方空白处注明办文单位的名称、文号、年月日。

第四条 文书格式。

（1）公务文件应尽可能简单明了，使用楷书。

（2）文体使用口语即可。

（3）为了陈述理由和经过，有时会使正文繁复，这时可将此部分内容作为附件记于另外的纸上。

第五条 文件号码。文件上应有制发单位规定的号码，还应标明与此份文件有关的关键词及复文文件的号码、年月日，以便处理。

第六条 书写格式。

（1）文件通常在第一行写上文号，第二行写上能揭示文件内容的标题，另起一行写制发年月日、制发者名称，下一行写明收件人姓名，然后在再下一行写文件内容。

（2）在属于复审呈报的情况下，通常采取在文件末尾用后记的形式注明的方式，在文件末尾隔一行处写下复审件的号码、必要事项、年月日及复审者姓名。

（3）由部长发出的指令性文件上应有各收文单位的名称，必要时要写上号码和年月日。

第七条 签署及用印。文件制发者及收件者应注明职务，也可根据情况只署姓名。在文件制发者（个人或单位）的下方盖上制发者个人或制发单位的印章，文件处理人将以此作为依据。但同时发往多个单位的文件（如通知等），为了简便，多采用印制好的印刷品，此时签名及盖印可省略。

第八条 封签上的记录。文件封签上的记录，依照以下各条进行。

（1）用于普通文件的信封上，要写明送达单位的名称及"公启"的字样，同时在左侧写上是否加急挂号等，并在其下写上发文号码。信封背面写发文单位。

（2）秘密文件的信封上，除要在正面的左侧写上"秘"的字样外，其他参照第一条。

（3）必须收文者自行开启的文件，信封上要写清姓名，同时在左侧写上"亲启"字样。

（4）机密文件要用两层信封，内封上写文件标题，外封上的标识参照以上各条在左侧写明"秘"的字样。

（5）文件内容特别需要保密的或有其他重要内容的可参照前项。

（6）本条款第一项中所列内容，除有关机密的外，简易的文件可依照第二条进行，只要在信封背面左下角用小号字印上单位名称即可。

第九条 文件用纸。文件所用纸张另行规定（略）。

第十条 墨水。文件原则上应用黑色墨水书写或印刷。在使用墨水时要特别注意纸张的性能，文字应清晰可辨。

第十一条 文件种类的区分。部、科长发文应根据文件的不同作用依以下原则区别使用不同文种。

（1）提案：不仅仅是发出指令，而且希望将其意见广为讨论。

（2）承认：就有关事务进行认定。

（3）请示：就所报内容等候裁定。

（4）报告：关于指示的答复性汇报。

（5）申请：请示对自己或有关事项处理的许可和承认，也可用于单方面提出申请。

第十二条 指示类文件的区别。公司经理及各部门领导对下属发布的文件依以下要求区别使用，虽不是部下但同属命令所及范围的也应参照执行。

（1）指示：对申请、请示及要求的答复。

（2）传达：有关事务上的指令。

（3）训令：命令或注意事项。

第十三条 一般文件的区分。不在前两条之列的文件有以下类别：

（1）通牒：有关业务的通报。

（2）照会：意见或需要回复的事项。

（3）回答：对照会的答复。

第十四条 电文。文件的记录方式另行规定。

第十五条 依靠电信传达的文件，要求特别简明，避免使用容易误解的文字，并省略敬语以使电文简短。

电报通常在结尾处注明发电单位的代号。

重要的文书，在发出电报的同时，还应将有关材料以书写或印刷的方式成文送交收件人。

第十六条 文书的起草及制发要领。

（1）办公室的通告、通知、会议文件或传阅文件、机构内部文件以及对外发文须根据本要领起草，并经办公室主任审核或经相关业务科室领导合议后制成。

（2）文件形成者在制订文件时需经主管上级的审核。

（3）审核者须对文件的形式、内容进行认真审阅、核查，对不当之处加以修正，使之明白无误。

（4）文件形成者在制订文件时应注意以下几点：

①文件应是一文一事。

②除有特殊规定外，应注明以下事项：文号、发文日期、发文机关（发文者）、收文机关（收文者）、文件标题、文件拟稿人及有关责任者。

③文件标题应简洁明了、准确鲜明地揭示文件内容。

④文字应尽可能口语化，通俗易懂。

⑤行文要层次清楚，准确使用标点符号，必要处划分段落。

⑥对于两页以上的文件要标明页码。

⑦对于文件中引用的其他相关文件，要注明其文件号和文件形成日期。

（5）文件号可按如下方法编制：

①机关内部文件可注明本科室代字或代号，连续性文件应注有连续号。

②对外行文时应注明本机关代字或代号。

（6）在书写或印刷文件时应为事后的整理、装订留下余白处。

（7）内容简单、非机密文件不一定密封发出，可直接传阅或发送。

（8）对于定期制发文件或使用频率较高的文件，为简化手续，可事先规定好行文格式和文例，并以此为准事先做好印刷准备。

（9）除有特别规定外，发文通常应按如下规定注明发文机关（发文者）。

①办公室文件注明办公室主任姓名。

②机关内部文件注明承办科室负责人姓名。

③对外发文注明收文机关团体名称。

④会议文件按规定署名，原则上理事会或常务理事会注明理事长，各种委员会注明委员长姓名。

（10）发文时对收件人应按如下规定书写：

①对担任领导职务的理事等应注明其姓名及职务。

②对全体会员可书写"各位委员"。

③对某一特定委员可注明该委员姓名及所在单位名称。

（11）对某些有特殊处理要求的文件应按如下规定予以注明：

①对有密级的文件应注明"秘密"、"机密"、"绝密"字样。

②需紧急处理的文件应注明"急件"。

③参考资料应注明"参考"。

④传阅文件应注明"传阅"。

⑤挂号信函、快递、特快专递等应在发送时分别处理。

（12）文件一般应保存副本两套备查，必要时可根据需要处理。

▲文书收发作业规范

第一条　本公司所有外来文书，都由总务部文秘室统一接收。

第二条　文秘室按下列规定处理所到达的文书：

（1）把公司文书与私人文书区分开来。

（2）由文秘室直接开启送达的公司文书，并在文书的空白处加盖收发印章，注明收发日期。

（3）对于送达各部门且不开启也能估计事项并不重要的文书，以及绝密文书、亲启文书，只要在封面上加盖文秘室收发印章、注明收发日期即可。

第三条　凡符合下列规定的文书，都必须做好登记：

（1）在一般文书或送交部门的普通文书中，如果判定或者未开启也能判断是重要的文书或者夹有重要物品的文书。

（2）专人传递送达的文书。

（3）标有"绝密"类或亲启字样的文书。

第四条　文秘室必须优先处理电报、特快专递类文书，不得拖延。

第五条　凡下班后，或规定工作时间以外，或节假公休日到达的文书，一律由值班人员接收，于此后第一个工作日早晨移交文秘室。

第六条　文书的分发按下列要点进行：

（1）写给各部门的文书，经登记后直接分发给各部门。

（2）重要文书、专递文书或者夹有重要物品的文书，直接送交文书接受人，在接受人不在的情况下，嘱托科室主管转交，领取文书者必须在登记簿上签名盖章。

（3）文书中一切夹带或附有的物品，必须原样送到当事人手中。

（4）私人信件直接分送至本人（在特殊情况下也可由代理者领取）；在必要情况下，让领取者在登记簿上签名盖章。

第七条　各部门在接到文书时，在必要情况下，给文秘室一个回复，表示那些需要回复的文书已经收到。

第八条　分送给各部门的文书，如果出现差错，直接退回文秘室，再由文秘室处理。

第九条　收到电报后，在"文书登记簿"上做好登记；接到电话后填写"电话记录传票"，但普通的电话不必记录。

▲企业文书寄发规定

第一条 主管科室。文书的邮寄、送发统一由总务部文秘科负责。在不得已情况下，由适宜的部门、科室寄发，但有必要事后向文秘科做出报告与说明。

第二条 一般文书。全部寄发公司外的一般文书，各部门、科室及有关人员封缄之后，直接送交文秘科统一寄发。

第三条 寄发。文秘科汇集所有待发文书，做好"文书发送登记"。待发文书必须在一定时间内发送出去。特快专递以及电报等文书，必须即时发出。

第四条 机密、亲启文书。凡机密或亲启文书，文秘科必须加盖"绝密"、"密"、"亲启"等字样印章后发送，并给发文部门、科室或发文者以必要的回复。

第五条 重要文书。其他重要文书或快递文书，必须加盖"专递"、"面呈"、"快递"等字样印章，并给发文当事者必要的回复。

第六条 寄发费用。邮费与电报费用由文秘科统一开支。

第七条 费用决算。文秘科按月决算全部邮费与电报费用开支。

第八条 发电报。待发电报必须填写"文书发送登记簿"，由文秘科负责发电报。

▲文件处理标准

第一条 此处所指的文件，包括各种规定、来往文件、信件调查书、报告、契约、凭证类文件、决议、参考文件、账簿、统计表及其传票等一切业务用文件。

第二条 公司的文件处理，必须收、发的分清责任所在。

第三条 账簿从其封存之日、其他文件从组卷时算起，保存期限分为如下五种：

（1）永久保存的。

（2）保存 10 年的。

（3）保存 5 年的。

（4）保存 3 年的。

（5）保存 1 年的。

第四条 文件的保管期限依照以下标准制订。

（1）永久保存的文件：

①公司法规及公司代表大会文件。

②董事会及其他重要会议的文件。

③有关经营方针及事业规划。

④预、决算材料。

⑤各项规章的制订及修改和废止情况。

⑥发至公司总部机构的指示及命令。

⑦重要的权利、财产的得失保全及其变更的情况。

⑧重要契约、合同的缔结、解除及其变更。

⑨有关公司职员的升降、赏罚及授予的重要内容。

⑩向官方提请的文件及官方批复文件中的重要部分。

⑪重要的诉讼文件。

⑫重要的统计及调查。

⑬除上述内容之外被认为重要的文件。

（2）需要保存10年的文件：

①上述各种文件中不需要永久保存的。

②与永久保存文件有关的手续、通牒、照会及报告等。

③事业规划及经营方针的实施细则。

④预算的统一制订及实施细则。

⑤权利和财产的得失、保全及其变更。

⑥诉讼及登记。

⑦与各规定相关的指示事项。

⑧职员的升降、赏罚。

⑨有关职员的福利。

⑩递交官方的文件及官方下达的命令。

⑪有关调查的内容。

⑫业务上的差错及事故。

⑬现金出纳簿、核对过的账目及各种会计票据。

⑭除以上内容之外，不属于永久保存的具有重要意义的文件。

（3）需保存5年的文件：

①以上两项所列各业务中产生的报告、调查及参考资料。

②各种简便账目。

③参照前面各项相关的文件。

（4）需保存3年的文件：

①与经营无关的一般往来文书，但过于简单的除外。

②比较一般的通知书、报告书、调查书及参考文件，特别简单的除外。

③比照其他各项相关文件。

（5）需保存 1 年的文件：

①简单的来往文件。

②特别简单的通知、报告、调查及参考文件。

③仅供一时之用的账簿和用途单一的文件。

第五条 办结的文件需进行适当的整理、装订，此项工作由收发室进行。会计文件依会计年度进行整理装订，然后分别保管。若没有逐年或逐会计年度整理必要之文件，可另选适宜的时间段装订。

第六条 整理过的文件，应在附页上注明文件号码、名称、保管期限、单位名称及起止年月日，并将其记入同样内容的文件清单，分门别类地保管。

第七条 各科需要保存的文件向收发室移交时，依照另行规定执行。移交时间一般定在账目封存和其他文件归类完成时。

第八条 需要查阅已归档的文件时，需要履行有关手续。查阅时不得将需查阅的文件从装订的文件集合中取下。

第九条 文件在保管期限中，如果失去了最初认定的保管意义，可通过有关部门合议，缩短保管期限。

需要保密的文件，要特别注意其内容不得外泄。需经适当的责任认可方可查阅。

第十条 当机构取消或合并、分设时，应及时进行文件的移交，明确其保管单位。

第十一条 重要文件应选择安全的场所保管，如遇紧急情况，需要提前转移文件时，须持特别许可证方可办理。

第十二条

（1）已过保管期限的文件，可考虑销毁。

（2）销毁原则上采用焚烧，一般性的资料可采取变卖的方式。

（3）销毁归档文件，需履行必要的手续。

▲文件立卷与归档办法

第一条 文件的归档范围：

（1）凡下列文件统一由两办负责归档：

①上级机关来文，包括上级对工厂报告、申请的批复。

②厂部发出的报告、指示、决定、决议、通报、纪要、重要通知、工作总结和生产经营工作的各类计划统计，季度、年度报表等。

③厂长办公室、厂务会、工厂管理委员会、中层管理会以及各种专业例会记录。

④厂职代会、工会会员代表大会等厂一级组织召开的代表大会所形成的报告、总结、决议、发言、简报、会议记录等。

⑤有保存价值的来信、来访记录及处理结果。

⑥参加上级召开的各种会议带回的文件、资料及本厂会上汇报发言材料等。

⑦上级机关领导来厂检查视察工作的报告、指示记录以及本厂向上级进行汇报的提纲和材料。

⑧反映本厂生产、经营活动、先进人物事迹及厂领导工作等的音像制品。

⑨工厂日志和大事记。

⑩工厂向上级请示批复的文件及上报的有关材料。

（2）业务科室、各群众团体日常工作中形成的活动资料，由各业务科室、群众团体负责立卷归档。

第二条　立卷要求：

（1）文件立卷应按照内容、名称、作者、时间，分门别类地进行整理归档。

（2）立卷时，要求把文件的批复、正本、底稿、主件、附件搜集齐全，保持文件、材料的完整性。

（3）要坚持平时立卷与年终立卷归档相结合的原则。重要工作、重要会议形成的文件材料，要及时立卷归档。

（4）上年度形成的文件材料，要求在下年度5月份以前整理完。6月份正式向档案馆（室）移交，清单一式两联（交接单位各留存一联备查）。

第三条　文件的销毁：

（1）对于多余、重复、过时和无保存价值的文件，两办机要室应定期清理造册，并按上级有关规定，办理申请销毁手续。

（2）经审核同意销毁的文件，应派专车分别由两办机要秘书和正副主任护送到上级机关指定的纸厂并监视销毁。

▲重要文件保管处理规定

第一条　本公司所有重要文件的收藏、保管、处理一律按本规定拟明事项执行。

第二条　重要文件分为以下四种，分别处理：

（1）最重要文件日常用。

（2）最重要文件非日常用。

（3）一般重要文件日常用。

（4）一般重要文件非日常用。

其中最重要文件是指该文件的丢失将给工作造成重大影响的文件；一般重要文件是指其重要程度轻于前者的文件。

日常用文件是指工作人员在日常业务中需经常查考、放在办公桌近旁的文件；非日常用文件是指特殊情况外不必经常查考的文件。

第三条　在紧急情况下，重要文件的收藏、保管场所按如下规定进行，但根据文件的性质、数量及处理方法的不同亦可进行适当变更。

（1）地下室贵重物品库内应存放对于公司特别重要的材料。

（2）各业务部门保险柜存放各部、室的最重要文件。

（3）地下室仓库存放以上文件之外的最重要文件和一般重要文件中非日常用部分。

（4）各分公司保险柜存放最重要文件、一般重要文件中的日常用部分。

（5）现场保管（在各部、室的办公地点以适当的方法整理保管）。上级对现场保管有特别指示的时候，保管人员应根据上级指示采用相应的方法保管。

第四条　各种重要文件的分类保管期限及保管场所可另行规定。

对前项文件进行保管时，同一内容的系统文件必须按地区加以区分后保管，最重要文件更应如此。

第五条　重要的账票或文件，在没有其他材料可以替代时，即在确认除原件外没有其他可以反映其内容的文件，该件如发生丢失将给工作造成重大障碍时，需在其上做表示其内容的特别标记，办理另置安全场所保管的有关手续。

第六条　重要文件的搬出及收藏，由各业务主管部门负责实施，仓库内文件的整理保管由总务部门承担。

各业务主管部门应对各自保管的文件内容及保管位置加以记录，并提交总务部门。总务部门在安置文件时应考虑平时的使用频率。

第七条　将各业务主管部门文件搬出加以收藏时须按如下规定执行（但在公司有特别指示时须遵照指示执行）：

（1）正常情况下文件处理完结时。

（2）在特别紧急危险时。

（3）在发表紧急状态宣言时。

第八条　收藏文件仓库的位置，根据文件的数量等由总务部门决定。在搬运、收藏文件时要注意准确无误地将文件置于各自位置。当确认文件数量大、保管场所不足时，应预先与总务部协商，给予增加或变更保管场所。

第九条 对于保管期满的文件，总务部门在征求业务主管部门领导意见后可予以销毁。

第十条 对于重要文件，在公司没有特别命令时，原则上不允许携带、搬运至公司以外。

分公司及工厂的文件，在无特别命令时除第三条之外可参照以上条款执行，并将期满文件处理方案呈报本公司总务部门。

▲文件目录清单

页次_____

文件标题、类别		□规范类 □规格类 □标准类				
序号	文件号	文件名称	版本	页数	日期	备注
1						
2						
3						

▲收（发）文编号登记表

收文日期	发文日期	收文字号 发文字号	经办者	收文日期	发文日期	收文字号 发文字号	经办者

▲收（发）信登记簿

月　日	发送单位	编号	数量	密（速）级	发往单位	签收

▲信函寄（发）记录表

□业务类　　□采购类　　□总务类　　□公共关系

发函日期	发函单位	文别	内容	寄发单位	回函日期	回函内容

▲ 送件登记簿

年   第　号

月	日	发件机关	密（速）级	件数	号码	收件机关或收件人	收件人盖章

▲ 交办事项登记簿

交办		编号	交办项目	交办主管	经办部门	完成		逾期原因	处理结果	其他事项内容及编号
月	日					预定 月日	实际 月日			

▲公文传递单

件数	收件单位(代号)	收件人	寄件单位(代号)	件数	备注
1					
2					
3					
4					
5					
6					
7					
8					
9					

收方：_____   转送人：_____   送方：_____

▲呈签单

呈签单　年　月　日		经办部门		经办人	
签发		会签(一)		会签(二)	
内容：					

▲内部联络单

年　　　月　　　日

填单人		受单人		希望完成期限	
联络事项					
结果					
□	已完成　　　年　　　月　　　日				
□	不能完成原因：				

▲复印文件登记表

□复印　　□打印

序号	日期	文件名称	原稿页数	份　数					使用部门	使用人	备注
				A3	A4	B4	B5	合计			

▲公文拟稿用纸样本

公文标题					
发〔　　〕号		密级		印数	
主送机关					
抄送机关					
主办单位					
领导签发					
拟稿人		打印人		校对人	备注

▲发文稿纸样本

发文机关		草拟日期		发文文号		拟稿人
收文机关		发文日期		本文字号		
签发			批示			
董事长		总经理		经理	厂部主管	主任
标题		文件正文				
寄发	标印					
年 月 日	年 月 日					

▲发文呈批单

签发		会签	
秘书室核稿		会办核稿	
主办核稿		主办单位	
		拟稿人	
标题			
附件			
主报送			
抄报送			
密级		速级	文号	第〔　　〕号
印发份数			年　　月　　日封发	

▲签呈事务备查表

_____年_____月_____日　　　　　　　　No. _____

编号	签呈日期	签呈部门签呈人	内容摘要	厂长批示	呈报日期	经理批示	总经理批示	卷号

第二节　企业书刊管理制度

▲图书管理规定

第一章　通则

第一条　本公司图书的购进、保管、整理、外借与归还等管理业务均按本规定办理。

第二条　公司购置图书的目的，在于为公司经营业务研究提供资料以及提高职员的素质。

第三条　本规定的制订、修改与废除，由企划室提议、常务董事会决定。

第二章 收集与购买

第四条 企划室应按照第二条规定，负责对图书市场的调查研究，寻找合适的图书。

第五条 购买图书由企划室根据"购买图书计划"以及各部门的申请要求进行，并由企划室主任对购买图书的各个环节进行控制与检查。

第六条 企划室必须逐月、逐年制订图书购买计划。图书采购人员按计划实施采购。

第七条 如果属购进图书，则在接收图书时支付现金，结清图书书款，并注意控制预算，不得超支。如果属捐赠图书，应在接收图书时开具收纳凭证。

第八条 对职员或外部机构捐赠图书应表示感谢，感谢信的格式可由公司统一规定。

第三章 整理与借阅

第九条 凡新购进的图书按图书的分类科目进行分类整理，并贴上标签，进行编号。

第十条 设专职图书保管员，对图书进行分类、整理与借阅工作。

第十一条 所有图书都必须按图书管理卡要求进行登记，注明购入时间、著作名称、作者姓名、出版社名称、出版年月以及其他必要的项目，并且把卡片分类放入各索引柜内，以便于检索。

第十二条 每册图书都必须附上借阅卡及装卡纸袋，并把装卡纸袋贴在封底的内侧。

第十三条 所有图书都必须在封面、目录和第一页上以及在图书中间的两至三处，加盖公司印章。

第十四条 所有新进图书，都必须在登记册上做好登记，写明新进图书日期、著作名称、作者、出版社、分类与编号、页数、价格等重要项目。

第十五条 每年按图书管理卡，对书架中的全部图书进行一次清点与核对。在清点与核对前停止外借，并要求全部借出图书都返回书架。

第十六条 如果图书丢失，或者需要捐赠与处理，必须填写报废报损单，向资料室主任做出报告，按主任指示行事。

第十七条 必须经常整理图书管理卡，把那些已经不存在或被清理的图书的管理卡剔除出来。

第十八条 企划室必须每年整理出一份图书总目录，提供给各部门主管，并且按月把新进图书情况通知各部门。

第四章 图书的借阅

第十九条 图书原则上只借给本公司职员，除企划室主任允许的情况外，借出图书不得转借其他人。

第二十条 借阅图书工作由企划室主任指定专人负责。

▲资料室管理规定

第一章 总则

第一条 本公司资料室的资料管理，应按本规定执行。

第二条 制订本规定的目的，在于通过对资料室资料的有效管理，提高研究效率、促进技术进步、改善业务工作以及增进对业务工作的了解。

第三条 职员在利用资料室的资料时，必须遵守本规定，并在本规定范围内承担相应的责任。

第四条 资料的分类。

（1）图书资料：即单行本、辞书等。

（2）定期刊物：报纸、杂志等。

（3）文书资料：手册、目录、专利资料、报告等。

（4）视听声像资料：照片、录像、地图、画册、录音带、胶片等。

第五条 公司内部资料原则上按文书管理条例进行管理，文书管理条例规定外的事项，按本规定执行。

第六条 资料室的资料一律由总务部统管。

第二章 资料室

第七条 在总务部设资料室，并由资料室主任具体负责对资料的管理工作。

第八条 资料室主任在移交工作时，必须提供资料目录，并以文书形式移交。

第三章 购买程序

第九条 购买资料原则上应按下列程序进行：

（1）在希望购买资料时，首先填写购买申请书，经主管审批后，提交资料室主任；再由资料室主任决定、发出订购单。

（2）资料室主任在受理"资料购买申请书"之后，把受理要点填写在"资料购买整理簿"中。

第十条　资料室在购进资料后，对新进的资料贴上标签，进行编号。

第十一条　资料购进并编号后，由资料员发出通知，告知申请购买者。

第十二条　编号后的新进资料，原则上必须在资料室中保管一个月。

第十三条　在资料购买的申请期中，希望终止购买时，应立即通知资料室主任。

第十四条　资料室的资料员应经常就资料购买的情况，尤其是开支状况，做出统计；并且对计划内购买的资料、金额与数量做出调查，在月末及年末，向资料室主任做出报告，以便于资料室主任把握资料购买的开支状况。

第十五条　资料室主任在前条规定基础上，在年度购买金额或开支范围内，按照经营业务的要求，分配购买各类资料的金额比例；如果超支，立即经财务部经理向总裁提出报告，按总裁指示办理。

第四章　资料的借出

第十六条

（1）职员如果出于工作需要，可以申请借出资料，但必须填写"资料借出卡"，在借出卡的有关栏目要求填写完毕后，交给资料保管员。

（2）资料保管员必须在"借出资料登记簿"上做好登记，并且经常检查借还状况。

第十七条　职员借阅完毕后，应及时把所借出资料归还给资料室，资料室同时把"资料借出卡"退还借阅者本人。

第十八条

（1）资料原则上不得外借，只允许在阅览室中阅览。

（2）凡借阅资料、在阅览室进行阅读者，都必须在"资料阅览表"上填写阅读者姓名、所在部门以及所阅览资料名称。

（3）上班时间阅读资料，必须经上级主管同意。

第十九条

（1）一般资料借出期限为一周。期限一满，应立即归还给资料室。

（2）业务上的常备资料，借出期限为三个月。如有必要，还可以按第十六条规定，办理手续，予以续借。

（3）需要补缀的资料原则上不外借，由资料室妥善保管。

第二十条 资料室借入的资料，不得转借。

第二十一条 资料借阅时间为每日上午 9 点至下午 4 点（节假日不休息）。

▲图书资料管理规定

第一条 图书资料是指由集团统一购进、管理的图书、刊物和报纸。图书资料主要用于促进公司经营业务合理运作，提高本公司所有职员专业水平，使公司在经营道路上创造出自己的经营风格。

第二条 图书资料由信息管理中心行政管理部安排专人负责管理，办理图书资料的登记、分类、编目、借阅等工作。

第三条 图书资料的购买由各需求部门经领导审批后办理，图书购买后需经信息管理中心行政管理部登记签字后，财务部门方可办理报销手续。

第四条 图书资料的目录及借阅情况由行政管理部的具体管理人员按日更新后在内部网上公布，公司职员可通过内部网查询图书使用情况。

第五条 公司职员借阅使用图书期间要爱惜图书，不得污损图书资料。行政管理部的图书管理人员在回收图书资料时要认真检查，发现污损要追究当事人责任。

第六条 图书资料一般借阅期限为一个月，对于不按时归还的，行政管理部图书管理人员要及时催还。

第七条 公司职员不得将图书资料转借他人，职员如丢失图书资料，应照价赔偿。

▲图书借阅管理办法

第一条 为便于图书的管理并使图书能在短期内充分循环流通，便于广大职员借阅，特制订本办法。

第二条 凡欲借阅本图书室书籍、杂志者，应先向管理人员登记，然后取书。

第三条 定期性报纸杂志，原则上于一周内归还，月刊则可于两周内归还。

第四条 一般书籍在一个月内归还，逾期者不续借。

第五条 每次每人限借杂志一本、书籍两本，期限已至而未归还者，应承担一定责任，可进行适当罚款。

第六条　离职时，必须还清所借书籍、杂志。

第七条　对于所借的书籍与杂志应妥善保管，如有遗失或严重损坏等情形，应负责赔偿。

第八条　本办法自颁布之日起实施。

▲业务资料整理及保管规定

第一章　资料的收集与整理

第一条　收集资料的方式有四种：购买、交换、制作与捐赠。各种收集得到的资料，都必须标明以何种方式获得。

购买资料委托采购部门进行，全体职员有责任和义务提供资料的信息来源，并结合业务工作寻找有价值的资料。

交换资料由所需要的部门出面交涉与谈判，一旦达成交换条件，再由资料收集部门完成资料的交换。制作资料有三种方式：印刷、撰写与记述。当事人或部门主管，应积极主动地制作有价值的资料，送交资料收集部门，并积极争取来自各方面的捐赠资料。

第二条　收集资料部门的主管，必须定期制订收集计划，并付诸实施。

第三条　收集到的资料，按下列分类进行整理：

（1）单行本（主要指公开发行的读本）。

（2）调查报告（非卖品，如论文、研究报告及意见书）。

（3）统计书（民间组织或政府机构的统计年鉴等，包括非卖品）。

（4）全集（所有文集、论集与专集）。

（5）辞典（各种辞书、百科全书等）。

（6）报纸。

（7）杂志。

（8）古籍（近代以前）。

（9）其他（如小册子、目录等）。

第四条　为了便于利用所收集到的资料，必须按资料的优劣及有用性分成下列各类：

（1）精选资料：表示很有参考价值及利用价值的资料。

（2）常用资料：表示有一定的利用价值或参考价值的普通的资料。

（3）劣等资料：表示内容劣等、无多少利用或参考价值的资料。

第五条　全部资料按图书、报纸与杂志及其他三大类进行整理。整理时，应填写资料索引卡片，以提高资料利用效率。

第二章 资料的分类与保管

第六条 各资料在三大分类基础上，进一步细分为经营、企业、经济。重点为经营与企业两类。

第七条 进一步再细分为外文资料与中文资料。

第八条 资料分类与书架或书柜分类一致。保管工作按上述分类展开。

（1）图书。先区分外文书架与中文书架，然后，按经营、企业、经济与其他目录进行码放或索取。

（2）杂志与报纸。按名称、日期进行码放。

（3）其他。按形状、大小与厚薄进行分类码放。

第九条 索引系统按图书目录卡、杂志目录卡、报纸目录卡及其他书类卡分别设立。每张图书索引卡分别填写作者、出版年月、出版社、内容短评以及标明精选、常用与劣等字样。

报纸与杂志卡，只需与书架上的名称对应起来，写明报纸、杂志名称，发行单位，编辑机构，发行年月以及主要栏目与题材。

第十条 在有必要的情况下，可制成著作者、撰写者或编写者索引卡。

▲内部刊物管理规定

第一条 有关本公司内部刊物的一切事务，包括编辑、发行与分配，一律按本规定办理。

第二条 公司刊物发行的目的如下：

（1）企业不可能向全体职员逐个传递有关经营活动的全部信息与情报，往往需要依靠内部刊物的发行达到此目的。

（2）公司持久地进行职员间的沟通，通常也需要依赖公司内部刊物的发行。

（3）通过公司内部刊物的发行，为全体职员共同参与公司管理提供一个载体，有利于提高全体职员的积极性。

（4）通过公司内部刊物，使全体职员的家属、亲朋好友也能全面了解本公司的情况。

第三条 公司内部刊物必须冠以本公司名称，加上刊物名称。

第四条 发行日原则上为每月的10号。具体还得看印刷公司的情况与印刷进度，但控制在10号前后为宜。

第五条　公司内部刊物的最终责任者为总务部经理。发行责任者必须明确制订编辑方针，并对编辑会议及编辑主任传达编辑方针与意图、精神，把握主题方向，并且在原则上确定公司内部刊物的主要版面与内容。

第六条　由各部门推荐及自荐组成编委。如果推荐与自荐者过多，由总务部经理进行选拔；如果过少，由总务部经理点名，组成编委。

第七条　编委会主任由总务部主管在总务部成员中选拔并正式任命。如果总务部无合适人选，由编委成员相互推举，产生主任，再由总务部主管正式任命。

第八条　编辑会议由编委会主任召集、主持，就编辑计划、方针及举措、编辑、出版、发行等事宜进行审议与合议。编委会成员对此有权进行监督与评价。

第九条　公司内部刊物发行上的一切经费由公司负担。但是，编委会主任必须在会计年度开始前，对全部及分项开支进行概算，并向总务部主管做出报告。

第十条　公司内刊物原则上只向公司职员、管理者以及职员家属约稿。有必要向外部约稿时，必须经过编辑计划会议讨论做出决定。向外部约稿，须给予一定的酬金，由公司负担。

第十一条　编委会主任及编委成员的任期，原则上为两年。

第十二条　公司内部刊物原则上免费分发给公司管理者、职员、家属以及公司的关联单位。必要时可向其他外部机构与个人送发。

▲ 内部刊物编辑制度

第一条　目的：向全体职员宣传和介绍公司的主张以及最高领导的经营方针，以便使全体职员的日常经营活动能够按照经营方针所指的方向一致行动，同时加强公司内部的沟通和协调。

第二条　方针：一是上情下达，使全体职员齐心协力地按经营方针所指引的方向统一行动；二是下情上传，让最高经营阶层及各级领导了解公司的整体情况及职工的生产生活情况。

第三条　题材来源。

（1）新闻焦点。原则上国内外新闻热点，也应成为本公司刊物的新闻焦点。尤其对国内外新动向、本公司的反应、本公司有什么新的行动等，要作为重点报道。公司内刊物的新闻报道的计划，可参考商业期刊的做法制订。

（2）收集。主要通过编委及通讯员，收集各种信息，把握报道的热点与主题，并通过编辑人员组稿、约稿、撰写与采访，充实刊物的版面。

（3）采集。当得到有价值的信息后，立即派出有关记者或编辑人员，进行现场采访，采集第一手资料，并及时予以报道。

（4）拍摄。把各种实况拍摄下来，包括一些原始资料、谈话场景、人物形象等。在拍摄之前必须做好充分准备，务求拍摄的效果良好。

（5）反馈。采访后必须做好整理工作，记录在备忘录上。当采访内容被刊用时，要对被采访者或单位进行一次反馈，以确认基本事实与基本观念。

（6）致谢。对协助采访以及对取材提供某种帮助者予以感谢，赠送一些礼品或纪念品。

第四条 收集有关反应。每期刊物发行后，都必须收集有关反应、意见和评价，这是进一步办好刊物的基础。

（1）监督者的反应。监督者由公司内部刊物的编委公开招聘，每年春季招聘及轮换一次。监督者必须对指定的刊物栏目与内容，广泛征集读者的意见，并反馈给编辑部。

（2）读者的反应。除了收集、分析研究读者来信以外，还必须定期对读者进行普遍调查。调查采用问卷形式，以全面了解读者对刊物的总体看法与建议。

（3）部门领导的反应。除了征集公司内外普通读者的意见外，还必须进一步对企业内各部门乃至最高领导的意见进行收集与征集。

所有意见都必须经过编辑、整理、分析与判断，由编辑及主管汇总成意见调查报告，提交编委会讨论与审议，最终落实到今后的刊物改进工作与措施之中。

▲内部刊物编辑及发行规定

第一条 为规范本公司内部刊物编辑及发行的管理，特制订本规定。

第二条 创办公司内部刊物的目的如下：

（1）让全体职员理解并把握公司的地位、作用、优势与意义；提高全体职员的信念与责任感、荣誉感。

（2）宣传与解释公司的经营理念、经营方针以及传递公司业务的有关情况与信息，以便全体职员齐心协力，朝着共同的目标做出贡献。

（3）沟通与交流职员之间的志向、见解、意见等，以促进职员间的相互了解与相互信任。

（4）积极采纳职员的意见与建议，提高全体职员的参与意识。

（5）在相互理解与信任的基础上，使整个公司结成命运共同体，提高职员的整体意识。

（6）加强与职员家属的联系，使职员家属能够了解公司的真实情况，并在理解的基础上支持与协助公司开展各项业务工作，造就包括职员家属在内的和睦与亲善气氛。

第三条　公司内部刊物以本公司的名义发行。

第四条　发行责任者：

（1）发行责任者为公司总裁。

（2）下设编辑会议。

（3）发行责任者有权对编辑会议做出指示，并监督与控制编辑会议的活动；同时对编辑企划、基本方针、刊物计划等负责。

第五条

（1）编辑会议按发行责任者的指示，起草并决定编辑企划、基本方针、各刊计划以及发行、送发与印刷等基本方案。

（2）编辑会议外围设立通讯员制度，通讯员由各部门推荐一名合适人员担当。

第六条　编辑主任全权负责编辑会议，并有相应的权限与责任，主持公司内部刊物的日常工作。

第七条　编辑委员。

（1）编辑委员除了参加编辑会议，起草、审议并决定编辑企划、基本方针等重大事宜外，还承担组稿、撰稿、摄影、采访与通讯报道等工作。

（2）编辑委员由编辑会议提名，由总裁任命。

第八条　通讯员。

（1）通讯员协助编辑会议做好各期的约稿撰稿、采访与沟通联络工作。

（2）通讯员由各部门推荐一名，由编辑主任正式任命。

第九条　编外委员。

（1）根据编辑工作需要，可临时聘用若干编外委员。

（2）编外委员围绕聘用时指定的工作任务，为编辑会议做出贡献。

第十条　编辑各机构成员的任期为一年（每年1月1日至12月31日），但有再选或连任资格。

第十一条　编辑主任应向发行责任者即总裁报告列入出版发行的各种刊物。

第十二条　原则上以正式表格即文书形式进行约稿。

第十三条　一切有关发行公司报刊的费用开支，全部由公司负担。

第十四条　本规定的修改与废除，必须经过编委会讨论，解释权在编委会。

第十五条　本规定自×××年×月×日执行。

▲图书资料借出卡

分类编号:		
资料名称:		
购入价格:		
归档日期:		
借出时限:		
借出日期	借出人	归还签认

▲图书借阅登记表

_____年_____月_____日

编号	书名	作者	出版单位	定价	借阅人	借出日期	归还日期	备注

第三节 企业档案管理制度

▲档案员岗位职责

（1）认真贯彻执行有关档案工作的法律、法规和方针政策；建立健全各项规章制度。

（2）负责统一管理本企业的档案，并按规定向有关部门移交。

（3）负责对企业部、室的档案工作进行监督和指导。

（4）负责指导本企业行政文书和业务文书的形成、积累和归档工作。

（5）负责定期对已办理文件的整理、立卷、归档工作。

（6）严格执行保密法规，办理档案材料的借阅手续。

（7）负责过期档案的销毁工作。

（8）完成领导交办的其他工作。

▲立卷管理规定

第一条 对公司各部门处理完毕或批存的文件材料的立卷归档，依照此规定执行。

第二条 公司各部门应根据本部门的业务范围及当年工作任务，编制平时文件材料归卷使用的"案卷类目"。"案卷类目"的条款必须简明确切，并编上条款号。

第三条 公文承办人员应及时将办理完毕或经领导人员核准保存的文件材料搜集齐全，加以整理，送交本部门专（兼）职文书人员归卷。

第四条 专（兼）职文书人员应及时将已归卷的文件材料，按照"案卷类目"条款"对号入座"，放入平时保存文件卷夹内，并在收发文登记簿上注明。

第五条 为统一立卷规范，保证案卷质量，立卷工作由相关部室兼职档案员配合，档案室文书档案员负责组卷、编目。

第六条 案卷质量总的要求是：遵循文件的形成规律和特点，保持文件之间的有机联系，区别不同的价值，便于保管和利用。

第七条 归档的文件材料种数、份数以及每份文件的页数均应齐全完整。

第八条 在归档的文件材料中，应将每份文件的正件与附件、印件与定稿、请示与批复、转发文件与原件、多种文字形成的同一文件立在一起，不得分开。文电应合一立卷，绝密文电单独立卷，少数普通文电如果与绝密文电有密切联系，也可随同绝密文电立卷。

第九条 不同年度的文件一般不得放在一起立卷，但跨年度的请示与批复，放在复文年立卷；没有复文的，放在请示年立卷；跨年度的规划放在前一年立卷；跨年度的总结放在后一年立卷；跨年度的会议文件放在会议开幕年立卷；其他文件的立卷按照有关规定执行。

第十条 卷内文件材料应区别不同情况进行排列，密不可分的文件材料应依序排列在一起，即批复在前，请示在后；正件在前，附件在后；印件在前，定稿在后。其他文件材料依其形成规律或特点，应保持文件之间的密切联系并进行系统的排列。

第十一条 卷内文件材料应按排列顺序，依次编写页号。装订的案卷应统一在有文字的每页正面的右上角、背面的左上角打印页号。

第十二条 永久、长期和短期案卷必须按规定的格式逐件填写卷内文件目录。填写的字迹要工整。卷内目录放在卷首。

第十三条 有关卷内文件材料的情况说明，都应逐项填写在备考表内。若无情况可说明，也应将立卷人、检查人的姓名和日期填上以示负责。备考表应置于卷尾。

第十四条 案卷封面，应逐项按规定用毛笔或钢笔书写，字迹要工整、清晰。

▲ 档案管理办法

第一条 依据《中华人民共和国档案法》，结合公司实际情况，特制订本办法。

第二条 公司档案工作的基本原则：集中管理与分散管理相结合，以集中管理为主，即公司文书档案由办公室集中统一管理，档案（已交办公室的除外）分别由有关部门管理，以便于及时利用，维护档案的完整与安全。公司各部门在各项活动中形成的具有参考价值的文件、材料，由承办单位、主办人负责将其中已办完的文件、资料及时归档。

第三条 公司办公室设立专门的档案工作，接受上级部门档案处的业务指导、监督和检查，负责管理公司的文书、科技（部分）档案，其任务是：

（1）搜集、整理、立卷、鉴定、保管公司的文书档案。

（2）积极开展档案的提供、利用工作。

（3）进行档案鉴定。

（4）进行档案统计。

（5）保管部分科技档案。

（6）认真学习《中华人民共和国档案法》有关规定和档案工作理论、技术和业务知识，掌握归档的基本方法，保证档案质量。

第四条　归档的文书包括：

（1）公司与有关单位的来往信件、各种协议书、合同等。

（2）公司会议原始记录、纪要和决定（包括发布的通知、通报、机构调整、任免、奖惩以及全公司的规章制度）。

（3）公司制订的计划、统计、预决算、工作总结。

（4）公司主持召开的各种专业会议形成的领导讲话、文件和会议总结纪要。

（5）国际交流和合资企业来往文件、协议、报告和会谈纪要等文件材料。

（6）公司各部门的发文。

（7）其他具有保存价值的文件材料、重要的工作经验材料。

（8）外单位直接发送给公司各部门的抄送信件。

第五条　归档要求。

（1）归档的文件材料，应按照"自然形成、保持历史联系"的原则和归档要求特征及文件内容进行归档。

（2）在一卷内要按材料或文件形成的时间，系统地排列。

（3）案卷标题要简明准确，整理好的案卷要确定案卷的保管期限，原则上分为永久、长期（15年以上）、短期（15年以下）三种。

（4）按归档要求进行装订、编号、填写卷内目录备考表。

（5）全部案卷组成后，要对案卷统一排列并编写档号，然后逐卷登记，填写案卷目录。

▲档案管理制度

第一条　管理部门。

（1）文书结案后，原稿由各文书管理部门归档，经办部门根据实际需要留存影本。如因业务处理需要，原稿须由经办部门保管，应经文书管理部门主管同意后妥善保存，文书管理部门以影本归档。

（2）各分公司档案分类目录及编号原则，由各公司经理室或事业部经理室统一制订，总管理处各部门、中心档案则由各部门自行编定并报送总管理处。

第二条 文件点收。文件结案移送归档时，根据如下原则点收：

（1）检查文件的文本及附件是否完整，如有短缺，应立即追查归入。

（2）文件如经过抽查，应有管理部门主管的签认。

（3）文件的处理手续必须完备，如有遗漏，应立即退回经办部门科室。

（4）与本案无关的文件或不应随案归档的文件，应立即退回经办部门。

（5）有价证券或其他贵重物品，应退回经办部门，经办部门送指定保管部门签收后，将文件归档处理。

第三条 文件整理。点收文件后，应依下列方式整理：

（1）中文竖写文件以右方装订为原则，中文横写或外文文件则以左方装订为原则。

（2）右方装订文件及其附件均应对准右上角，左方装订则对准左上角，理齐钉牢。

（3）文件如有皱折、破损、参差不齐等情形，应先补整、裁切、折叠，使其整齐划一。

第四条 档案分类。

（1）档案分类应视案件内容、部门组织、业务项目等因素，按部门、大类、小类三级分类。先以部门区分，然后依案件性质分为若干大类，再在同类中依序分为若干小类。

（2）档案分类应力求切合实用。如果因案件较多、三级分类不够应用时，须在第三级之后增设第四级"细类"。如案件不多，也可仅使用"部门"及"大类"或"小类"。

（3）同一"小类"（或细类）的案件以装订于一个档夹为原则，如案件较多，一个档夹不够使用时，可分为两个以上的档夹装订，并于小类（或细类）之后增设"卷次"编号，以便查考。

（4）每一档案夹封面内首页应设"目次表"，案件归档时依序编号、登录，并以每一案一个"目次"编号为原则。

（5）档号的表示方式如下：

A_1A_2——$B_1B_2C_1C_2D_1$——E_1E_2

其中 A_1A_2 为经办部门代号，B_1B_2 为大类号，C_1C_2 为小类号，D_1 为档案卷次，E_1E_2 为档案目次。

第五条 档案名称及编号。

（1）档案各级分类应赋予统一名称，其名称应简明扼要，以充分表示档案内容性质为原则，并且要有一定范畴，不能笼统含糊。

（2）各级分类、卷次及目次的编号，均以阿拉伯数字表示；其位数使用视案件多少及增长情形斟酌决定。

（3）档案分类各级名称经确定后，应编制"档案分类编号表"，将所有分类各级名称及其代表数字编号，用一定顺序依次排列，以便查阅。

（4）档案分类各级编号内应预留若干空当，以备将来组织扩大或业务增多时，随时增补之用。

（5）档案分类各级名称及其代表数字一经确定，不宜任意修改，如确有修改必要，应事先审查讨论，并拟定新旧档案分类编号对照表，以免混淆。

第六条 档案编号。

（1）新档案，应从"档案分类编号表"查明该档案所属类别及其卷次、目次顺序，以此来编列档号。

（2）档案如何归属前案，应查明前案的档号并予以同号编列。

（3）档号以一案一号为原则，遇有一档案件叙述数事或一案归入多类者，应先确定其主要类别，再编列档号。

（4）档号应自左向右编列。右方装订的档案，应将档号填写于案件首页的左上角；左方装订者则填写于右上角。

第七条 档案整理。

（1）归档文件，应依目次号顺序以活页方式装订于相关类别的档夹内，并视实际需要使用见出纸注明目次号码，以便翻阅。

（2）档夹的背脊应标明档夹内所含案件的分类编号及名称，以便查档。

第八条 保存期限。文件保存期限除政府有关法令或本企业其他规章特定者外，依下列规定办理：

1. 永久保存

（1）公司章程。

（2）股东名册。

（3）组织规程及办事细则。

（4）董事会及股东会记录。

（5）财务报表。

（6）政府机关核准文件。

（7）不动产所有权及其他债权凭证。

（8）工程设计图。

（9）其他经核定须永久保存的文书。

2. 保存10年

（1）预算、决算书类。

（2）会计凭证。

（3）企业计划资料。

（4）其他经核定须保存 10 年的文书。

3. 保存 5 年

（1）期满或解除之合约。

（2）其他经核定保存 5 年的文书。

4. 保存 1 年

结案后无长期保存必要者。

5. 其他各种规章由规章管理部门永久保存，使用部门视其有效期予以保存

第九条 档卷清理。

（1）档案管理人员应随时擦拭档案架，保持档案清洁，以防虫蛀腐蚀。每年更换时，依规定清理一次，已到保存期限者，给予销毁。销毁前应造册呈总经理核准，并于目录表附注栏内注明销毁日期。

（2）对于保管期限届满的文件，其中部分经核定仍有保存参考价值者，管档人员应将"收（发）文登记单"第五联附注在其保留文件上，并在第五联上注明其他部分销毁的日期。

第十条 调卷程序。

（1）各部门经办人员因业务需要需调阅档案时，应填写"调卷单"，经该部门主管核准后向管档人员调阅。

（2）档案管理人员接到"调卷单"，经核查后，取出该项档案，并于"调卷单"上填注借出日期，然后将档案交给调卷人员。"调卷单"按归还日期先后整理，以备催还。

（3）在档案室当场借阅者，免填"调卷单"。

（4）档案归还时，经档案管理人员核查无误后，档案即归入档夹。"调卷单"由档案管理人员留存备查。

第十一条 调卷管理。

（1）"调卷单"以一单一案为原则，借阅时间以一周为限，如有特殊情形需延长调阅期限时，应按调阅程序重新办理。

（2）调卷人员对于所调档案，不得抽、换、增、损，如有拆开必要时，亦须报明原因，请管档人员负责处理。

（3）调卷人员调阅档案，应于规定期限内归还，如有其他人员调阅同一档案时，应变更调卷登记，不得私自授受。

（4）调阅的档案应与经办业务有关，如调阅与经办业务无关之案件，应经文书管理部门主管同意。

▲人事档案保管制度

1. 目的

第一，保守档案机密。现代企业竞争中，信息是竞争的重要内容，而档案机密便是企业机密的一部分。对人事档案进行妥善保管，能有效地保守机密。

第二，维护人事档案材料完整，防止材料损坏，这是档案保管的主要任务。

第三，便于档案材料的使用。保管与利用是紧密相连的。科学有序的保管是高效利用档案材料的前提和保证。

2. 人事档案保管制度的基本内容

建立健全保管制度是对人事档案进行有效保管的关键。其基本内容大致包括五部分：材料归档制度、检查核对制度、转递制度、保卫保密制度及统计制度。

（1）材料归档制度。新形成的档案材料应及时归档，归档的大体程序是：首先，对材料进行鉴别，看其是否符合归档的要求；其次，按照材料的属性、内容，确定其归档的具体位置；再次，在目录上补登材料名称及相关内容；最后，将新材料放入档案。

（2）检查核对制度。检查与核对是保证人事档案完整、完全的重要手段。

检查的内容是多方面的，既包括对人事档案材料本身进行检查，如查看有无霉烂、虫蛀等，又包括对人事档案保管的环境进行检查，如查看库房门窗是否完好、有无其他存放错误等。

检查核对一般要定期进行。但在下列情况下，也要进行检查核对：

①突发事件之后，如被盗、遗失或水灾、火灾之后。

②对有些档案发生疑问之后，如不能确定某份材料是否丢失。

③发现某些损害之后，如发现材料发霉、虫蛀等。

（3）转递制度。转递制度是关于档案转移投递的制度。档案的转递一般是由工作调动等原因引起的，转递的大致程序如下：

①取出应转走的档案。

②在档案底账上注销。

③填写"转递人事档案材料通知单"。

④按发文要求包装、密封。在转递中应遵循保密原则，一般通过机要交通转递，不能交本人自带。另外，收档单位在收到档案、核对无误后，应在回执上签字盖章，及时退回。

（4）保卫保密制度。具体要求如下：

①对于较大的企业，一般要设专人负责档案的保管，应备齐必要的存档

设备。

②库房备有必要的防火、防潮器材。

③库房、档案柜保持清洁，不准存放无关物品。

④任何人不得擅自将人事档案材料带到公共场合。

⑤无关人员不得进入库房，严禁吸烟。

⑥离开时须关灯、关窗、锁门。

（5）统计制度。人事档案统计的内容主要有以下几项：

①人事档案的数量。

②人事档案材料收集补充情况。

③档案整理情况。

④档案保管情况。

⑤档案利用情况。

⑥库房设备情况。

⑦人事档案工作人员情况。

▲人事档案利用制度

1. 目的

第一，建立企业人事档案利用制度是为了高效、有序地利用档案材料。档案在利用过程中，应遵循一定的程序和手续，保证企业档案管理的秩序。

第二，建立企业人事档案利用制度也是为了给档案管理活动提供规章依据。工作人员必须按照这些制度行事，这是对企业工作人员的基本要求。

2. 企业人事档案利用的方式

（1）设立阅览室。阅览室一般设在人事档案库房内或靠近库房的地方，以便调卷和管理。这种方式具有许多优点，如便于查阅指导、便于监督、利于防止泄密和丢失等。这是人事档案利用的主要方式。

（2）借出使用。借出库房须满足一定的条件，比如，本机关领导需要查阅人事档案；公安、保卫部门因特殊需要必须借用人事档案等。借出的时间不宜过长，到期未还者应及时催还。

（3）出具证明材料。这也是人事档案部门的功能之一。出具的证明材料可以是人事档案部门按有关文件规定写出的有关情况的证明材料，也可以是人事档案材料的复制件。要求出具材料的原因一般是入党、入团、提升、招工、出国等。

3. 人事档案利用的手续

在通过以上方式利用人事档案时，必须符合一定的手续。这是维护人事档案完整安全的重要保证。

（1）查阅手续。正规的查阅手续包括以下内容：

①由申请查阅者写出查档报告，在报告中写明查阅的对象、目的、理由、查阅人的概况等情况。

②查阅单位（部门）盖章，负责人签字。

③由人事档案部门审核批准。人事档案部门对申请报告进行审核，若理由充分、手续齐全，则给予批准。

（2）外借手续。

①借档单位（部门）写出借档报告，内容与查档报告相似。

②借档单位（部门）盖章，负责人签字。

③人事档案部门对其进行审核、批准。

④进行借档登记。把借档的时间、材料名称、份数、理由等填清楚，并由借档人员签字。

⑤归还时，及时在外借登记上注销。

（3）出具证明材料的手续。单位、部门或个人需要由人事档案部门出具证明材料时，需履行以下手续：

①由有关单位（部门）开具介绍信，说明要求出具证明材料的理由，并加盖公章。

②人事档案部门按照有关规定，结合利用者的要求，提供证明材料。

③证明材料由人事档案部门有关领导审阅、加盖公章后，登记、发出。

▲公司档案管理规定

第一条　档案是指本公司过去和现在，在从事经营管理、科学技术、文化等活动中形成的对公司有保存价值的各种文字、图表、声像等历史记录。

第二条　遵循公司档案分类方法，采取年度问题分类法。有行政管理、经营管理、计划财务、人事劳资、法律工作、广告策划六大类。

第三条　案卷质量按国家标准执行。

第四条　每年的3月末前，行政管理部根据公司制订的归档范围将上一年度的文件归档，任何人不得将资料据为己有。

第五条　严格执行档案借阅制度。借阅档案者不准翻阅或抄写与查档无关的档案内容；不准对档案内容涂抹拆散；注意保守秘密；借阅档案必须及时归还。

第六条　失去保存价值的档案经由公司档案鉴定小组批准后方可销毁。销毁由两名以上档案管理人员共同进行。

第七条 按照规定使用集团内部单据，不得违规对单据进行涂改，填写单据不得字迹潦草或出现填写错误。部门设立专人对本部门单据进行管理，保证存放整齐有序、齐全完整，并按照有关规定进行归档。

▲ 档案管理准则

第一条 档案管理员每天都要对预存档的资料进行清理归档，以免资料堆积。要熟悉自己管理的档案，了解各部门的归档制度。

第二条 档案每年清理一次。档案管理员要准确地做好文件索引，以便查找。

第三条 归档要注意整洁。归档前要先把资料进行分类，再把材料按类别分组装入一个待办卷宗，以便归档时所有材料都能随手而得，避免盲目地查找。

第四条 立卷按永久、长期、短期分别组卷。卷内文件要把正文和底稿、文件和附件、请示和批复放在一起，卷内页号一律在右角，案卷目录打印 4 份，卷内目录打印 5 份。

第五条 案卷厚度一般在 1.5～2 厘米为宜。装订前要拆除金属物，做好文件材料的检查，如有破损或褪色的材料，应当进行修补和复制；装订部位过窄或有字迹的材料，要用纸加以衬边；纸面过大的书写材料，要按宗卷大小折叠整齐；对字迹难以辨认的材料，应当附上抄件，案卷标题要标明作者、内容或名称，文字要简练、确切，用毛笔或钢笔书写，字迹端正。

第六条 根据卷内文件之间的联系，还要进行系统排列、编组号、拟写案卷标题、填写案卷封面、确定保管期限、装订案卷排列、编制案卷目录等，档案目录主要由封面、卷宗说明、案卷目录、卷内目录组合而成。

第七条 案卷按年代、机构排列，永久与长、短期案卷分开保管，要编上顺序号及注明存放案卷年号与卷号。

第八条 注意做好保密工作，档案室的门、窗要坚固，并采取防盗、防火、防水、防潮、防尘、防鼠、防虫、防高温、防强光等措施。

第九条 每年对档案材料的数量、保管等情况进行一次检查，发现问题及时采取补救措施，确保档案的安全。

第十条 对于已失去作用的档案要进行销毁或用碎纸机进行处理。销毁档案材料要经过认真鉴定，确定销毁的档案材料必须列册登记，送领导审批后销毁。

第十一条 销毁档案材料时，必须指派专人监销，防止失密。

▲人事资料管理制度

（1）各种人事命令、通知公布一周后，连同该案核准凭证（申请单或签呈）合并归档。

（2）每月初依据人员异动记录簿编制"人事异动月报表"，呈核阅后，列入人事流动率检查依据。

（3）人事部门应于每月10日编制各主管名册，送守卫或总机备查（如未异动可具文报备）。

（4）员工若有需要"服务证明书"或"离职证明书"，可至人事部门说明申请理由，由经办人填写证明，转秘书室盖印。

（5）人事部门应备档案包括下列：

①人事异动案。

②人事奖惩案。

③人事考绩案。

④人事训练案。

⑤人事规章案。

⑥人事勤务案。

⑦人事报表案。

⑧福利案。

⑨文体活动案。

⑩涉外事件案。

⑪收发文登记簿。

▲员工工作业绩档案管理制度

（1）要建立工作业绩档案，对各段时期的工作要有评价和考核，对其主要表现记入档案。考核标准是依据岗位责任制中的职责范围等内容，考核工作可分配到各部门进行，最后由人事部汇总。

（2）建立员工工作业绩档案的目的是便于对员工正确全面地评价，对工作突出、成绩和贡献较大者要给予表扬、奖励、晋级等。对工作不踏实、消极怠工、屡屡出现差错者要进行批评、处罚、降级或撤职。

（3）员工工作业绩档案的内容，主要有以下几个部分：

①文件材料。主要文件包括员工人事调动表、劳动合同书、员工身份证、专业文凭、证书、待业证明等文件的复印件等。

②考评记录。主要是"员工工作表现评估表"。公司实行制度化的评估工作，对员工工作表现定期、定时进行考评。考评记录可比较全面地反映员工的工作概况，且有重要的查考作用。

③出勤记录。员工每月的考勤统计按年度汇总归纳，以专设的统计表格形式存入员工工作档案。员工出勤情况的记录是员工工作态度的侧面反映，体现了员工对企业的忠诚和对工作的责任感。

④奖惩记录。员工在日常工作中表现突出或违反纪律而受到各种奖励或处罚的记录，是对其工作能力、可信赖程度、工作责任心及工作态度的一种检验尺度，也是考察员工表现、使用与提拔员工的重要依据。

⑤职级变更。员工在工作中，由于工作表现及服务年限因素，其职务、级别与工资待遇等内容会有变动，这种变动也体现了员工工作能力、工作表现、贡献大小。因此，员工工作档案中对员工职级的变动记录是查考员工工作表现的客观依据。

（4）在员工工作档案中，还要搜集员工工伤情况记录、客人表扬或投诉员工的信件（复印件）等资料。这对于全面、有效地考查员工表现有重要作用。

▲ 员工人事档案管理规定

1. 人事档案的内容

员工人事档案是关于员工个人及有关方面历史情况的材料。其内容主要包括：

（1）记载和叙述员工本人经历、基本情况、成长历史及思想发展变化进程的履历、自传材料。

（2）员工以往工作或学习单位对员工本人优缺点进行的鉴别和评价，对其学历、专长、业务及有关能力的评定和考核材料。

（3）对员工的有关历史问题进行审查、甄别与复查的人事材料。

（4）记录关于员工在所工作或学习单位内加入党派组织的材料。

（5）记载员工违反组织纪律或触犯国家法律而受到处分及受到各级各类表彰、奖励的人事材料。

2. 人事档案保密规定

公司人事部对接收员工原单位转递来的人事档案材料内容，一概不得加以删除或销毁，并且必须严格保密，不得擅自向外扩散。

3. 员工个人情况变更规定

（1）员工进入公司后，由员工本人填写"员工登记表"，其内容包括员工姓名、性别、出生年月、民族、籍贯、政治面目、文化程度、婚姻状况、家庭住址、联系电话、家庭情况、个人兴趣爱好、学历、工作经历、特长及专业技能、奖惩记录等项目。

（2）项目内容如有变化，员工应以书面方式及时准确地向人事部报告，以便使员工个人档案内有关记录得以相应更正，确保人事部掌握正确无误的资料。

4. 员工人事档案的使用

员工人事档案为公司管理的决策部门提供各种人事方面的基本数据，并为人事统计分析提供资料。公司人事决策人员可以通过对有效数据的分析，了解公司人员结构的变动情况，为制订公司人力资源发展规划提供依据。公司要认真做好员工档案材料的收集、鉴别、整理、保管和利用，充分发挥员工档案材料的作用，为公司人力资源的规范化管理奠定扎实的基础。

▲员工培训档案管理办法

1. 员工培训档案的内容

（1）员工培训档案是对员工自进入公司工作开始所参与过的各种培训活动的详细记录。

（2）员工的培训记录内容包括：

①在职前训练中，该员工接受各种专业培训课程的课程名称、内容、时间、出勤记录，参加有关考试的试卷，培训员对该员工的培训评估以及员工参加职前训练后的总结报告等。

②在岗位培训中，员工参与的专业或外语的训练课程考勤记录、课程情况、考试成绩、评估表格、总结报告等。

③在工作期间，员工自费参加社会上举办的各类业余进修课程的成绩报告单与结业证书复印件等有关材料。

2. 员工培训档案的使用

（1）员工培训档案将与其工作档案一起被公司人事部作为对员工晋升、提级、加薪时的参考依据。

（2）员工的培训档案也是公司人事部发掘与调配人才的原始依据。

▲档案借阅管理制度

第一条 借阅档案（包括文件、资料）必须在档案借阅登记簿登记，秘密级以上的档案文件须经经理级领导批准后方能借阅。

第二条 案卷不许借出，只供在档案室查阅，未归档的文件及资料可借出。

第三条 借阅期限不得超过两星期，到期必须归还，如需再借应办理续借手续。

第四条 借阅档案的人员必须爱护档案，不得擅自涂改、勾画、剪裁、抽取、拆散、摘抄、翻印、复印、摄影，不得转借或损坏。否则，按违反《保密法》追究当事人责任。

第五条 借阅的档案交还时，必须当面点交清楚，如发现遗失或损坏，应立即报告领导。

第六条 外单位借阅档案，应持单位介绍信，并经总经理批准后方能借阅，但不能将档案带离档案室。

第七条 外单位摘抄卷内档案，应经总经理同意，对摘抄的材料要进行审查，并签章。

▲科技档案管理制度

第一章 总则

第一条 为了加强公司科技档案的管理工作，充分发挥科技档案在工业生产、基本建设、科学研究、技术革新等方面的作用，根据公司的实际情况，特制订本制度。

第二条 公司科技档案是生产、科学研究、基本建设、引进国外先进技术等活动的历史记录和真实反映，是科学资料储备的一种形式，是发展公司事业的重要条件及不可缺少的依据。各部、室必须将科技文件、资料、图纸的形成、积累、整理、归档以及修改补充等工作列入专业人员职责范围，在有关规章制度中做出明确规定，认真贯彻执行。

第二章 科技档案的管理制度

第三条 建立档案工作领导小组，由总经理负责，各中层管理人员为成员，实行档案网络化管理体制。增强各级管理人员做好档案工作的意识，使档案工作纳入总经理的经营目标内。

第四条　建立科技档案工作秩序，成立公司档案管理网络体系；落实各部、室专职或兼职档案管理人员，并进行一定的培训。

第五条　各部、室档案管理人员负责本部门科技档案的收集、整理、分类、立项、组卷，定期上交档案室，并要将之作为一项制度执行。对文件、技术资料的归档范围、保管期限、保密、利用等制订必要的规章制度，使之有章可循，做到规范化、标准化、条理化。

第六条　公司档案室对全公司的档案工作负有指导、检查、监督、把关的责任。基层各部门在生产活动中形成的各种科技资料；公司领导、技术专业人员出国考察、培训时的各种归档的技术资料，如不按时上交归档，公司档案室有权采取经济手段进行制裁。档案室不签字，不得做工程决算，财务部门也不予拨钱。

第七条　公司档案室行政管理由总经理办公室负责。

第八条　从事科技档案管理的人员，应具有较好的职业道德和大专以上文化程度，具有一定的专业知识，并保持相对稳定。档案管理人员享受专业技术人员待遇，按工程技术专业或档案专业技术职务聘任。

第九条　科技档案部门的基本任务。

（1）收集、整理、保管和统计本公司的全部科技档案。

（2）对所保管的科技档案做好分类、编目、编号、编制检索工具等工作，处理好保密与利用的关系，按规定履行借阅手续（原件不得外借，要求在阅览室查阅），积极有效地为科技人员提供方便。

（3）在相关部门的领导下，定期做好科技档案保存价值的鉴定工作。此项工作由技术管理人员、相关专业人员和科技档案人员共同进行。对失去保存价值的档案，要履行一定的手续予以销毁。

第三章　科技文件材料的形成和归档

第十条　各部门应建立健全科技文件的形成、积累、整理归档制度，做到每项工程、技术活动、引进项目等都要求完整、准确、系统地归档后保存。

第十一条　对每项基建工程、产品试制、科研、技术创新、引进项目等，进行鉴定验收。设备开箱时，应有档案人员参加。

第十二条　科技材料的归档范围。

（1）设备方面的图纸、文件资料，包括各种原理图、布线图、方框图、说明书及维护手册等。

（2）工程方面：与工程有关的请示、报告、批复文件、设计任务书、设计原始材料，包括选线、选地、勘测、业务预测、调查分析、申请用地、报建、城市规划部门的审批文件、红线图、与各方签订的合同、协议书、初步设计、工程概算、技术设计、工程预算、施工图、施工记录、隐蔽工程验收记录、质量检查资料、对外交涉联系的重要文件、竣工图、验收书、决算等。

（3）技术革新、科研及教学方面：上报审批文件、技术革新图纸及批文、专业教学计划、名单、报告、审批文件等。

第十三条 出国学习、考察和谈判人员回国后，应把外商或对方提交的各种资料主动交档案室归档，由档案室签字后，财务部门方可接受报账，否则不予报销费用。

第十四条 本制度自印发之日起实施。

▲ 档案明细表

保险库号		柜位号			拟存至日期					
公司	部门	文件名称内容	类别	入库日期			出库日期			收件人签收
				年	月	日	年	月	日	

▲ 档案内容登记簿

类号_____

案号	内　容	备　注

▲（机密）文件保管备查簿

类别_____　　　　　　　　　　　　　　　No._____

归档日期	原文件编号	内容摘要	经办部门	档　号	预定保存期限	份数		备注
						副本	影本	

▲作废档案焚毁清册

　　　　　　　　　　　　　　年　　月　　日　焚

档号	收文号	发文号	简　由	档案起讫年月

核准：_____　　　监焚：_____　　　焚毁执行人：_____

▲ 调卷单

_____年_____月_____日   No. _____

类别		调卷部门		调卷人	
文件内容摘要					
调阅用途					
调阅期限	自 年 月 日起至 年 月 日止计 日				
原收入编号		借出日期			
档号		归还日期	年 月 日		
备注		保管人签章			

核准：_____   主管：_____   调阅人：_____

▲ 阅档催还单

_____同志：

您所调阅的下列档案还期已逾，为方便他人使用和管理，请依档案调阅规则于____月____日前送还。

档案室
年 月 日

档号	文号	名称	借期	送还期	数量 宗 册		备 注

▲档案调阅单

档案名称或收发文号				
核批		调阅人	借出日期	年　月　日
档号及件数	共宗（件）	还卷日期	年　月　日(经手人签章)	

　　注：本单一式两联，第一联于案卷退还后由档案室退还调卷人，第二联留存档案室备查。

▲档案存放位置表

卷宗名称：		卷宗号：				
案卷目录号	案卷目录名称	目录中案卷起止号	存放位置			
			楼层	房间	档架（柜）	栏格

▲阅档催还单存根

借阅人：

| 档号 | 文号 | 名称 | 借期 | 原定还期 | 数量 | | 催单发出日期 |
					宗	册	

第二编

企业后勤服务管理制度

第一章 企业后勤、卫生管理制度

第一节 企业后勤综合管理制度

▲设备安全检查制度

（1）配合楼层对客房电器设备进行全面检查，包括床头箱及接线盒、门铃、灯具、衣柜灯及其开关、房间插座、插头等。

（2）每半年检查吊花灯和组合花灯等灯具和水晶玻璃物品等是否牢固可靠。

（3）餐厅、厨房电器设备，除分工包干责任制中规定由责任人每月进行维护保养外，每年由维修班安排两次安全检查，包括开关、插座、设备的接线是否坚固，接零保护线是否可靠，线路是否完整。

▲锅炉操作管理制度

（1）司炉长和全体司炉工都要对动力设备负责，在领班的指导下完成任务。

（2）严格执行"蒸汽锅炉安全监察规程"的有关规定和"锅炉房安全管理规则"的各项要求，确保锅炉安全运行。

（3）每班都要坚持巡回检查制度，了解设备的运行情况，在准时抄表填写运行记录的同时，监视水位、气压、油压、火焰、排烟温度、蒸汽管道等，根据各系统的设计和运行要求，对有关设备进行调节，并做好详细记录。

（4）按锅炉及其所属设备运行周期，做好年计划大修、中修、小修；每年锅炉年检后，要立即前往处理，必要时组织人力连夜抢修，不得延误。

（5）每班至少冲洗水位计及排污一次，并严格控制除氧器水温，发现水温不符合要求时要立即采取措施，检查维修。

（6）司炉人员要勤检查、勤调节，保持锅炉燃烧情况的稳定、煤渣含碳量不超过规定标准，并做好节能工作。

（7）巡查中发现不正常现象及故障先兆、安全隐患，要及时处理，如当时处理不了的，要在做好补救措施后，向主管汇报并做好记录。

▲空调操作管理制度

（1）上岗期间，全体空调工听从值班长的调度和工作指令，在领班的指导下完成任务，对动力设备负责。

（2）了解设备的运行情况，根据外界天气变化及时进行调节，确保系统正常运行，并做好运行记录。

（3）坚持巡检制度，每班都要定时对外界及各空调区域的温度、相对湿度进行监测。

（4）巡查中发现异常现象及故障要及时排除，如一时处理不了的，要在做好补救措施的同时上报主管。

（5）每班都要监视水温、水压、气压以及有无溢漏情况，如遇下雨或消防排水，要注意检查排水系统，以免水浸设备。

（6）按中央空调及其设备运行周期，定期做好计划大修、中修或小修；每年中央空调使用期过后，要进行必要的检修；接到报修任务后，要立即赴现场进行处理，必要时连夜抢修。

（7）值班人员必须掌握设备的技术状况，发现问题妥善处理，搞好中央空调系统和通风系统设备的日常保养和检修，并记好工作日记。

（8）中央空调运行人员要勤巡查、勤调节，保持中央空调温度的稳定，并做好节能工作。

▲配电室操作管理制度

（1）值班电工要树立高度的责任心，熟练掌握单位供电方式、状态、线路走向及所管辖设备的原理、技术性能和操作规程，并不断提高技术水平。

（2）严格保持各开关状态和模拟盘相一致，不经领导批准，值班人员不得随意更改设备和给线的运行方式。

（3）密切监视设备运行情况，定时巡视电器设备，并准确抄录各项数据，填好各类报表，确保电力系统正常运行。

（4）值班人员对来人、来电报修，要及时登记并立即赴现场修理，工作结束后，做好工时和材料的统计工作，并要求使用方签字。

（5）在气候突变的环境下，要加强对设备的特别巡逻，发生事故时，要保持冷静，按照操作规程及时排除故障，并按规则要求做好记录。

（6）值班人员违反工作规则或因失职影响营业或损坏设备，要追究当事人责任。

（7）任何闲杂人等不得进入配电室，更不得在配电室逗留；参观配电室或在配电室执行检修安装工作，须得到工程部负责人的批准，并要进行登记。

▲停电处理制度

（1）值班经理接到突然停电通知时，应立即赶赴现场，检查应急灯是否正常，查明停电原因。

（2）通知工程部维修，并通知大堂副经理与有关部门联络。

（3）检查电梯是否正常运作，检查有关设备是否破损。

（4）通知保安部做好维持现场的保安工作。

▲办理设备维修手续管理制度

（1）需要维修的设备，使用部门要填写报修单。

（2）报修单一式三联，报修部门、工程部、维修班组各一份。

（3）维修班组接到维修单后，根据报修内容和重要程度，填写开工日期和估计工时，并分派维修工人检修。

（4）班组在收到维修工人送回的报修单后，要核实耗用的材料和实用工时，并将报修单汇总后交工程部。

（5）工程部在接到各班组交回的第三联报修单后，应和第二联核销，存入员工完工档案，作为每月评奖的依据。

（6）维修工人在维修完工后，需经报修部门签字认可。

（7）核销报修单时，如发现缺漏，应追查原因。

（8）一时完不成的项目，应通知使用部门预计完成的具体时间。

▲设备事故处理制度

（1）设备一旦发生事故，影响到正常生活和活动时，必须马上启用备用应急设备，采取应急措施挽回损失和影响，并保护现场，及时上报。

（2）有关领导及有关人员要立即赴现场检查、分析、记录，及时做出处理。

（3）事故发生后，有关人员要将设备事故报告单送交有关领导批示后，由工程部和有关部门领导解决。

（4）对于事故责任者，要查明原因，根据规定，视情节轻重给予必要的经济处罚和行政处分；如果已触犯法律，则按国家法律程序处理。

（5）事故的善后处理要做到四不放过：

①事故原因不查清不放过。

②缺乏切实有效的防范措施不放过。

③缺乏常备不懈的应急弥补措施不放过。

④事故责任人和员工未受到教育不放过。

▲新增设备管理制度

（1）企业各部门需增置的设备经批准购买后，报工程部设备管理部门备案。

（2）经工程部进行可行性方面的技术咨询后，才可确定装修项目或增置电器及机械设备。

（3）各部门应设一名兼职设备管理员，协助工程部人员对设备进行管理，指导本部门设备使用者正确操作。

（4）设备项目确定或设备购进后，工程部负责组织施工安装，并负责施工安装的质量。

（5）施工安装由工程部及使用部门负责人验收合格后填写"设备验收登记单"方可使用。

▲转让和报废设备管理制度

（1）设备年久陈旧不适应工作需要或无再使用价值，使用部门申请报损、报废之前，工程部要进行技术鉴定和咨询。

（2）工程部指派专人对设备损坏情况、影响工作情况、使用年限、残值情况、更换新设备的价值及货源情况等进行鉴定与评估，填写意见书交使用部门。

（3）使用部门将"报废、报损申请单"附工程部意见书一并上报，按程序审批。

（4）申请批准后，交付采购部办理，新设备到位后，旧设备方可转让或报废。

（5）报废、报损旧设备由工程部负责按规定处理。

▲设备日常巡检制度

（1）当值人员与各系统技术人员根据系统的运转情况制订巡检内容、要求及巡检路线，并落实到具体人员。

（2）巡检人员严格按时间和巡检内容进行巡检，发现问题及时解决或上报处理。

（3）保证各系统的正常运行和重点设备正常运转。

（4）月终将填写的巡检记录表整理汇集报工程部主管，由档案管理人员收存，以备查证。

▲设备日常维修制度

（1）单位使用部门的设备发生故障，须填写"维修通知单"，经部门主管签字交工程部。

（2）工程部主管或当值人员接到维修通知，应随即在"日常维修工作记录簿"上登记接单时间，根据事故的轻重缓急及时安排有关人员处理，并在记录本中登记派工时间。

（3）维修工作完毕，主修人应在"维修通知单"中填写有关内容，经使用部门主管人员验收签字后，将通知单交回工程部。

（4）工程部在记录簿中登记维修完工时间，并及时将维修内容登记在维修卡片上，审核维修卡片中记载的用料数量，计算出用料金额填入维修通知单内。

（5）将处理好的维修通知单依次贴在登记簿的扉页上。

（6）紧急的设备维修由使用部门的主管用电话通知工程部，由当值人员先派人员维修，同时使用部门补交"维修通知单"，当值人员补填各项记录，其他程序均同。

（7）工程部在接单后两日内不能修复的，由当值主管负责在登记簿上注明原因，若影响生产，应采取特别措施尽快修理。

▲电梯维修制度

（1）巡检制：工作人员在接班后按规定时间和路线对电梯进行检查，内容包括机房、各梯内选、外呼、楼层指示灯、电梯乘搭舒适感、厅门、轿厢门、轿厢照明、轿厢装修、风扇以及巡视记录表中的所有项目。

（2）包干责任制：为了更有效地对电梯进行日常的维护保养，实行电梯的维护保养包干责任制，即将人员分成若干组，每组负责若干部电梯的日常维护保养，内容包括该电梯所属设施（整流器、控制屏、主机、轿厢及轿厢顶、导轨、厅门及门轨、井道及井道设施、井底等）。

（3）季度和年度安全检查制：除了日常对电梯进行巡检和实行包干责任制以外，还应进行季度和年度安全检查，按升降机试验记录逐项进行检查和试验，并做好试验的详细记录。

第二节　企业清洁卫生管理制度

▲卫生管理准则

第一条　公司为维护职员健康及工作场所环境卫生，特制订本准则。

第二条　凡公司卫生事宜，除另有规定外，皆依本准则实行。

第三条　公司卫生事宜，全体人员须一律遵行。

第四条　凡新进职员，必须了解清洁卫生的重要性与必要的卫生知识。

第五条　各工作场所内，均须保持整洁，不得堆放垃圾、污垢或碎屑。

第六条　各工作场所内的走道及阶梯，至少每日清扫一次，并采用适当方法减少灰尘的飞扬。

第七条　各工作场所内，严禁随地吐痰。

第八条　饮水必须清洁。

第九条　洗手间、更衣室及其他卫生设施，必须保持清洁。

第十条　排水沟应经常清除污秽，保持清洁畅通。

第十一条　凡可能寄生传染菌的原料，应于使用前适当消毒。

第十二条　凡可能产生有碍卫生的气体、灰尘、粉末，应进行如下处理：

（1）采用适当方法减少有害物质的产生。

（2）使用密闭器具以防止有害物质的散发。

（3）在产生此项有害物的最近处，按其性质分别做凝结、沉淀、吸引或排除等处置。

第十三条　凡处理有毒物体或高温物体的工作或从事有尘埃、粉末或有毒气体散布的工作，或暴露于有害光线中的工作等，需用防护服装或器具者，公司按其性质制备或购买相应的防护服装或器具。

从事以上工作的职员，对于本公司设备的防护服装或器具，必须妥善保管。

第十四条　各工作场所的窗户及照明器具的透光部分，均须保持清洁。

第十五条　凡阶梯、升降机上下处及机械危险部分，均须有适度的光线。

第十六条　各工作场所须保持适当的温度，并根据不同季节予以调节。

第十七条　各工作场所须保持空气流通。

第十八条　食堂及厨房的一切用具，均须保持清洁卫生。

第十九条　垃圾、废弃物、污物的清除，应符合卫生的要求，放置于指定的范围内。

第二十条　公司应设置常用药品并存放于小箱或小橱内，以方便职员取用。

第二十一条　本准则经总经理核准后施行，修改时亦同。

▲公共区域清洁管理规定

第一条　公司公共区域的环境卫生是指走廊、电梯间、楼层服务台、工作间、消毒间、楼梯等的清洁卫生。

第二条　走廊工作包括走廊地毯、走廊地面和走廊两侧的防火器材、报警器等的卫生工作。

第三条　电梯间是客人等候电梯的场所，也是客人接触楼面的第一场所，必须保持清洁、明亮。

第四条　楼层服务台卫生是一个楼层各种工作好坏的外在表现，必须保持服务台面的整洁，整理好各种用具，并保持整个服务台周围的清洁整齐。

第五条　工作间是物品存放的地方，各种物品要分类摆放，保持整齐、安全。

第六条　防火楼梯要保持畅通且干净。

第七条　消毒间是楼层服务员刷洗各种玻璃和器皿的地方，这里的卫生工作包括地面卫生、箱橱卫生和池内外卫生以及热水器的擦拭等。

第八条　公司清洁地面的工作职责，包括扫地、拖地、擦抹墙脚、清洁卫生死角等方面。

第九条　清洁浴室包括擦洗地面和墙身（特别是砖缝位置），清洁门、墙和洗手池。

第十条　清洁职员洗手间。

第十一条　清洁衣柜的柜顶、柜身。

第十二条　清洁室内卫生。

第十三条　如拾到职员物品，及时登记并上交保安部。

▲卫生间清洁管理规定

第一条　清洁工作应自上而下进行。

第二条　冲洗水中要放入一定量的清洁剂。

第三条　随时清除垃圾杂物。

第四条　用除渍剂清洁地胶垫和下水道口，清洁缸圈上的污垢和渍垢。

第五条　保持镜面的清洁。

第六条　用清水洗净水箱，并用专用的抹布擦干。

第七条　清洁脸盆和化妆台，如有物品放在化妆台上，应小心移开，台面擦净后仍将其复位。

第八条　用海绵块蘸少许中性清洁剂，擦除脸盆镀锌件上的皂垢、水斑，并随即用干抹布擦亮。

第九条　若浴缸里用了橡胶防滑垫，则视其脏污程度用相应浓度清洁剂清洗并用清水洗净，然后可用一块大浴巾裹住垫子卷干。

第十条　用海绵蘸上中性清洁剂清洁洗浴帘内侧，特别要注意洗浴帘下沿、两面都要清洁干净。

第十一条　抹净浴帘杆、晾衣绳等。

第十二条　拿出浴缸里的脚垫巾，站在浴缸外侧清洁水暖器件和墙面、浴缸里面。

第十三条　清洁并擦干净墙面与浴缸接缝处，防止发霉。

第十四条　清洁浴缸外侧。

第十五条　用中性清洁剂清洁座面水箱、座沿盖子及外侧底座等。

第十六条　用座侧刷清洗内侧并用清水冲净，确保座面四周清洁无污物。

第十七条　将防滑垫卷起，竖放在浴缸内沿一侧。

第十八条　更换用过的毛巾，补充日用品，并在工作报表上注明品种与数量。

第十九条　清洁洗脸盆下面的水管。

第二十条　从里往外边退边抹净地面。

第二十一条　将至门口时，转身清洁卫生间门背后，然后再退至门外将地面抹净。

第二十二条　工作无误后即关灯并将门锁上，将待修项目记下来并上报。

▲办公环境管理规定

第一条　办公环境是公司职员进行日常工作的区域，办公区内办公桌及文件柜由使用人负责日常的卫生清理和管理工作，其他区域由保洁人员负责打扫，行政管理部负责检查监督办公区环境卫生。

第二条　办公区域内的办公家具及有关设备不得私自挪动，办公家具确因工作需要挪动时必须经行政管理部的同意，并进行统筹安排。

第三条　办公区域内应保持安静，不得喧哗，不准在办公区域内吸烟和就餐；办公区域内不得摆放杂物。

第四条　非公司人员进入办公区，需由秘书引见，并通知相关人员前来迎接。

第五条　行政管理部负责组织相关人员在每周五对办公区域的卫生和秩序进行检查，并于下周一例会上公布检查结果。检查结果作为部门绩效考核的参考因素之一。

▲树木花卉管理制度

单位的树木花卉管理主要是抓好三件事：

（1）科学施肥。施肥时间宜在二月、三月。

（2）合理浇水。树木叶面水分蒸发量大，尤其是夏季。因此必须进行人工浇水。水质以河、湖水最好。浇水宜在早、晚，浇灌时要注意不让树木生长处或树穴中积水，以免根系窒息而死亡。

（3）松土除草。杂草与树木争夺养分，而且影响环境美观，在松土时应将杂草除掉，这有利于消灭虫蛹，防止病虫灾害。

▲草地保养管理规定

第一条 公司园艺师要每月用旋刀剪草地一次，每季度施肥一次。

第二条 春、夏季的草地每周剪两次，长度一般控制在20毫米，当月培土一次，隔月疏草一次，隔周施水、肥一次，隔周施绿宝一次。

第三条 割草前应检查机具是否正常，刀具是否锋利。滚筒剪每半月磨刀一次，每季度将折底刀打磨一次，圆盘剪每次剪草须磨三把，每剪15分钟换刀一把。

第四条 草地修剪应交替采用横、竖、转方法，防止转弯位置局部草地受损过大，割、剪草时行间迭合在40%～50%，防止漏割。

第五条 避免漏油于草地，造成块状死草，注意启动机器，停止时避免机身倾斜，防止草地起饼状黄印，注意勿剪断电动机拖线，避免发生事故。

第六条 工作完毕后，要清扫草地，并做好清洗机具和抹油等保养工作。

▲盆景保管规定

第一条 本公司所有石山盆景逐一挂铁牌、编号，并拍照入册，做到盆景、名称、编号牌、照片对号存档，确保妥善管理。

第二条 新坛（新制作上盆）盆景及时编号拍照入册，出现损失后及时报告，存档备查（并应有管理者、领班、经理共同签名确认）。

第三条 室内换盆景，每次出入应登记编号，并注明摆放起止时间、地点及生长状态。

第四条 所有盆景每年应全面盘点，由主管、领班及保管者盘点后共同签名交部门存档备案。

▲上班清洁自查表

工 作 项 目	周日	周一	周二	周三	周四	周五	周六
1. 擦拭室内玻璃及镜面							
2. 擦拭灯罩内、外侧							
3. 擦拭画框及镜面							
4. 整理废纸箱及前、后镜							
5. 保养花木、浇水、擦叶及剪黄叶							
6. 擦拭花盆及盆座							
7. 擦拭铜条							
8. 擦拭所有木制家具							
9. 清洁大门口、楼梯、地毯及人行道							
10. 清洁沙发、墙缝或窗缝的垃圾							
11. 扫地、拖地及清理垃圾							
当班经理签名/日期							

▲卫生区域计划表

部　门	区　域				
	仓库	走道	空地	厂外环境	水沟
清洁说明					

第二章 企业安全、消防、车辆管理制度

第一节 企业安全保卫管理制度

▲安全综合管理制度

第一章 总则

第一条 为了加强本公司的安全防范工作，保护企业财产安全和职员生命安全，保障各项工作顺利进行，特制订本制度。

第二条 本公司以"生产必须安全，安全为了生产"为方针，全方位实施安全管理。

第二章 影响安全的因素

第三条 领导者的责任（略）。

第四条 生产过程中的不安全因素，如：

（1）生产设备、仪器的防护、保险及信号等装置缺乏或不良。

（2）设备、仪器、工具及附件或材料等有缺陷；车间或班组无总电源、总气阀。

（3）生产工艺本身缺乏充分的安全保障，工艺规程有缺陷。

（4）生产组织和劳动组织不合理。

（5）个人劳动保护用品缺乏或不良。

（6）事故隐患未暴露或还未被发现等。

第五条 工作环境的不安全因素。

（1）工作地通道不好，材料、半成品、成品混堆，工作场所过分拥挤或布置不当，地面不平，有障碍物存在或地面过滑。

（2）厂房或车间的平面或立体布置不合理，未提供紧急出口或出口不足。

（3）工作地光线不足或光线太强，可能由视觉失误引起动作失措。

（4）工作地有超标准噪声，引起职员情绪烦躁，无法安心工作；温度、湿度、空气清洁度不符合标准。

（5）有毒、有害物品在班组超定额存放或保管不当，无急救或保险措施。

（6）厂房年久失修、厂区污染严重等。

第六条　个人的责任。

（1）未很好地学习操作方法、技巧和规程，未按规程操作或工作技术不熟练。

（2）未使用劳动保护用品或使用不适当。

（3）生产时注意力不集中或情绪不稳定。

（4）工作责任心不强，自由散漫，工作时闲谈或不认真。

（5）不遵守劳动纪律，工作时打闹、嬉戏。

（6）没有注意劳逸结合，过度疲劳，长期加班，精力不集中。

（7）工作中互相配合不好。

（8）不执行岗位责任制，串岗、漏岗。

第三章　安全教育

第七条　安全生产教育的内容。

（1）思想教育。主要是正面宣传安全生产的重要性，选取典型事故进行分析，从事故的政治影响、经济损失、个人受害等几个方面的后果进行教育。

（2）法规教育。主要是学习上级有关文件、条例，本企业已有的具体规定、制度和纪律条文。

（3）安全技术教育，包括生产技术、一般安全技术的教育和专业安全技术的训练。其内容主要是本厂安全技术知识、工业卫生知识和消防知识；本班组动力特点、危险地点和设备安全防护注意事项；电气安全技术和触电预防；急救知识；高温、粉尘、有毒、有害作业的防护；职业病原因和预防知识；运输安全知识；保健仪器、防护用品的发放、管理和正确使用知识等。

专业安全技术训练是指对锅炉等受压容器，电、气焊接及易燃易爆、化工有毒有害、微波及射线辐射等特殊工种进行的专门安全知识、技能的训练。

第八条　安全生产教育的主要形式和方法。安全生产教育的主要形式有"三级教育"、"特殊工种教育"和"经常性的安全宣传教育"等。

（1）三级教育。在工业企业所有伤亡事故中，由于新工人缺乏安全知识而产生的事故发生率占50％左右，所以对新工人、来厂实习人员和调动工作的工人，要实行厂级、车间、班组三级教育。其中，班组安全教育包括：介绍本班安全生产情况、生产工作性质和职责范围、各种防护及保险装置作用、容易发生事故的设备和操作注意事项。

（2）特殊工种教育。针对工种工作的特殊性及容易涉及的安全问题，进行有针对性、预防性的教育。

（3）经常性的安全宣传教育。可以结合本企业本班组具体情况，采取多种形式（如安全活动日、班前班后会、安全交底会、事故现场会、班组园地或墙报等方式）进行宣传。

第四章 安全技术知识

第九条 防爆的知识。

（1）防止爆炸性混合物。加强管理，消灭跑、冒、滴、漏，避免可燃气体漏入空气而达到爆炸限度。

（2）防止产生火花。防爆区的电动机、照明应采用防爆型；避免因接触不良、绝缘不良、超负荷或过热而产生火花或着火；正确铺设避雷装置；抢修照明采用安全灯；避免机械性撞击。

（3）防止产生静电。工作人员要穿棉布工作服，不得穿易产生静电的化纤工作服和塑料底鞋。

（4）严格遵守防火制度。严禁在生产区吸烟，严禁明火取暖和焚烧可燃物，严禁在防爆区内装设电热设备。

（5）配备安全装置。如装报警器，在压力容器上安装安全阀，有些设备和管道上可安装防爆板。安全装置要按规定维护、核对，使之处于良好状态。

第十条 防火的知识。

（1）加强各种可燃物质的管理。大宗燃料应按品种堆放，不得混入硫化物和其他杂质；对酒精、丙酮、油类、甲醇、油漆等易燃物质要妥善保存，不得靠近火源。

（2）采取防火技术措施。设计建筑物和选用设备应采用阻燃或不燃材料；油库和油缸周围应设置防火墙等。

（3）配备消防设施。厂区要按规定配备消火栓、消防水源、消防车等。生产车间应配备必须消防用具，如沙箱、干粉、二氧化碳灭火器或泡沫灭火器等，要经常检查、定期更换，使之处于良好状态。

（4）开展群众性消防活动。既要组织专业消防队，也要建立群众性防火灭火义务消防队伍，并通过学习和实地演习，提高灭火技能。

第十一条　预防触电的知识。防触电的主要措施是加强管理、严禁违章作业。

（1）各类电气设备，包括电焊机、照明、家用电器等的选用和安装要符合安全技术规定，保证设备的保护性接地或保护性接零良好。

（2）电气设备要定期检修，并做好检修记录；及时更换老化或裸露的电线，及时拆除临时和废弃线路等；待接线头要包扎绝缘。

（3）健全电气设备安全操作规章和责任制度，严禁违章作业，严禁非专业人员擅自操作或修理电器设备。

（4）对电气设备进行修理作业，要拉断电源和穿戴绝缘衣物。

（5）组织职工训练，掌握对触电者的急救措施和技术。

第五章　事故处理

第十二条　事故处理包括事故发生后的紧急处理、报告有关部门、进行调查分析和统计、采取措施及处分有关单位和人员等一系列工作。

第十三条　职工伤亡的范围。职工伤亡事故的性质，按与生产的关系程度分为因公伤亡和非因公伤亡两类，其中属于因公伤亡的事故包括：

（1）职工在工作和生产过程中的伤亡。

（2）职工为了工作和生产而发生的伤亡。

（3）由于设备和劳动条件不良引起的伤亡（含不在工作岗位）。

（4）在厂区内因运输工具造成的伤亡。

（5）在生产区域外因完成领导交给的任务，或在其工作地点、工作时间发生的伤亡等。

这些因公伤亡事故范围，只涉及统计分析问题，不作为劳动保险的依据。

第十四条　伤亡事故的分类。根据负伤程度的不同，分为轻伤事故、重伤事故、死亡事故和多人伤亡事故四种。

（1）轻伤事故：受伤后歇工一天的事故。

（2）重伤事故：受伤后要经较长时间医治、受伤致残、造成有后遗症的事故。

（3）死亡事故：事故发生当时死亡或抢救和较长时间医治无效死亡的事故。

（4）多人伤亡事故：指同时伤亡三人及三人以上的事故。

第十五条　事故发生后的紧急处理。事故往往具有突然性，因此在事故发生后要保持头脑清醒，切勿惊慌失措、处理失当，一般按如下顺序处理：

（1）首先切断有关动力来源，如气源、电源、火源、水源等。

（2）救出受伤、死亡人员，对重伤员进行急救包扎。

（3）大致估计事故的原因及影响范围。

（4）及时报告和呼唤援助的同时抢移易燃易爆、剧毒等物品，防止事故扩大和减少损失。

（5）采取灭火、堵水、导流、防爆、降温等措施，使事故尽快终止。

（6）事故被终止后，要保护好现场。

第十六条 事故的调查、分析和处理。对伤亡事故进行调查分析和处理的基本目的是：找出原因，查明责任，采取措施，消除隐患，吸取教训，改进工作。

班组的责任是协助有关部门或人员，做好调查分析和处理工作。

第六章 安全检查

第十七条 安全检查的内容：

（1）查有无进行安全教育。

（2）查安全操作规程是否公开张挂或放置。

（3）查在布置生产任务时有无布置安全工作。

（4）查安全防护、保险、报警、急救装置或器材是否完备。

（5）查个人劳动防护用品是否齐备及正确使用。

（6）查工作衔接配合是否合理。

（7）查事故隐患是否存在。

（8）查安全计划措施是否落实和实施。

第十八条 安全检查的形式。安全检查的方法有经常性检查（如班组月查、周查、日查和抽查等）和专业性检查（如防寒保暖、防暑降温、防火防爆、制度规章、防护装置、电器保安等专业检查），还有节假日前的例行检查和安全月、安全日的群众性大检查。

另外，教育班组成员养成时时重视安全、经常进行自我安全检查的习惯，是实现安全生产、防止事故发生的最重要方式。

第十九条 自我安全检查要点。

（1）检查工作区域的安全性：注意周围环境卫生、工序通道畅通、梯架台稳固、地面和工作台面平整。

（2）检查使用材料的安全性：注意堆放或储藏方式，装卸地方大小，材料有无断裂、毛刺、毒性、污染或特殊要求，运输、起吊、搬运手段、信号装置是否清晰等情况。

（3）检查工具的安全性：注意是否齐全、清洁，有无损坏，有何特殊使用规定、操作方法等。

（4）检查设备的安全性：注意防护、保险、报警装置及控制机构的完好情况。

（5）检查其他防护的安全性：通风、防暑降温、保暖情况，防护用品是否齐备和正确使用，衣服鞋袜及头发是否合适，有无消防和急救物品等。

▲安全保卫管理制度

第一条　安全保卫工作特指公司办公区域内的防盗、防火及其他保护公司利益的工作。

第二条　行政管理部负责公司办公区域的安全保卫工作，办公时间（上午8：30～下午17：30）由秘书负责安全保卫工作，非办公时间（17：30～次日8：30及节假日）由行政管理部指定专人负责办公区域的安全保卫工作。

第三条　公司实施门禁管理系统，非办公时间职员应使用门禁卡进入办公区域。职员应妥善保管门禁卡，如门禁卡丢失要照价赔偿。

第四条　公司实施节假日值班制度，由行政管理部负责每月的值班安排和监督工作，值班人员必须按时到岗，并认真履行值班职责，检查各部门对各项安全制度、安全操作规程是否落实。

第五条　行政管理部夜间值班人员负责每日的开门和锁门，每日晚上值班人员在锁门前必须认真检查办公区域内的门窗是否锁好，电源是否切断，保证无任何安全隐患。

第六条　办公区域内的门锁钥匙由行政管理部专人负责保管，并每日早晚按时将办公室的门打开、锁好，一般职员不得随意配置门锁钥匙；财务部门的钥匙由本部门保管。

第七条　公司职员应妥善保管印章、钱款、贵重物品、重要文件等，下班前将抽屉及文件柜锁好，切断电源后方可离开。

第八条　公司行政管理部负责组织有关人员不定期地对公司办公环境的安全实施监督检查。如有安全隐患，相应部门要及时整改。

第九条　公司所属办公区域的门锁钥匙，启用前应在信息管理中心行政管理部备份一套，行政管理部须妥善保管，以备急需时使用。

第十条　公司物品运出办公区域须填写"出门证"，经有关领导批准后方可搬离。

▲安全保卫防范工作规定

第一条 安全保卫承包责任制要以各部门、室、各分公司为单位全面实行。各分公司要落实到班组，责任到人，签订承包合同，明确职责，落实奖惩。

第二条 各通信要害部门一律安排警卫人员守卫，并认真贯彻落实《通信要害管理规定》。

第三条 落实大厦及部门值班巡逻措施。存放现金在十万元以上的库房，要由两个或两个以上专职人员同时值守。

第四条 重点部位一律实行"四铁两器"。重点部位是指生产要害部位，包括机房、电脑机房、营业厅、财务部、存放一万元以上现款的部位、存放秘密文件的档案室、存放贵重物品及其他应该切实保障安全的部位。

"四铁两器"是指铁门、铁窗、营业柜台护栏、保险柜及灭火器、报警器（包括营业厅防抢报警铃）。

第五条 落实现金提送的有关规定。现金在一万元以上且运送距离在 500 米以上的，要用机动车提送；在一万元以上但距离在 500 米以下，或一万元以下的提送款，须两人以上同行押送。

第六条 存放现金在十万元以上的，要设立具备较高防火、防爆、防盗、防抢性能的金库，并要落实安全管理制度与措施。

▲保安工作管理制度

第一条 仪容仪表。

（1）保卫、消防人员上岗前不得饮酒，上岗时间要求穿制服，佩戴内部治安执勤证、武装带、警号等。

（2）保安、消防人员上岗时间要集中注意力，保持举止端庄，处理问题时要认真分析、果断、公平。

（3）保安、消防人员不准留长头发、胡子、长指甲，违者将给予通报批评，限期改正。

第二条 执勤部分。

（1）消防中心不准打与业务无关的电话，非保安人员不得进入消防中心，任何人不准在消防中心会客或聊天。

（2）遇到报警时，消防值班人员应沉着、冷静、准确地向有关部门或值班主管报告。值班人员不准错报，不准随便离开控制室，擅自离岗者，按失职论处。

（3）值班人员必须经常打扫卫生，保持值班室干净、整齐，各类控制台（如报警器、水泵控制台）无灰尘。

第三条 大堂部分。

（1）大堂值班员必须在指定时间内坚守岗位。不得乱串、闲谈，妨碍他人工作。如因离岗引发事故、造成公司财产损失而又未抓到肇事者，视情节轻重给予值班员扣除当月奖金或除名处罚。

（2）值班人员用餐时必须有人替岗，不得空岗用餐；一旦发现异常情况，应迅速赶赴现场，同时应及时向值班领导汇报。对遇到异常情况不妥善处理又不及时汇报者，视其情节轻重和影响大小给予必要的处分。

第四条 外勤部分。

（1）保障消防通道和停车场所畅通，机动车、自行车的停放要整齐有序，如因乱停放而造成塞车，追究值班人的责任。

（2）外勤值班员必须按规定经常巡视重点位置（如配电房、锅炉房、发电机房、空调房、地下水泵等），发现可疑的人要查问清楚，防止发生意外事故。

第五条 考勤处理方法。

（1）迟到、早退 10 分钟内给予警告处分，超过 30 分钟以上算旷工半天，旷工一天扣当月奖金的 50%。

（2）请事假一天必须由领班批准；请假一天以上由部门主管批假。

（3）病假必须有指定医院的医生开具的证明，方可病休。

（4）旷工一天扣两天薪金；旷工两天以上者，呈报总经理室给予行政处分。

（5）工作时间严禁会客、做私事及其他与工作无关的事，发现一次扣除当月奖金，造成工作失误者根据情节轻重给予处罚。

（6）按时交接班；交接班时要详细填写值班笔记，领班每天须详细检查记录情况，发现问题要及时汇报。

（7）严格遵守保密制度，不许泄露保安部人员编制等资料。

▲值班管理制度

第一条 为加强对公司值班工作的管理，特制订本制度。

第二条 本公司职员值班，其时间规定如下：

（1）自星期一至星期六每日下午下班时起至次日上午上班时间止。

（2）节假日：日班上午 8：00 ~ 下午 5：00（可随办公时间的变更而变更）。

夜班下午5：00～次日上午8：00。

第三条　职员值班安排表由各部门编排，于上月底公布并通知值班人员按时值班，并应置值日牌，写明值班职员的姓名，悬挂于明显的地方。

第四条　值班职员应按照规定时间在指定场所连续执行任务，不得中途停歇或随意外出，并须在本公司或工厂内所指定的地方食宿。

第五条　值班职员遇有事情发生，可先行处理，事后报告。如遇其职权不能处理的，应立即通报并请示主管领导办理。

第六条　值班职员收到电文后，应分别依下列方式处理：

（1）属于职权范围内的可立即处理。

（2）非职权所及，视其性质应立即联系有关部门负责人处理。

（3）密件或限时信件应立即原封保管，于上班时呈送有关领导。

第七条　值班职员应将值班时所处理的事项填写在报告表上，于交班后送主管领导专门检查。

第八条　值班职员如遇紧急事件处理得当，使公司减少损失者，公司视其情节给予嘉奖。

第九条　值班职员在值班时间内，擅离职守应给予记大过处分，因情节严重造成损失者，从重论处。

第十条　值班员因病和其他原因不能值班的，应先行请假或请其他职员代理。出差时亦同，代理者应负一切责任。

第十一条　值班职员领取值班津贴，其标准另订。

▲保安员交接班规定

保安员交接班，应遵循下列规定：

（1）按时交接班，接班人员应提前10分钟到达岗位，如接班人员有特殊情况未到达前，当班人员不准离开岗位。

（2）接班人员要详细了解上一班的执勤情况和当班应注意的事项。

（3）交班人员应将当班时发现的情况、发生的问题、处理情况及注意事项向接班人员交代清楚。

（4）当班人员发现的情况要及时处理，不能移交给下一班的事情要继续在岗处理完毕，接班人应协助完成。

（5）接班人员应注意检查岗位范围内的物品、设施和器械装备等，发现异常情况应立即报告，必要时双方签名作证。

（6）交班人员应负责清理值班场地卫生。

▲保安员的职责及纪律规定

1. 保安员的职责

（1）有权制止一切违法犯罪行为。对现行违法犯罪分子有抓获并扭送公安机关的责任，但没有权力实施拘留、关押、搜查、审讯或没收财物、罚款等行为。

（2）对发生在所辖区的刑事案件或治安案件，有权保护现场、保护证据、维护秩序、提供情况，但无勘查现场的权力。

（3）在防范和打击犯罪活动时，保安员可以配备和使用非杀伤性防卫械具。

（4）对违反治安管理条例行为的人，保安员有权劝阻、制止和批评教育，但没有罚款、裁决等处罚的权力。

（5）对违法分子不服制止甚至行凶、报复的行为，保安员可进行正当防卫。

（6）对携带和运送可疑物品，身带匕首、三棱刀等管制刀具和自制火药枪及其他形迹可疑的人员有权进行盘查、监视、报请当地公安机关处理，但无权侦察、扣押、搜查。

（7）按规定有权对出入管辖区的人员、车辆及所携带、运载的物品进行验证、检查。

（8）按照规定，有权制止未经许可的人员、车辆进入管辖区内。

2. 保安员必须遵守下列的纪律规定

（1）遵守国家法律法规。

（2）遵守《保安员仪容仪表规定》，做到精神饱满、文明执勤。

（3）执行《公司文明礼貌用语规定》，讲文明，有礼貌。

（4）严格遵守保安员《上岗制度》、《考勤制度》、《交接班制度》。

（5）严格遵守《警械的使用规定》、《保安管理条例》。

（6）禁止利用工作之便敲诈勒索、收受贿赂。

▲安全考核与奖惩制度

（1）企业安全保卫工作由治安消防委员会进行监督考核，实施奖惩。发生安全事故由安委会承担领导责任，主管经理、安全保卫部部长承担主要领导责任。

（2）企业各部门的安全保卫工作由安全保卫部负责考核。

（3）要认真贯彻各项安全保卫制度，全年实现无火警火灾、无各类案件、无职工违法犯罪、无民事纠纷；全年坚持开展普法教育、坚持检查记录和坚持法制宣传教育。

（4）凡认真贯彻执行企业各项安全保卫制度，符合下列条件之一的，给予表彰、奖励或记功晋级。

①及时发现、防止各类案件和治安灾害事故发生或在抢险救灾中有立功表现者。

②一贯忠于职守，热爱治安消防工作，并做出一定贡献者。

③检举、揭发、制止违法犯罪活动，提供重要线索，协助侦破案件有功或抓获违法犯罪分子者。

（5）凡违反企业规章制度，发现下列行为者给予单位或当事人经济处罚，个人500元，单位罚金1000～5000元，触犯刑律的移交司法部门，追究刑事责任。

①重点要害部位发现安全隐患，经单位安全保卫部指出而不整改的。

②重点要害部位未指定责任人，或责任人未与安全保卫部签订责任书的（追究双方责任）。

③重点要害部位没有具体安全措施的。

④在场内禁火区或防火重点部位及非吸烟区吸烟，在吸烟区将烟头、火柴杆、烟灰扔在地上的。

⑤未经批准，违章明火作业者。

⑥占用消火栓，损坏、挪用消防器材，在消防通道上堆放物品，经通知不及时清除的。

⑦所在部门发生火险、火灾或其他治安灾害事故的。

⑧违反单位现金管理制度，凡查出现金未进保险柜或保险柜未锁的。

⑨职工违法受到公安机关行政拘留、治安裁决的。

⑩参与赌博者。

⑪凡知情不举，包庇违法犯罪分子，对发生的案件和治安灾害事故隐瞒不报的。

⑫治安消防干部不能尽职尽责的。

⑬不支持安全检查，不填写检查记录的。

▲保安员入职培训主要内容

保安员入职培训是指对新招聘的保安员进行上岗前基本的岗位知识和操作技

能的培训。具体培训内容包括以下几个方面。

1. 应掌握的内容

（1）保安员守则、门卫制度。

（2）治安管理处罚条例。

（3）警具的配备、使用和保管规定。

（4）对讲机的使用、管理规定。

（5）装修期间防火、治安、卫生管理规定。

（6）服务规范用语。

（7）发生火灾等紧急情况的处理办法。

2. 应知道的内容

（1）公司的基本情况，如公司的发展史、组织机构、规章制度。

（2）所在大厦的基本情况，如大厦的构造、布局、功能及监控、消防等情况。

（3）用户守则及各种管理规定的主要内容。

（4）治安、消防、急救的电话号码。

▲出入厂区管理规定

第一条　为加强本公司安全保卫工作，使出入厂区管理规范化，特制订本规定。

第二条　职员。

（1）职员进厂须佩带识别证。

（2）职员未佩带识别证时，守卫人员查明其身份并履行登记手续后方可进入。

（3）迟到、早退或请假者，须打出勤或退勤卡进出。

（4）职员进入厂区限在上班时间内，节假日或下班后禁止职员进入厂区。

（5）因公加班需在休息时间进入厂区者，应提供单位主管签署的证明材料。

（6）职员夜间加班或节假日加班时，出入亦须遵守以上规定。

（7）职员陪同亲友进入厂内时，须办理入厂登记手续。

（8）本公司或协作企业职员进入本厂时，亦须办理入厂登记手续。

第三条　来宾。

（1）凡来宾访客（包括协作企业人员、本公司其他单位人员、职员亲友等）进入厂内时，一律在传达室办理来宾出入登记手续，抵押身份证或其他证明文件，并说明来访事由，经征得受访人员同意及填写"会客登记单"后，领取

"来宾识别证",持"会客登记单"第二联进入厂内,并依下列规定使用:

①"来宾识别证"应佩挂于胸前,受访者需在"会客登记单"上签字;来宾须将"来宾识别证"及"入厂登记单"交还给传达室查对后,方可退回其证件。

②团体来宾参观时,须由有关单位人员陪同方可进入。

(2)来宾来访,除特殊业务需要准许其进入厂内外,其余均须在会客室晤谈,不准进入厂内。

(3)本公司其他单位人员,因业务原因需进出厂区时,除科长级以上主管外,一律先履行登记手续。

(4)不得在上班时间内会客,职员亲友私事来访于会客室内等候,在下班后会见,特殊情况须经科长核准方能会见。

(5)协作企业人员出入厂区频繁者,由有关单位申请办理识别证,凭识别证出入大门。没有识别证者必须办理登记方可进入。

(6)来宾出入厂区时,保卫人员须检查其随身携带的物品,严禁携带危险物品进入。

(7)严禁外界推销人员或小贩进入厂内。

第四条　车辆。

(1)机动车驶进工厂后,应整齐停放在停车场。

(2)运送货品的机动车辆可慢行进入厂区卸货,须载物品出厂者亦同。

(3)车辆进入时,需接受检查及办理入厂手续,停靠在指定位置。

(4)车辆出厂时,不论外单位公务人员或职员车辆均需停车接受检查,若载有物品时,须凭"物品放行单"放行。没有"物品放行单",不得载运任何物品出厂(含私人物品)(详见"物品"部分)。

(5)本厂车辆出厂时,须凭"派车单"放行。

(6)保卫人员每天将"派车单"送厂务科备查。

第五条　物品。

(1)任何物品(包括成品、材料、废料、职员私人物品、工具等)出厂时均需办理"物品放行单"。

(2)保卫人员需仔细核对"物品放行单"的记载是否与实物相符。

(3)物品出厂单由有关单位填写后送厂务科核批。

(4)工程承包者、协作企业及其他业务往来企业或个人携带的工具、机器、物品等,应于进厂时先行登记,出厂时凭登记单核对无误后方可出厂。

(5)物品进厂时,保卫人员须详细检查,如有危险品、易燃品、凶器等,禁止进厂并报告上级处理。

（6）保卫人员每天须将"物品放行单"送厂务科备查。

第六条　识别证。

（1）识别证分为三种：

①职员识别证（黄色）。

②来宾识别证（红色）。

③协作企业人员识别证（蓝色）。

（2）协作企业人员识别证每年换证一次，且颜色不同。

（3）职员进出厂区应佩挂识别证，未佩挂者由守卫人员登记一次，列入年终（年中）考核扣分项目。

（4）识别证应贴好照片，由厂务科盖章后方为有效。

（5）若识别证遗失或破损，应及时办理补发手续。

（6）识别证背面记载个人所属单位及职称。

（7）识别证应妥善保存，调、离职时应交回。

（8）协作企业人员识别证应由有关单位办理申请，并应有企业名称、出入者姓名、照片、年龄、性别、身份证统一编号、住址及电话等内容。

（9）协作企业人员识别证有效期为一年，每年一月份全部换新，旧证作废。

第七条　职员车辆停车场。

（1）本厂职员上班时，若以自用轿车、摩托车为交通工具时，均应事先向厂务科登记，以便安排停放车单位号码。

（2）各种车辆入厂时，应将车辆停放在指定位置，不得随意停靠。

（3）停车场开放时间如下：

①白天上午7：00～下午18：00。

②晚上20：00～22：00。

（4）停车场非开放时间禁止进出，以确保车辆安全。

（5）停车时，需将编号停车牌放置在车上指定部位，以便核查。

第八条　交通车。

（1）本厂职员除住厂内宿舍者外均可向厂务科申办交通车乘车证，并交最近半身免冠正面二寸照片一张。

（2）申请乘车人员无特殊原因每月乘车日数未达20日以上者，取消次月乘车资格，停止一个月后，可重新申请。全年有三次以上取消记录时，取消乘车资格1年。

（3）搭车职员推举车长1名，负责管理职员安全及检查乘车证等事务。

（4）无乘车证而擅自搭乘者，如因超载而被罚款或发生事故时，应与车长共负全部责任。

（5）乘车证不得转借他人使用。

▲防盗工作日常管理规定

第一条 经常对职员进行法制教育，增强职员的法制意识。

第二条 制订各种具体的安全防范规定，加强日常管理，不给犯罪分子以可乘之机。具体规定主要有：

（1）办公室钥匙管理规定。

（2）收银管理规定。

（3）会客制度。

（4）财物安全管理规定。

（5）货仓管理规定。

（6）更衣室安全管理规定。

（7）职员宿舍管理规定。

第三条 在公司易发生盗窃案件的部位，装置监控器、防盗报警器等安全防范设备。

第四条 积极配合人事部做好职员的思想品德考察工作，以保证职员队伍的纯洁。如发现有不适合的人员，应按有关规定进行调换或辞退。

第五条 保安部人员要加强日常巡查工作，如发现可疑的人和事要及时报告。

▲财物失窃处理办法

第一条 本公司发生财物失窃事件后，有关人员须在第一时间到达现场，查看该房门是否有明显损坏或被硬物撬开的迹象。

第二条 开门进入房间后，须查看房内之物是否凌乱，行李或提箱、橱柜是否被撬开。

第三条 检查商品柜台玻璃、挡板等有无明显被移动的痕迹。

第四条 不可移动现场摆设、触摸任何物件，须用摄像机拍摄现场。

第五条 及时封锁现场，不准任何人进入。

第六条 观察有无形迹可疑人员出入，记录被窃物品价值、盗窃时间等。

第七条 执法人员到现场后，应主动协助其工作，为执法人员提供资料影印副本，以做好内部调查。

第八条 对所涉及的各部门人员进行调查并录取口供，同时对重点部位和个人进行严密调查。

▲ 电脑安全管理规定

第一条 病毒防护。

1. 基本要求

（1）对于联网的电脑，任何人在未经批准的情况下，不得从网络下载软件或文档。

（2）对于尚未联网的电脑，其软件的安装由电脑室负责。

（3）任何电脑需安装软件时，须由相关专业负责人提出书面报告，经经理同意后，由电脑室负责安装。

（4）所有电脑不得安装游戏软件。

（5）数据的备份由相关专业负责人管理，备用的光盘由专业负责人提供。

（6）软件在使用前，必须确保无病毒。

（7）使用人在离开前应正确关机。

（8）任何人未经过他人同意，不得使用他人的电脑。

2. 监管措施

（1）由电脑室指定专人负责电脑部管辖范围内所有电脑的病毒检测和清理工作。

（2）由电脑室起草防病毒工作计划（检测周期、时间、方式、工具及责任人），报电脑室经理批准后实施。

（3）由各专业负责人和电脑室的专门人员，根据上述作业计划按时（每周最少一次）进行检测工作，并填写检查记录。

（4）由电脑室经理负责对防病毒措施的落实情况进行监督。

第二条 硬件保护及保养。

1. 基本要求

（1）除电脑室负责硬件维护的人员外，任何人不得随意拆卸所使用的电脑或相关设备。

（2）硬件维护人员在拆卸电脑时，必须采取必要的防静电措施。

（3）硬件维护人员在作业完成后或准备离去时，必须将所拆卸的设备复原。

（4）各专业负责人必须认真落实所辖电脑及配套设备的使用和保养责任。

（5）各专业负责人必须采取必要措施，确保所用的电脑及外设始终处于整洁和良好的状态。

（6）对于关键的电脑设备应配备必要的断电继电设施以保护电源。

2. 监管措施

（1）各部门所辖电脑的使用、清洁和保养工作，由相应专业负责人负责。

（2）各专业负责人必须经常检查所辖电脑及外设的状况，及时发现和解决问题。

第三条 奖惩措施。电脑室决定将电脑的管理纳入对各专业负责人的考核范围。

（1）凡发现以下情况，根据实际情况追究责任：

①电脑感染病毒。

②私自安装使用未经许可的软件（含游戏）。

③电脑具有密码功能却未使用。

④下班离开却未退出电脑系统并关机。

⑤擅自使用他人电脑或外设并造成不良影响。

⑥没有及时检查或清洁电脑及相关外设。

（2）凡发现由于以下情况造成硬件损坏或丢失的，其损失由当事人如数赔偿：违章作业；保管不当；擅自安装、使用硬件和电气装置。

（3）电脑室将根据检查的结果，按季度对认真执行本规定的专业负责人和系统维护人员进行奖励（具体办法另行公布）。

第四条 附则。本规定中所涉及的电脑设备，包括电脑室电脑设备及由电脑室负责安装的在其他部门的电脑设备。

▲日常工作记录管理制度

（1）当值主管、领班、停车场警卫、监控室警卫依次在记录本上填写日常工作情况。

（2）记叙事件须有时间、地点、人物、处理结果、遗留问题。

（3）填写完后交保安经理审阅。

▲外来人员管理制度

对外来人员在公司经营和业务往来中的相互协调以及与之相关的安全工作加强管理。

1. 引厂进场

（1）凡引厂进场人员须持有各管理部门规定的手续证明及证件，并签订有关协议及安全保证书。

（2）在办理完入场临时手续后，须由所在部门造册登记后报安全保卫部备案，并于缴纳一定款项后领取员工卡。出入场门时主动出示证件接受保安人员检查，员工卡只限本人使用，不得转借他人。

（3）离开单位时，须经原批准部门审批，到安全保卫部办理退证手续，领回押金。如逾期不办则扣留押金，并追究厂家责任。

（4）在单位期间，必须服从管理，严格遵守法令和公司规定，搞好与其他厂家的关系。绝对禁止进行一切违法乱纪行为。如出现违背以上要求的情况，各级主管部门有权终止其协议。

（5）各厂家相互间不得借用、冒用他人名义参与经营活动，若发现冒名顶替情况，按有关规定罚款并视情节可令其终止合同协议，因故临时更换人员，需提前两天到安全保卫部登记。

2. 施工人员

（1）临时来公司施工人员，必须到安全保卫部办理临时出入证，签订安全协议书，如工作需要还需办理库房通行证。

（2）公司工程部在施工单位签订协议时，须注明安全条款，并对施工单位人员进行安全宣传教育。

（3）施工人员必须严格遵守单位规定，若有违反由有关部门追究其责任。

（4）施工人员在现场操作时，要严格按操作规程和工艺要求施工，按照施工有关章程持证上岗，动用明火须到安全保卫部开具动火证。离开单位时，若要携带物品（包括自有设备和材料）出去，须开出门条交门卫验证后方可出去。

（5）施工人员违反单位有关安全规定，发生问题，给本单位造成损失的，须照价赔偿，并由有关部门按规定对责任人做出罚款等处理。

▲职员外出时间登记表

年　月　日（星期　）

所属部门	姓名	入厂时间	出厂时间	事　由	备注	登记者

▲ 用电安全检查表

项次	检 查 项 目	良好	不良	缺点事实	改善事项
1	电气设备及马达外壳是否接地				
2	电气设备是否有淋水或淋化学液				
3	电气设备配管配线是否破损				
4	电气设备配管及电动机是否超载使用				
5	高压电动机短路环、电气是否良好				
6	配电箱处是否堆积材料、工具或其他杂物				
7	导体露出部分是否容易接近、是否挂"危险"标示牌				
8	主控电流开关是否因接触不良而发红				
9	配电盘外壳是否接地				
10	转动部分是否有覆罩				
11	变电室灭火器是否完全				
12	临时线路的配置是否完全				
13	高压线路的绝缘支持物是否不洁或有脱落现象				
14	中间接线盒是否有积棉或其他物品				
15	现场配电盘是否确实关妥				
16	电气开关的保险丝是否符合规定				
17	避雷针是否有效				

部门主管:_____   检查人:_____

注:本表由安全部门填写,一式两联,一联送机电部门,一联存安全卫生部门备查。

▲ 安全检查表

厂区

检查项目	待改善事项	说明	备注	复检
1. 消防	□无法使用　□道路阻塞			
2. 灭火器	□失效　□通道阻塞　□缺少			
3. 走道	□阻塞　　　□脏乱			
4. 门	□阻塞　　　□损坏			
5. 窗	□损坏　　　□不清洁			
6. 地板	□不洁　　　□损坏			
7. 厂房	□破损　　　□漏水			
8. 楼梯	□损坏　□阻塞　□脏乱			
9. 厕所	□脏臭　□漏水　□损坏			
10. 办公桌椅	□损坏			
11. 餐厅	□脏乱			
12. 工作桌椅	□损坏			
13. 厂房四周	□脏乱			
14. 一般机器	□保养不良　□基础松动			
15. 高压线	□基础不稳　□保养不良			
16. 插座、开关	□损坏　　　□不安全			
17. 电线	□损坏			
18. 给水	□漏水　　　□排水不良			
19. 仓库	□零乱　　　□防火防盗不良			
20. 废料	□未处理　□放置零乱			
21. 其他				

总经理：_____　　厂长：_____　　办公室主任：_____　　检验员：_____

▲工作安全检查表

年 月 日 字 第＿＿号

检查日期	检查地点	现场负责人	检查经过及结果	建议改善事项

部门主管：＿＿＿＿ 现场负责人：＿＿＿＿ 检查人：＿＿＿＿

注：（1）本表由工程单位工作安全部门填写，一式两联，呈单位主管核阅后，一联送工作安全委员会，一联存该单位的工作安全部门备查。

（2）建议改善事项经单位主管核批后，应由该单位的工作安全部门通知各有关施工部门实施。

▲进厂联络单

来宾代表姓名		进厂人数		日　期	
服务部门或通信处			车别	□机车　□货车　□客车	
进厂时车辆	□载本公司货品　　□载有他公司货品　　□空车				
进厂事由	□交货　　　　□受邀洽谈　　□参观　　　　□包工 □提运货物　　□公事拜访　　□私事拜访　　□其他				
厂商自备工具、物品进厂	□没有　　□有 （请另填厂商自备工具、物品清单）				
接洽人姓名： 服 务 部 门： 接洽人签章：	入厂时间： 出厂时间：			保安签章	

▲守卫日报表

_____年__月__日

次　数		1	2	3	4	5	6	7	8
签名	内　勤								
	巡　逻								

车辆进出状况	外来车辆	车号	进厂时间	离厂时间	事由	本公司车辆	派车单编号	车号	离厂时间	回厂时间

安全异常事项报告	上午：　　　　下午：　　　　夜间：

厂长：_____　　　总务科长：_____　　　值班长：_____

▲来访登记表

_____年____月____日

序号	姓名	所在单位	被访人		事由	时 间		备注
			姓名	部门		入厂	出厂	

▲物品出厂放行条

携 物 人	
出厂日期	
预定回收日期	
品 名	
数 量	
事 由	

核准		部门主管		经办人

▲物品出厂申请单

申请部门_____　年　月　日　　　　　　　　编号_____

名　称	规格	单位	数　量	备　注
主管部门		负责人		经办人

　　注：本单一式两联，第一联送申请部门存查，用第二联向仓管室换发正式出厂证。

第二节　企业消防管理制度

▲消防管理制度

第一条　加强消防宣传教育，使公司职员充分认识防火的重要性，增强防火意识。

第二条　宣传教育的内容包括：消防规章制度、防火的重要性、防火先进事迹和案例等。

第三条　宣传教育可采取印发消防资料、图片，组织人员学习，请专人讲解，实地模拟消防演练等方式进行。

第四条 义务消防员的培训工作由保安部具体负责，各部门协助进行。

第五条 保安部全体职员均为义务消防员，其他部门按人数比例培训考核后定为公司义务消防员。

第六条 保安部主管负责拟定培训计划，由保安部专案领班协助，定期、分批对公司职员进行消防培训。

第七条 消防培训的内容。

（1）了解公司的消防要害重点部位，如配电房、煤气库、货仓、锅炉房、食堂、财务室等。

（2）了解公司各种消防设施的情况，掌握灭火器的安全使用方法。

（3）掌握火灾时扑救工作的知识和技能，以及自救知识和技能。

（4）组织观看实地消防演练，进行现场模拟培训。

第八条 培训后，进行书面知识和实际操作技能考核，合格者发给证书，并评选出优秀者给予奖励。

第九条 防火检查是为了发现和消除火警隐患。本公司须切实落实消防措施，预防火灾事故。

第十条 防火检查类别。

（1）保安部人员巡视检查。发现隐患后要及时指出并加以处理。

（2）各部门人员分级检查。第一级是班组人员每日自查；第二级是部门主管重点检查；第三级是部门经理组织人员全面检查或独自进行抽查。

（3）当地消防监督机关定期检查。

第十一条 防火检查的内容。

（1）职员对防火安全的意识和重视程度。

（2）各部门安全防火规章制度、操作规范、防火设备。

（3）各部门人员按安全防火规范的程序进行操作。

（4）各种设备、物品（尤其是易燃、易爆品）的存放是否符合防火的安全要求。

第十二条 公司职员一旦发现失火，并能自己扑灭时，应根据火情的性质，就近使用水或灭火器材进行扑救。

第十三条 火势较大，在场人员又不懂扑火方法时，应立刻通知就近其他人员或巡查的保安员灭火。

第十四条 若火势发展很快，无法立刻扑灭时，应立刻通知总机接线生拨打119，执行火灾处理的扑救管理制度。

▲易燃、易爆物品管理办法

易燃、易爆物品，如汽油、油漆、酒精、煤气、乙炔等。其安全管理方式为：

（1）易燃、易爆品保管人、使用人和部门主管是该项安全管理责任人。

（2）易燃、易爆品应指定专人购买、保管、发放、使用。必须严格领取、存放、发放手续，做到账目清楚，账物相符。

（3）易燃、易爆物品使用人必须严格执行操作规程，使用过程中采取安全防护措施。库内不得使用移动式照明灯具、碘钨灯和 60 瓦以上白炽灯。

（4）凡经营的危险商品应本着卖多少进多少的原则，需在指定库存放，库内不许点灯、穿钉子鞋，不得私自保管。

（5）企业要害部位及仓库应根据本制度制订出相应的部门具体管理措施，并报安全保卫部备案。

▲防火安全制度

第一章　总则

第一条　本制度根据《中华人民共和国消防条例》及公安消防机关颁布的有关消防法规，结合本公司具体情况制订。

第二条　本制度旨在加强本公司的防火安全工作，保护通信设备、企业财产及工作人员生命安全，保障各项工作的顺利进行。

第三条　本公司的防火安全工作，贯彻"预防为主，防消结合"的方针，由防火安全领导小组负责实施。

第二章　防火安全的组织与机构

第四条　公司、分公司及各部门均实行防火安全责任制，设防火责任人。本公司的防火责任人由总经理担任，分公司防火责任人按有关要求由各行政部门主要领导担任。

第五条　为确保各项防火安全措施的落实，公司成立防火安全领导小组，负责本公司的防火安全工作；各分公司设立相应的防火安全领导小组。此外，各生产班组和要害工作部位设负责抓消防工作的兼职防火安全员。

第六条　各分公司要建立义务消防队，以防在万一发生火灾而专业消防队未到达前，能起到控制火势蔓延或把火扑灭在初起阶段的作用。

第三章　防火安全职责

第七条　公司全体职员都应增强消防意识，并负有安全防火的责任。

第八条　公司防火责任人和各分公司的防火责任人分别对本公司和本部门的防火安全负责。

第九条　各级防火安全责任人的职责。

（1）贯彻上级的消防工作指示，严格执行消防法规。

（2）将消防工作列入议事日程，做到与生产经营同计划、同布置、同检查、同总结、同评比。

（3）执行防火安全制度，依法纠正违章行为。

（4）协助公安机关调查火灾原因，提出处理意见。

第十条　防火安全领导小组的职责。

（1）处理本公司防火安全工作。

（2）制订公司的防火安全制度。

（3）组织防火安全检查，主持整改火险与事故隐患。

（4）组织交流经验，评比表彰先进。

第十一条　各施工生产班组和要害工作部位的兼职防火安全员在防火安全领导小组的领导下，落实本部门的防火安全措施。

第十二条　义务消防队接受防火安全领导小组的指挥调动，认真履行消防职责。

第四章　防火安全措施

第十三条　各部门在生产和工作中，均须严格执行国家和市消防机关颁布的有关防火规定，并根据自己的实际情况，采取具体措施。

第十四条 防火安全领导小组应经常对全体职员进行防火安全教育，并组织义务消防队进行消防训练。

第十五条 完善逐级检查制度，及时发现和消除火灾隐患。各施工生产班组、要害部位的兼职防火安全员，应在每日下班和交接班前，对本工作部位进行一次防火安全检查；其他各部门每星期做一次检查；各分公司的防火责任人应每月对本单位的防火安全工作做一次检查；本公司防火安全领导小组每半年进行一次检查，每季度进行一次抽查。

第十六条 各办公大楼原设计安装的消防设施，如消防龙头、水管、烟感报警器以及其他消防器材要保证有效，此外，还应给各施工和要害部门及本部门其他工作地点配置相应的、充足的消防器材。上述消防设备及器材不得借故移作他用。

第十七条 对从事电工、烧焊、易燃易爆等特殊工种的人员，要按规定进行防火安全技术考核，取得合格证后方可上岗操作。

第十八条 施工作业中需用明火的，事前应按规定由动火单位填写"临时动火作业申请表"，并按不同级别进行审批。一级动火作业指可能发生一般性火灾事故的作业，由安全技术和保卫人员提出意见，经本单位的防火责任人审批；二级动火作业指可能发生重大火灾事故的作业，由保卫室提出意见，经防火责任人审核，报总公司保卫部主管审批；三级动火作业指可能发生特大火灾事故的作业，由责任人提出意见，经总公司保卫部审核，报公安消防监督机关审批。要严格办理审批手续，待批准并发给"临时动火许可证"后方可进行动火作业，动火后要仔细检查是否熄灭，严防安全隐患。下班前要严格执行检查制度，确认安全后方可离开。全体职员不论在宿舍或工作区，一律不许使用电炉等电器。

第十九条 仓库的库存物资和器材，要按公安部公布的《仓库防火安全管理规则》的要求堆放和管理，对易燃、易爆等有害物品，要按规定妥善管理。

第二十条 任何人发现火险后，都要及时、准确地向保安部门或消防机关报警（火警电话119），并积极投入扑救。单位接到火灾报警后，应及时组织力量，配合消防机关进行扑救。

第五章　奖励与惩罚

第二十一条 防火安全工作要定期检查评比，并对取得下列成绩的单位或个人，给予适当的表彰和奖励。

（1）进行消防技术革新、改善防火安全条件、促进安全生产的。

（2）坚持执行防火安全规章制度、敢于同违章行为做斗争、保障生产安全的。

（3）不怕危险、勇于排除隐患、制止火灾爆炸事故发生的。

（4）及时扑灭火势、减少损失的。

（5）其他对消防工作有贡献的。

第二十二条　对无视防火安全工作、违反有关消防法规、经指出仍拒不执行的单位或个人，应视情节给予处分，必要时可给予经济处罚。

第二十三条　因玩忽职守造成火灾事故的，应追究直接责任者和所在部门防火责任人的责任，触犯刑法的，还应上报司法机关追究刑事责任。

第二十四条　本制度自颁布之日起施行。

▲突发事件处理规定

第一条　目的。

（1）明确突发事件的定义，并使之得到及时有效的处理。

（2）加强公司制度建设，增强公司凝聚力和向心力。

第二条　适用范围。本规定适用于公司总部全体职员及所有驻外机构的职员。具有独立法人资格的子公司、合资合作公司可参照执行。

第三条　突发事件定义。突发事件主要包括职员人身发生重大的病、伤、亡或重大的刑事案件、家庭恶性纠纷等。它们具有突然性、特殊性等特点。

第四条　总结经验教训及文档管理。

（1）对突发事件的起因进行调查分析，必要时可将分析报告通报给相关人员以吸取教训。

（2）对处理政策的把握和公司组织意图的理解方面进行认真总结，供其他管理者参考借鉴。

第五条　附则。

（1）本规定自签发之日起生效，以前与此相抵触的规定自动失效。

（2）本规定的解释权和修改权属于人力资源部。

▲危险工作安全同意书

填表日期：　　　年　　月　　日　　　　　编号：

填表部门		工作承办部门		填表人	
兹同意在（地点或设备）					
于　　日　　时　　分从事以下工作					

但须先办妥下列事项：

□应封闭管路　　　　　□防护面具

□开关已上锁　　　　　□防护衣

□已排除气（液）体　　□安全帽

□通风　　　　　　　　□安全眼镜、面罩

□安全带　　　　　　　□应置警告牌

□胶鞋　　　　　　　　□检修前准备工作已妥善

可爆气体测定结果＿＿＿　有毒气体测定结果＿＿＿

灭火器材数量＿＿＿　　　已派看守人员＿＿＿

　　　　　执行部门　　　　主管＿＿＿　　安全卫生管理人员＿＿＿

特别注意事项：

劳工安全卫生管理部门：

说明	1. 施工人员须随时携带本同意书，以便查核。 2. 本同意书核定之施工时间不得超过 24 小时。 3. 若 24 小时内不能完工，应按日重新申请。 4. 施工人员若发现情况有变化，应立即通知安全卫生管理人员复查。

　　注：本表一式三联，送劳工安全管理部门审批后，分别交存劳工安全管理部门、工作承担部门、填表部门。

▲工伤报告单

日期＿＿年＿＿月＿＿日

姓　名		性　别		年　龄	
所属部门		科　　组　　班			
负伤时间	年　月　日上下午　时　分		负伤地点		
负伤原因					
负伤情形					
处置方法	□已送＿＿＿＿医院医治 □已送医，拟准予请假＿＿天				
裁　决	厂 长	科 长	组 长	班 长	

▲灭火器定期检查记录表

部门：　　　　　　　　　　　　　　　　　　年　月　日

编号	检查结果	编号	检查结果	编号	检查结果	编号	检查结果	编号	检查结果
异常处理对策									
检查结果说明									

部门负责人：＿＿＿＿＿　　　　检查员：＿＿＿＿＿

第三节　企业车辆管理制度

▲车辆管理制度

第一章　车辆管理

第一条　公司公务车证照的保管，车辆年审及车辆保险、养路费的购买交纳等事务，统一由总经理办公室负责管理。公司车辆由总经理办公室主任指派专人驾驶、保养，并负责维修、检验、清洁等。

第二条　本公司人员因公用车须事前向总经理办公室主任申请调派；总经理办公室依重要性顺序派车。不按规定申请，不得派车。

第三条　车辆驾驶人必须有驾照。

第四条　未经总经理批准，公司车辆不得借给本公司之外的人员使用。

第二章　车辆保养

第五条　费用报销。公务车油料由总经理办公室统一购买油票，外出购油及维修须经总经理办公室主任批准后，凭发票实报实销。

第六条　车辆维修、清洗、打蜡等应先填写"车辆维修申请单"，注明行驶里程，核准后方可送修。

第七条　车辆应由总经理办公室主任指定特约修理厂维修、维护，否则费用一律不准报销。可自行修复的，报销购买材料零件费用。

第八条　车辆于行驶途中发生故障或其他耗损急需修复、更换零件时，可视实际需要进行修理，但无迫切需要或修理费超过 2000 元时，应征得总经理办公室主任的批准。

第九条　如因驾驶员使用不当或车管负责人疏于保养，致使车辆损坏或机件故障，其所需修护费，应依情节轻重，由公司与驾驶员或车管责任人负担。

第三章　违规与事故处理

第十条　因无照驾驶、未经许可将车借给他人使用而违反交通规则或发生事故的，由驾驶人负担损失，并予以记过或免职处分。

第十一条　违反交通规则，其罚款由驾驶人负担。

第十二条　各种车辆如在公务途中遇不可抗拒之车祸发生时，应先急救伤患人员，向附近警察机关报案，并立即报告总经理办公室主任及主管。如属小事故，可自行处理后向总经理办公室主任报告。

第十三条　因意外事故造成车辆损坏，其损失在扣除保险金后，再视实际情况处理。

第十四条　发生交通事故后，如需向受害当事人赔偿损失，经除保险金额后，其差额视责任具体处理。

第十五条　发生责任事故造成经济损失时，按事故的性质给予扣减工资之处罚。

（1）一般事故（经济损失在 2000 元以下者）：按经济损失的 10% 处罚。

（2）重大事故（经济损失在 2000～5000 元者）：按经济损失的 8% 处罚。

（3）特大事故（经济损失在 5000 元以上者）：按经济损失的 6% 处罚。

（4）机件责任事故：按经济损失金额的 20% 处罚。

第四章　驾驶岗位责任制

第十六条　在办公室主任的领导下，认真做好对公司领导和各部门的驾驶服务。

第十七条　凭用车申请单出车，未经领导批准不得用公车办私事。

第十八条　工作积极主动，服从分配，同事之间团结互助，有事提前请假，不得无故缺勤。

第十九条　行车前要坚持勤检查，做到机油、汽油、刹车油、冷却水备齐；轮胎气压、制动转向、喇叭、灯光完好；确保车辆处于安全、可靠的良好状态。

第二十条　公司职工不得用公车学习汽车驾驶，否则，一切后果及损失由车辆保管者负责。

第二十一条　驾驶人应严守交通规则，交通违章按第三章第十一条处理。

第二十二条　对用车者服务。

（1）不论用车者是否是本公司职工，司机都应热情接待，小心驾驶，遵守交通规则，确保交通安全。

（2）对于公司外客人，更应热情服务，以维护公司的良好形象。

（3）司机应在乘车人（特别是公司客人和干部）上下车时，主动打招呼，开关车门。

（4）当乘车人上车后，司机应向其确认目的地。

（5）乘车人下车办事时，司机一般不得离车。

（6）乘车人带大件物品时，司机应予以帮助。

第二十三条　离车注意。

（1）司机因故需离开车辆时，必须锁好车门。

（2）车中放有贵重物品或文件资料，司机又必须离开时，应将其放于后备厢后加锁。

第二十四条　出发前后工作。

（1）在出发前，司机应根据目的地选择最佳的行车路线。

（2）收车后，司机应填写行车记录，包括目的地、乘车人、行车人、行车时间、行车距离等（见车辆行驶记录表）。

（3）随车运送物品时，收车后需向管理责任者报告。

第二十五条　个人形象。

（1）司机需保持良好的个人形象，保持服装的整洁卫生。

（2）注意头发、手足的清洁。

（3）注意个人言行。

（4）在驾驶过程中，努力保持端正的姿势。

第二十六条　本制度从×××年×月×日起实施。

▲公务车管理规定

第一条　适用范围。本规定适用于公司所有车辆从申请使用到开车前后应办的所有手续，如检查、保养、修理，甚至使用中违反交通法规及事故损害处理等事务。

第二条　申请用车程序及资格。

（1）外勤出差或其他公务，须用车时，由所在部门负责人填写外勤申请单交到总务部，由总务部按其所需注明使用何种车辆及驾驶人等，由该部门负责人签章后，呈副经理以上主管签查核准方可用车。

（2）驾驶人必须有驾驶一年以上经历或领执照后每天开车至本公司上下班时间达三个月以上，并经记录取得总务处认定资格，方可使用。

（3）使用前检查：驾驶人出发前，先检查车况，如车证、水箱、刹车系统、轮胎、油等，核对登记簿记载的公里数，如发现不符及损坏等情形，应向总务处报备，并在登记簿上注明，否则驾驶人负全责。使用后回公司时，必须把登记簿交回总务处保管人员，以便检查车况，如发现登记不符及损坏情形，应向副经理以上主管报告。

第三条 车辆保养与检查。

(1) 每行驶 5000 千米由总务处送公司指定保养厂定期保养一次。

(2) 每星期由车辆保管人员负责清洗一次。

(3) 车辆长期闲置时,每周由车辆保管人发动一次、温车 5 分钟。

第四条 保持车内清洁。

(1) 物料应放于后备厢,不得放在椅座上。

(2) 运输精密仪器设备须放在椅座上时,应事先垫好衬物。

第五条 违规处理。因超速、超车、任意停车等各种违反交通规则而受处罚,罚款由驾驶人负责。如果指定驾驶人把车随便交由他人驾驶,发生违规、车损等而致使罚款或损失的,则由指定驾驶人负责全额赔偿。

第六条 驾驶人注意事项。

(1) 凡无照驾驶者,一经查明属实,立即开除。

(2) 无照驾驶发生车祸全部赔偿由驾驶者负责。

(3) 有照驾驶者如因操作不当发生车祸,由驾驶人自负全责。

第七条 使用后交车应办手续。

(1) 填写行车登记簿、填里程表,然后交车。

(2) 将车暂停放在办公大楼前,请总务处检查,如有损坏应在登记簿上注明,由副经理以上主管查核。

(3) 总务处检查完毕后,在登记簿及派车单上签字,驾驶人将车开回车库,会计凭总务处检查后签字的派车单核发有关费用。

第八条 公务车辆由总务处统一管理、调度及保养维护。

第九条 公务车除上下班接送职员外,亦可供各部门执行公务使用。

第十条 货车主要用于运送货品。

第十一条 各部门使用公务车,须提前一天填写派车单以便总务处统一调度。但临时紧急任务可除外。

第十二条 油费控制:按实际里程数,每 8 千米供应汽油 1 升。

第十三条 公务车出厂凭"派车单"放行。

第十四条 公务车聘请专任司机驾驶,并应随时保持车辆清洁,定期实施保养。

第十五条 司机开车应遵守交通规则,因违规而被罚款项不得报销。

第十六条 公务车不得擅自用于私事。

第十七条 节假日及下班时间,公务车一律在公司内停放,任何人不得将车辆开回家中。

▲业务用车管理规定

第一条 本公司各类业务用车的使用管理均以本规定为准。

第二条 本规定所指的业务用车包括轿车、货车、商务用车、宣传车等。

第三条 各类业务用车的管理由总务部负责，而日常的运营管理由主管部门负责。

第四条 公司如认为业务上确有必要，可为各部（科）、分店配置专车。此时，应指定专人负责运营管理。负责人名单应报总务部。

第五条 除日常为接送公司干部而用车外，用车须经主管上级批准，并与总务部联系。

第六条 公司车辆调配者为保证公司业务的顺利运转，应准确把握车辆的运营状况和用途，实行科学、有计划的配车。

第七条 公司业务用车禁止私用或个人专用。但公司干部的用车另行规定。

第八条 驾车外出者外出前，必须将目的地、行车路线、需要时间等报告部门主管。

第九条 驾车外出者必须严格遵守交通规则，避免交通事故的发生。

第十条 驾驶者使用的车辆应注意保养与维修。

第十一条 驾驶者在驾驶时间外，应注意按时休息和饮酒适度。

第十二条 为提高车辆运营效率，各主管部门和总务部应对驾驶者进行经常性教育与指导。

第十三条 当业务用车发生事故时，驾驶者应首先进行应急处理，然后迅速与公司联系，依据公司的决定妥善处理。事后应提交事故报告。

▲交通安全管理规定

第一条 为加强本公司交通安全工作管理，落实交通安全责任制，认真贯彻交通安全工作"安全第一，预防为主"的方针，特制订本规定。

第二条 统一领导，部门负责，建立健全交通安全领导组织机构。

（1）公司副总经理全面负责公司交通安全工作。

（2）各部门主要领导全面负责本部门交通安全工作。

（3）各部门确定一名交通安全员，负责本部门交通安全工作的检查和实施。

（4）公司办公室确定一名交通安全员，负责本部门公司机动车辆管理、交通安全工作的实施情况检查以及同交通管理部门和地区安全委员会的日常工作联系。

（5）由公司交通安全负责人、各部门的交通安全负责人和车管主任组成公司交通安全工作领导小组，领导、部署和检查公司的交通安全工作。

（6）公司交通安全工作领导小组的日常办公地点设在公司办公室，办公室主任为交通安全工作领导小组常务副组长。

第三条　公司和各部门主要领导，须将交通安全工作列入工作议事日程，定期召开交通安全工作小组会议和安全员会议，检查交通安全工作落实情况，宣传交通安全法规和交通行为规范，认真贯彻执行公司安全委员会的规章制度和会议精神，经常与交通管理部门和地区安全委员会联系，争取他们对交通安全工作的指导和帮助。

第四条　认真贯彻《市交通安全责任暂行规定》和交通安全法规，实行岗位责任制和目标管理，做到逐级落实，交通安全工作有布置、有检查、有落实，并把交通安全工作同公司各部门的业务工作和经营效益结合起来进行评比检查。

第五条　建立奖惩机制，半年小结和年度评比时，对模范遵守交通安全规则、成绩突出的公司职员和司机给予精神鼓励和物质奖励。对违反交通安全规定、发生违章和交通事故的，给予通报批评、处分和经济处罚。

第六条　机动车管理。

（1）公司和各部门的司机必须服从公司交通安全工作领导小组的管理，严格遵守交通法规和行为规范，杜绝酒后驾车等各种严重违章行为，服从交警的指挥，保证安全行车。

（2）爱护车辆，保持车辆整洁，对零部件进行定期检查、维修和保养，使车辆随时保持良好状态，确保行驶安全。杜绝病车、故障车勉强上路行驶。

（3）车辆实行专人驾驶保管、车管干部主管监督检查的制度，严禁不经领导批准将车辆交给非专职司机驾驶，严禁交给无驾驶证人员驾驶。

（4）公司非专职司机驾驶机动车辆，须经公司交通安全领导小组领导批准。

（5）认真执行车辆回库制度，因特殊原因不能回库，须经公司领导批准，并确认车辆在外安全停放。

第七条　自行车管理。

（1）骑自行车的职员必须严格遵守交通法规，遵守总公司和地区安全委员会对非机动车管理和行驶的有关规定，遵守骑车人交通行为规范，服从交通管理人员的检查与纠正。

（2）保持自行车牌号齐全，使车辆部件处于良好状态。

（3）上班时自行车必须停放在指定的地点，排放整齐。

第八条 个人交通安全管理。

（1）公司职员要认真学习交通法规，自觉执行行人交通行为规范，服从公司交通安全小组和地区安全委员会的管理，服从交通民警和交通执法人员的指挥、检查和纠正，做遵守交通安全的模范。

（2）公司的临时工作人员在交通安全方面须服从公司交通安全领导小组领导，认真执行各项交通法规和交通行为规范。公司交通安全领导小组有责任对执行交通法规成绩突出的人员给予表扬和奖励，对违反交通法规、不服从管理的人员给予通报批评。

第九条 公司机动车、非机动车及行人发生违章和交通事故，按地区和公司安全委员会有关规定予以惩处。

第十条 本规定解释权属于公司交通安全领导小组。

▲司机管理制度

（1）司机上班时间不出车时，必须在司机室等候工作，临时有事离开必须向车队队长请假。

（2）司机请事假，必须经车队队长批准，领导专车司机须经领导同意后方可请假。

（3）严格执行考勤制度，无故缺勤者一律按旷工处理，司机不听从安排、耽误公事，严重者给予开除处理。

（4）司机必须注意保密，不得传播乘车者讲话的内容，违者给予批评教育，严重者严肃处理。

（5）开领导专车的司机，领导公事外出或去外地学习、开会期间，司机工作由车队队长安排。

（6）单位和个人用车，由车队队长统一安排，如无车队队长或企业领导派车，司机可拒绝出车。

（7）司机下班后，车辆不准在外面过夜（特殊情况除外），违者第一次批评教育并罚款；第二次起每次加倍处罚；车辆附件一切损失均由司机负责，如车辆失窃，司机须负一定赔偿责任。

（8）司机私人用车需经企业领导或主管领导批准，违者按情节轻重每次罚款不等，未经批准用公车办私事，如发生交通事故及损坏车辆者，由司机负责维修费，赔偿有关事故的全部经济损失。

（9）不准借车给别人驾驶或学车，违者罚款。

（10）企业车队车辆司机需要调整，经领导同意后由车队队长统一安排。

（11）严禁酒后开车，酒后开车损坏车辆者，由司机负责维修费；如发生交通事故除负责维修费外，还应承担刑事责任。

（12）司机利用车辆外出搭客营运者，一经交通运输局查获，一律按除名处理。

▲车辆登记表

使用人姓名		驾驶员姓名	
牌照号码		车　　名	
车身号码		车　　型	
购车日期		初检日期	
复检日期			
保险记录	保险公司	保险证号码	保险期限	保险内容
购置价格		经销商	
附属品	□收音机　□放音机　□热风　□冷风		
驾驶员	住址		电话	
	住址		电话	

▲派车单

使用部门				随行人数	
起止点及时间					
事　　由					
车号		行车里程		行车时数	
管理部门	主管：　　　经办人：		使用部门	主管：　　　使用人：	

▲借车审批单

借用人	事　由	借用时间	预定行程	实际行程	驾驶人	准借车辆 （车型、牌号）
借车须知	（1）本单位员工因事急需，在不影响工作且条件允许的前提下可申请借用公务汽车。 （2）借用车辆必须在当天下班前回收，不得在外过夜。 （3）借用人可以自行商请具有合格驾照的司机担任驾驶员。 （4）借用时间内车辆故障或损坏，借用人应负责修理费用或赔偿。 （5）借用时间内车辆及人员违反交通规则或发生任何意外事故，概由借用人自行负责。 （6）用车人用车后三日内向总务处缴清油费。 （7）申请单一式两联，一联交总务处，一联交车辆配属部门备查。					

总务处：_____ 车辆主管：_____ 借用人：_____ 申请日期：_____

▲车辆请修报告单

（表一）　　　　　　　　　　填表日期：　　年　月　日

车型		车号		驾驶员姓名	
请修项目	估计金额				
	维修预算				
	累计已动支预算				
	尚余预算				
损坏原因					
审核意见					

主管：＿＿＿＿　管理员：＿＿＿＿　请修人：＿＿＿＿

（表二）　　　　　年　　月　　日　编号：　　　

车号		里程数		责任人	
请修项目					
估计金额					
修理厂					
损坏原因					
审核意见					

主管：　　　　复核：　　　　管理员：　　　　请修人：

▲车辆保养修理记录表

年 月 日	项　目	金　额	保养前 里程数	经手人（签章）	主管（签章）
合计					

本月 费用	汽油金额	保养金额	修理金额	总计

▲车辆费用报销单

申请人			单位		车号	
报支期间					车型	
项目	张数	金额	（单据粘贴处）			
小计						

主管：_____　领款人：_____　填表日期：_____

▲车辆费用支出月报表

_____月份

税捐保险费		修理保养费		过桥费		汽油费		上月里程	
说明	金额	说明	金额	说明	金额	说明	金额	本月里程	
								行驶里程	
								本月总费用	
								每公里费用	
								每公里汽油费用	
合计		合计		合计		合计		备注	
汽油费明细	日期	金额	经手人	日期	金额	经手人	日期	金额	经手人	日期	金额	经手人

经理：_____　会计：_____　填表：_____

▲交通事故报告表

___年__月__日

车　号		司　机	
事故地点			
发生时间			
详细情形			
原因分析			
附件名称			
处　理			

主管：_____　　管理员：_____　　责任人：_____

▲车辆事故报告表

年　　月　　日　　报告者　　科　　签章

发生时间		年　　月　　日上午·下午　　时　　分		
事故种类		1. 人车相撞（轻伤　住院　重伤　病危　死亡） 2. 车辆本身（颠覆　冲撞　冲出路外　零件损坏　其他） 3. 车辆相撞（擦撞　追撞　冲撞　其他）		
发生地点				
事故原因 事故情况			现场概图	
共乘者			见证人	
	当事人		对方	
姓名			姓名	
单位			公司名	
本人地址			本人地址	
联络处			公司地址	
车种　年份			车种　年份	
车牌号码			车牌号码	
驾照号码			驾照号码	
保险公司			保险公司	
保险单号码			保险单号码	
损失额明细			损失额明细	
	损失部分		损失部分	
备注：				

▲车辆使用申请表

年　月　日

使用车辆预定起止时间	自　　月　日　时	使用车辆实际起止时间	自　　月　日　时 至　　月　日　时
到达地点 （含经由）		到达地点 （含经由）	
任　　务		任　　务	
备　　注		备　　注	

申请部门：_____

▲车辆行驶记录表

时　间			部门	委派人	用车事由	目的地	出车前里程	出车后里程	驾驶人签名
日期	时	分							

第三章　企业福利、宿舍、食堂管理制度

第一节　企业福利管理制度

▲员工工资福利管理制度

1. 工资标准

（1）公司实行职务等级岗位工资制。共分为13个等级。

（2）管理人员以现任职务确定工资等级，职工以现岗位纳入相应工资等级。

（3）管理人员职务发生变动、职工工作岗位发生变动，自调令发布的下一个月起，其工资也将随之相应调整。

（4）政府规定的各项政策性补贴，按规定发放，并计入工资总额。

2. 工资构成

个人总收入 = 职务岗位等级基本工资 + 生活津贴 + 浮动效益工资

（1）职务岗位等级基本工资：依据担任职务、岗位职责、技能高低，经过考核确定。

（2）生活津贴：按国家有关规定执行。

（3）浮动效益工资：随公司经营效益的高低上下浮动。原则上公司每年进行一次工资调整。

3. 岗位级别确定

（1）技术工种，包括工程师、工程技术人员、财务人员、司机、采购等，进行技术考核，合格者相应纳入13个等级。

（2）熟练工种，包括直接工人、收款员、保安、电话员、门卫、外币兑换员等。其岗位工资按其岗位工作年限、工作业绩确定。试用期间定为13级，期满后定为12级，在本职工作满1年，工作表现优秀晋升为11级，工作满2年晋升为10级，满3年晋升为9级，9级为服务员最高级。

（3）管理人员（指领班以上人员）按照各岗位任职条件进行考核，经聘任

后，确定相应岗位级别。

（4）专业技术人员，如工程师、助理工程师、技术员、会计师、助理会计师、会计员、经济师、助理经济师、经济员、审计师等，根据其所具备的专业技术职称、任职条件、任职资格，经公司聘任后，可确定相应岗位级别。

（5）文职人员，如各部室文员、科室人员、接待人员、问询人员、公关人员、财务人员等，符合任职条件者，确定相应岗位级别。

4. 职务岗位变动后的岗位级别确定

（1）职务提升：凡被提升为领班以上各级管理人员，自提升之日，在其所在职位下一级基础上试用3个月，试用期满后，经考试合格，方可纳入相应职位等级。

（2）岗位变动：凡在公司内部调动，自调动之日起均须经过3个月试用期，试用期满后，经考试合格者，若原等级低于新岗位则纳入新岗位等级；若原等级与现岗位等级相同则其级别不变；若原岗位高于新岗位等级则按新岗位等级执行。

5. 新进员工等级的确定

（1）调入人员：有相同工作经历，调入公司后，经试用期满合格，可参照原工作时间和工作能力，纳入相应岗位等级。

（2）各专业学校毕业生直接来本公司工作：所在岗位试用3个月后，根据其条件和岗位要求，确定岗位等级。

（3）职业高中毕业生、定向培训生：定向培训期间发生活补贴，经实习期满后，定12级，并依其所在岗位要求逐步晋升。

6. 审批权限

（1）主管及以下的各级员工等级工资的确定，由所在部门根据编制和实际工作需要进行考核，提出意见报人事部批准。

（2）部门副经理及以上管理人员等级工资的确定，根据总经理任职命令，人事培训部负责执行。

（3）以上人员变动，须有总经理签发的任命或经有关部门批准的"人事变动表"才能生效。

▲医务室管理规定

第一条　购入药品要严格履行验收、入库和登记制度。
第二条　要经常检查药品库存情况，尽量避免药物积压、过期、变坏、失窃。

第三条 每月下旬要做好购药计划，并经主管审批，原则上应统一到规定的医药商店购买。

第四条 做好毒、麻药等被管制药物的管理，用药处方要长期保管，以备检查。

第五条 发放药物一律凭处方，严禁开"人情方"，配发药品要严格执行并做到核实病人病情、基本情况、联系方式，防止配错药。

第六条 每月向部门主管汇报每月进药金额、病人（职员）用药金额和宾客用药金额，并填好报表，做到月清月结，便于医药费用开支的统计。

第七条 医务室每半年至一年盘点一次，主要药品应有固定位置，并将盘点结果向部门主管汇报。

第八条 药房（治疗室）、药柜要保持清洁整齐，及时更改字迹模糊的药品标签，各种药品应放在固定位置，非医务人员不得随意进入药房取药。

▲文化俱乐部规章

第一条 俱乐部成员为本公司职员，俱乐部名称为××文化俱乐部。

第二条 目的。本俱乐部以提高职员的修养、强化职员之间的相互了解和亲善为目的。

第三条 组织。

1. 机构设置

本俱乐部下设"文化部"、"运动部"、"娱乐部"三个部。

（1）文化部设以下分部（会）：教育部、摄影部、音乐部、读书会。

（2）运动部设以下分部：乒乓球部、篮球部、足球部、排球部等。

（3）娱乐部设以下分部（会）：围棋部、象棋部、舞蹈部、登山会等。

2. 管理人员编制

本俱乐部设以下管理人员：会长1人，副会长1人，部（会）长3人，委员6人，部（会）会计3人。

3. 管理人员选任

委员由各部各推选两人（其中一人为会计）。部（会）长由各部（会）委员推荐，会计由部（会）长指名，会长和副会长由各部（会）长推荐决定。

4. 管理人员任期

主管人员每届任期为1年，可以连任，但是连任期不得超过3届。

主管人员任期为每年4月1日至第二年3月底。改选期为每年3月中旬。

第四条 管理人员的职责。

（1）会长代表公司，统管俱乐部。

（2）副会长协助会长工作，会长不在时，代理会长职务；平时负责俱乐部财务工作，并监督其他部（会）的财务工作。

（3）部（会）长协助会长工作，统管本部（会）事务。

（4）委员负责各部的一般事务和会计事务，负责每月向部（会）长提出事务报告和会计报告。

（5）各部（会）会计负责处理各自的财务事项，并向副会长提交收支报告。

第五条 会议。本俱乐部的会议有委员会议、部（会）长会议和全体会议。会议决议须三分之二以上人员出席、半数以上人员赞成才能通过。赞成与否定人数相等时，由会长裁决。委员会议每月至少召开一次，其他会议只在必要时召开。

第六条 经费。本会的经费来自于会费、补助、捐赠和其他收入。

第七条 会务。本俱乐部设干事会负责处理日常事务，干事会由俱乐部委员组成。干事会于每月×日向全体会员提出会计报告。

第八条 制订与修改。本规章的制订与修改，须由管理人员会议决定，交全体会员讨论决定。

▲ 读书研究会规章

第一条 目的。为扩大本公司全体职员的视野，提高其文化修养，特在本公司设立读书研究会。

第二条 入会与退会。凡本公司职员有读书爱好，且想努力提高自身文化知识修养者均可申请入会；退会须经会长批准。

第三条 组织。本会在公司各部门设下属组织，或设分会。有关活动以下属组织或分会为主。

第四条 委员。各下属单位由会员推选委员1人。委员的任期为1年，但可以连任。

第五条 委员的职责。委员主要负责处理下列事项：

（1）图书室图书的保管与整理。

（2）会费的收支和保管。

（3）有关读书活动的企划。

第六条 会费。会费的标准为：

（1）月收入为×××元以上的职员，交××元。

（2）其他职员均交纳××元。

第七条　补贴。公司为保证读书会的顺利运作，每年给读书会会员人均支付×××元。

第八条　图书购入。图书原则上由各分会决定购入种类，并在购入预算范围内自行购入。

第九条　图书保管。各分会购入的图书，由图书室负责保管与管理。

第十条　图书借出。图书室的图书借阅对象只限于本会会员。

第十一条　赔偿。图书丢失或出现严重损坏时，当事人必须以原价赔偿。

第十二条　研讨会。分会必须每年召开一次以上的研讨会，评价读书会运作情况，分析存在的问题，提出合理化建议。研讨会的企划与组织由各委员负责。

第十三条　图书所有权。购入的图书所有权归各所属分会。

第十四条　解散。当某一分会解散时，其图书应移交给其他分会。读书会全部解散时，全部图书捐赠给公司。

第十五条　修订。本规章在半数以上委员同意时，方可重新修订。

▲休闲旅行实施办法

第一条　目的。为保持职员的身心健康，提高职员的福利待遇，增强职员的凝聚力，促进职员之间的相互协作、沟通，公司定期组织职员休闲旅行。

第二条　参加对象。本公司职员及家属（限于配偶、父母和子女）。

第三条　参加时间段。每年 7 月 15 日至 8 月 25 日。

第四条　实施细则。

（1）组织休闲旅行不得影响公司业务的顺利进行。

（2）实行分期分批活动。每批指定一名负责人，负责组织与联络工作。

（3）旅行时间为两天一夜，应当尽量利用公休日。

（4）各批旅行队，应在出行前 3 日以内，将参加人数、姓名、年龄、旅行地、住宿地等事项报总务部门，并领取住宿费和交通费。

（5）各队的旅行可自由组员、集体决定旅行事项等。

第五条　经费。

（1）公司职员的交通费、住宿费和餐费由公司全额负担。

（2）职员家属的费用由个人负担，公司可补助每人××元。

（3）住宿过程中的杂费由公司统一支付。

第六条　报告与核算。旅行结束之后，组织者应当向总务部门提出经费支出报告，由总务部门进行核算。

第七条　支付凭证。组织者在提出经费支出报告时，必须附上各种支出凭证。

第八条 旅行须知。

（1）住宿房间安排应由住宿地管理者负责。

（2）注意个人行为，维护公司形象。

（3）注意个人安全。

（4）注意保管好个人物品。

▲休养所管理规定

第一条 为了规范本公司休养所的管理，特制订本规定。

第二条 休养所的运营管理由总务部门负责。

第三条 休养所的使用范围为：

（1）休闲旅行、周末或假日休假的休息住所。

（2）夏季避暑。

（3）职员集体活动。

（4）职员休养与疗养。

（5）分部、驻外机构出差住宿。

（6）接待客户。

第四条 休养所的使用对象为：

（1）职员及家属。

（2）各部门招待的客户。

（3）分店、驻外机构出差者。

（4）总务部经理批准的其他人员。

第五条 休养所住宿定员为××人。

第六条 按使用人身份、住宿时间长短和房间标准，使用者需支付住宿费。收费标准另行规定。

第七条 休养所的住宿时间为当日下午5时至次日上午10时。当日往返休息的使用时间为上午8时至下午8时。

第八条 至休养所的往返旅费由本人负担。

▲员工补助金给付办法

（1）为谋求员工生活安定，增进员工感情，唤起团结合作精神，特制订本办法。

（2）本公司员工本人结婚或子女结婚；员工本人或其配偶生育；员工子女的教育；员工本人的父母、配偶、子女丧亡时依本办法的规定申领补助金。

（3）员工本人结婚，给付基本薪资一个月的补助金。并由公司致赠喜幛或拍发贺电致贺。但结婚当事人均在本公司服务时，由一方请领上一项补助金，另一方只能请领 1500 元的补助金。

（4）员工子女结婚，给付 1500 元的补助金。但结婚当事人在本公司服务时，只能由结婚当事人依前一条的规定请领补助金。

（5）员工本人或其配偶生育，一次给付 1500 元的补助金，小产、流产，概不给付补助金。

（6）员工的子女（除任职本公司者外）就读经政府立案的各级正规学校，其学业成绩平均 75 分以上，操行成绩（德育）乙等（60 分）以上者，按下列标准申领补助金。

①专科以上学校（5 年制专科四年级以上），每学期给付 1500 元。

②高中（职）学校（5 年制专科一、二、三年级），每学期给付 500 元。

③初中（职）学校，每学期给付 300 元。

（7）员工的父母、配偶、子女丧亡时，除由本公司致送挽联、花圈、花篮或唁电致哀外，父母或配偶丧亡时给付一个月薪金的补助金；满两足岁以上子女丧亡时给付半个月薪金的补助金。

（8）申请给付补助金应填具补助金给付申请书暨补助金额领取收据，并检附下列证件：

①结婚补助金：户籍复印件。

②生育补助金：出生证明及户籍复印件。

③教育补助金：在校证明及成绩单。

④丧亡补助金：除籍后户籍复印件。

结婚补助金须凭喜帖、丧亡补助金须凭讣闻预先给付，再补办请领手续。

（9）补助金的申请应于给付原因发生起第二个月内，逾期以放弃论。

（10）临时及试用人员不适用本办法。

（11）本办法各项补助金依法扣缴所得税。

（12）本办法经呈董事会通过后公布实施，修改时亦同。

▲员工医疗费报销办法

（1）员工看病先到医务室就诊。需要到医保医院或其他医院就诊的，须经医务室同意并开具转诊单，未经医务室同意去非合同医院就诊，医药费不予报销。

（2）签报医疗费，必须备齐转诊单、合同医院医疗手册、处方、底方及报销单据。

（3）因急病未在合同医院就诊，必须凭急诊证明、医疗手册及处方，用药与急诊病情必须相符，否则不予报销。

（4）职工医药费报销办法实行随工龄增加，报销比例递增和医疗费累计数额超标报销比例递减的原则：

①工龄（按劳动局计算普通工龄的原则计算）：5 年以下报销 65%；5～10年报销 75%；10～20 年报销 85%；20 年以上报销 95%。

②单位正式员工的家属医药费报销办法如下：凡持独生子女证的职工，原则上由双方单位各报销 50%，报销的项目只限于药费、手术费、输血费。

报销金额超过一定数额之后，报销比例递减，即：本年度在单位实际报销金额 500 元以上 1000 元以内报销 45%；实际报销金额在 1000 元以上 2000 元以下报销 40%；实际报销金额在 2000 元以上 1 万元以下报销 30%；超过 1 万元以上者报销 20%。

▲职员抚恤办法

第一条　为切实照顾死伤（尤其是因公死伤）职员本人及其家属的利益，特制订本办法。

第二条　本公司正式职员均平等享有本办法所规定的权利。

第三条　抚恤分为如下四类：

1. 公务抚恤

因执行公务而致伤、一时不能工作者，一年内除由本公司或劳动和社会保障局负担医药费外，治疗期间按月给予全数本薪。

2. 因公死亡抚恤

因执行公务而致死亡（包括因职业病死亡），凡工作未满 5 年者，按最后月份标准工资一次性发给 18 个月的抚恤金。5 年以上者，每年增发一个月。但最低不得少于××元，最高不得超过××元。

3. 特别抚恤

因下列原因之一而致伤或死亡者，除照上述规定执行外，经福利委员会和总经理审批可给予特别抚恤，抚恤金仍可以照前述正常标准：

（1）临危不惧奋勇救护职员或保护公物者。

（2）忠于职守、勇斗抢劫、破坏歹徒者。

（3）在危险环境下工作者。

4. 在职死亡抚恤

在职死亡指非因执行公务的死亡。凡工作未满一年者，按照其最后月份标准工资一次性发给 6 个月的抚恤金，一年以上者，每年增加一个月。抚恤金最高不得高于××元。

第四条　职员死亡除上述抚恤外，另发丧葬费每人××元，因公死亡者每人××元。

第五条　死者遗属持有效身份证明，按以下顺序领受抚恤金、丧葬费（遗嘱另有指定者除外）：

（1）配偶。

（2）子女。

（3）父母。

（4）孙（外孙）子女。

（5）同胞兄弟姊妹。

第六条　领受抚恤金、丧葬费的遗属，同一顺序内有数人者，应平均承领，如有放弃权利者，应出具书面说明。

第七条　申请抚恤金应于职员死亡一年内由权利人填具抚恤金申请表和申请抚恤保证书，并持死亡证明书向本公司提出申请。遇有不可抗拒原因时，上述期限可予以延长。公司人事、会计部门负责审核各项凭证，并呈总经理核批。

第八条　死亡职员如无遗属，由其所属部门代领抚恤金、丧葬费并派员代为殡葬。如果死亡职员遗属居住甚远不能亲临殡葬，征得其同意后，可比照前项规定代为殡葬。其应领抚恤金等应待其合法领受人到达后，按照规定手续办理，并扣除殡葬费用。

第九条　合同工、临时工等，因执行职务而致伤一时不能工作者，除由本公司或劳保局负担医药费外，治疗期间按月给予全数薪金，但以一年为限。因执行职务而致死亡者，可按最后月份标准薪金一次性发给 18 个月的抚恤金，但最低不得少于××元，最高不得超过××元。

第十条　本办法所称因执行公务而致伤害或死亡的认定均以劳动部、总务部、卫生部之规定为依据。

第十一条　本办法由公司福利委员会负责草拟，职工代表大会讨论通过后实施，修改程序亦同。

▲ 员工福利存款借款办法

（1）兹为倡导员工储蓄及解决员工临时急用，特制订本办法。

（2）每人存款数额暂不限制，但借款每次以不超过每月薪金总额为原则。

（3）存借款利息，均为月利0.8%（照法令规定另扣所得税及印花税）。

（4）存款方式：

①上班时间内随时可以存提，但提取数额大者，应事先通知出纳备款。

②存提款额，每次不得少于1000元。

③每人开户应填具印鉴卡。

④每次存提，除填具提存单外，并应将提存金额记入存折内。

⑤每月7日为发给上月利息日期。

⑥存入款项，除用作提款及借款外，所余数额，以同等利率（月利0.8%）转存公司财务部，作为公司短期借款。

（5）借款人条件：

①个人及直系亲属罹病住院或所需医药费过大者。

②个人婚假及直系亲属丧葬。

③配偶生育。

④子女缴交学费或出国深造筹措路费。

（6）所借款项分三次在每月发薪时连同利息扣还（如有员工经济情况好转愿一次还清者听便）。

（7）借款人应觅妥员工两人，共同保证。

（8）保证人如中途离职或因故退保时，借款人应另觅新保证人，在换保手续未办妥前，原保证人应继续负责。

（9）上次借款未还清前，不得继续借款。

（10）本办法仅适用于正式员工。

（11）本办法经本公司福利委员会会议通过后实施。

（12）本办法如有未尽事宜，可随时修订。

▲职员伤害补偿规定

第一章 总则

第一条 目的。本规定旨在明确职员在执行业务过程中受到伤害时，公司予以补偿的具体办法。

第二条 补偿范围。补偿的对象限于在执行业务过程中因故受到伤害的职员及其家属。

受伤害职员因同一原因接受其他伤害补偿时，公司仅向其支付相当于余额的补偿。

第三条 例外。因本人故意或重大过失造成伤害时，由有关部门认定后，不给予伤害补偿，或给予部分补偿。

第二章 补偿

第四条 补偿种类。

（1）疗养补偿。

（2）休养补偿及休养薪金。

（3）长期伤病补偿及长期伤病薪金。

（4）后处理薪金。

（5）伤残补偿及伤残薪金。

（6）家属补偿及家庭补助。

（7）殡葬费。

（8）退职薪金。

第五条 疗养补偿。指因工受伤或患病时，公司向其支付的必要的疗养费。疗养费直接付给职员医疗的定点医院。

在治疗过程中，所需的转院交通费由公司负担。如需家属陪同时，由公司支付一定的补偿。

第六条 休养补偿及休养薪金。

（1）为辅助治疗，需休养时，公司除给予休养补偿外，附加休养薪金。

（2）休养薪金仅限于休养期，其数量为平均额的40％。

第七条 长期伤病补偿及长期伤病薪金。

（1）如受伤害者经疗养三年后尚未治愈，除给予长期伤病补偿外，附加长期伤病薪金。

（2）长期伤病工资为平均工资的40％。

第八条 后处理薪金。

（1）受伤害者经治疗后，如需要医疗后处理（如外科手术后处理，安装假肢、假眼等），应向其支付后处理薪金。

（2）后处理薪金为平均额的60％。

第九条 伤残补偿及伤残薪金。因伤害造成身体残疾时，除给予伤残补偿外，附加伤残薪金（伤残薪金按伤残程度分级支付）。

第十条 家属补偿及家庭补助。职员因伤害死亡时，除对其家属予以家属补偿外，给予家庭生活补助。

此两项补偿规定，应一次性支付。

第十一条 殡葬费。职员因伤害死亡时，公司按有关规定负担殡葬费。

第十二条 退职薪金。受伤害职员如退职时，公司向其支付退职薪金。

退职薪金的支付标准为：本人退职前薪金×支付天数。支付天数按本人实际年龄分段（18～22岁为588～540天；23～26岁为528～492天；27～30岁为480～444天；31岁以上为432天）。

第三章　申请手续及支付方法

第十三条 申请手续。受伤害后，职员应迅速将医师证明材料和申请表报请上级主管，提交总务部门。

第十四条 支付方法。

（1）非薪金性补偿，直接支付给本人或其家属。

（2）薪金性补偿分月随薪金支付。必要时也可临时支付。但伤残薪金、家庭补助和退职薪金可在申请后立即支付。

第四章　附则

第十五条 对临时工的伤害补偿也按本规定办理。

▲交通伤害赔偿规定

第一条 本规定旨在消除职员上下班途中因交通问题而带来的不安全感，提高本公司职员的福利保障水平。

第二条　职员在上下班途中因交通事故及其他事由造成伤害时，可按本规定获赔偿。但是，公司管理人员、顾问、临时雇用者不在此列。

第三条　本公司与××保险公司签订保险合同，由保险公司负责具体的赔偿支付事务。

第四条　本规定的支付范围限定在下列情况，但伤害发生 150 日以后出现的伤害与死亡不在此列。

（1）死亡：×万元（100%）。

（2）终生残疾：×万元（80%）。

（3）两眼失明：×万元（60%）。

（4）失去上肢或下肢：×万元（60%）。

（5）两耳失去听力：×万元（60%）。

（6）一眼失明：×千元（20%）。

（7）失去鼻子：×千元（20%）。

（8）失去一手拇指：×千元（14%）。

（9）一耳失聪：×千元（14%）。

（10）失去一只耳朵：×千元（8%）。

（11）失去一个手指：×千元（6.8%）。

（12）失去一个脚趾：×千元（6.8%）。

第五条　第四条以外的伤害，参照上条赔偿标准决定。同一事故造成两项以上伤害时，最高赔偿额为×万元。

第六条　如直接伤害影响已有伤害或疾病，应给予相应的追加赔偿。

▲工伤处理有关规定

（1）确定工伤范围：员工由于下列情况之一，负伤、致残、死亡，应当确认为工伤：

①员工从事日常生产工作时发生的工伤事故。

②在生产工作环境中，接触职业性有害元素或患职业病的。

③在生产工作区域内由于不安全因素，造成的意外伤害或者由于工作紧张突发疾病，造成死亡或经抢救治疗后丧失劳动能力的。

④因履行职责招致人身伤害的。

⑤在发生灾害或险情时，员工从事抢险救灾、救人等维护国家、社会和公众利益的。

⑥因公外出，由于工作原因遭受其他意外，造成伤害、失踪、突发急病

等的。

⑦在上下班的规定时间和必经路线上发生非本人责任，或非本人主要责任的道路交通机动车事故的。

⑧劳动法律和法规规定的其他情形。

（2）员工因下列情形之一造成负伤、致残、死亡的不应定为工伤：

①违法或犯罪。

②自杀或自残。

③斗殴。

④酗酒。

⑤蓄意违章。

⑥劳动法律法规规定的其他情形。

（3）员工在工作中身体因工伤受到的损伤必须在 24 小时内向人事部门汇报。

①轻伤者由部门组织调查，查清事故原因并确定事故责任，提出处理意见，经人事部门确认、安全领导小组批准后方可按工伤处理。

②重伤事故由安全领导小组组织有关人员调查确认后，由人事部门向当地劳动局安全部门送交工伤报告。

（4）员工工伤就医，必须在医务室就诊，由医务室医生负责转院，或到指定合同医院就诊。工伤待遇按规定处理，医疗费用、药费、住院费、膳食费、就医经费均由单位负担。

（5）工伤期间工资待遇按国家规定办理。

第二节　企业宿舍、食堂管理制度

▲职工宿舍文明守则

第一条　为加强公司宿舍区的文明建设，使职工有一个清洁、宁静、安全、文明的生活环境，特制订职工宿舍文明守则。

第二条　保持生活环境的整洁卫生，不随地吐痰，乱丢果皮、纸屑、烟头等。一切车辆（含自行车）要按指定的位置摆放整齐。

第三条　宿舍区内的走廊、通道及公共场所，禁止堆放杂物、养鸟和其他宠物。

第四条 讲文明礼貌，不随地大小便，不从楼上抛丢垃圾、杂物和倒水。不准弄脏和划、画墙壁。

第五条 养成良好的卫生习惯，垃圾、杂物要倒在垃圾池（桶）内。

第六条 注意安全，不许私自安装电器和拉接电源线，不准使用明火炉具（用电炉具）及超负荷用电。

第七条 预防火灾，严禁在宿舍区燃放烟火和鞭炮。

第八条 自觉维护宿舍区的安静，在中午、晚上休息时间不使用高音器材，不许大声吵闹，不进行有噪声的活动。

第九条 美化环境，爱护花草树木和一切公共设施。

第十条 各住户生活区的卫生要经常打扫，保持整洁。

第十一条 遵纪守法，严格遵守治安管理的有关规定，自觉维护宿舍区的秩序。

以上规定希望广大职工自觉遵守，违者按公司住房管理规定的条款给予处理。

▲职员宿舍管理制度

第一条 为使职员宿舍保持一个良好、清洁、整齐的环境，以保证职员在工作之余得到充分的休息，维护生产安全和提高工作效率，特制订本制度。

第二条 住宿条件。

（1）在市区内无适当住所或交通不便的职员可申请住宿。

（2）凡有以下情形之一者，不得住宿：

①患有传染病者。

②有吸毒、赌博等不良嗜好者。

（3）不得携带家属住宿。

（4）保证遵守本制度。

第三条 职员离职（包括自动辞职、免职、解职、退休、深造等），应于离职日起3日内搬离宿舍，不得借故拖延或要求任何补偿费或搬家费。

第四条 宿舍设立管理员，其工作任务如下：

（1）监督管理一切内务。

（2）监督值班人员维护环境清洁及关闭门窗。

（3）保管住宿者如血型、紧急联络人等方面的资料，以备急需。

（4）有下列情形之一者，应通知主管及总务部门：

①违反宿舍管理规则，情节严重。

②留宿亲友。

③宿舍内有不法行为。

④职员身体不适以至病重，应及时送医院并通知其亲友。

第五条 职员对所居住宿舍，不得随意改造或变更。

第六条 职员不得将宿舍转租或出借给他人使用，一经发现，立即停止其居住权利。

第七条 公司主管和总务部门主管应经常视察宿舍，住宿职员不得拒绝。

第八条 对于宿舍所有器具设备（如电视、玻璃镜、卫浴设备、门窗、床铺等），住宿职员有责任维护其完好。如有疏于管理或恶意破坏者，由其负担修理费或赔偿，并视情节轻重给予纪律处分。

第九条 住宿职员应遵守下列规定：

（1）服从管理员的管理、派遣与监督。

（2）宿舍内禁止烧煮、烹饪或私自接配电线及装接电器。

（3）宿舍内不得使用或存放危险及违禁物品。

（4）起床后被子叠放整齐。

（5）烟灰、烟蒂不得丢弃地上，宿舍内不得存放易燃物品。

（6）换洗衣物不得堆积在宿舍内，暂不用的衣、鞋必须放入柜内。

（7）洗完衣物在指定位置晾晒。

（8）使用电视、收音机不得妨碍他人休息。

（9）就寝后不得影响他人睡眠。

（10）宿舍不得留宿亲友，外人拜访应登记姓名、与职员关系及进出时间。

（11）夜间最迟应于23：00前返回宿舍，否则应向管理员报告。

（12）贵重物品应避免携入，违反规定放入宿舍内而致丢失者责任自负。

（13）不得在墙壁、橱柜、门窗上随意张贴字画或钉挂物品。

（14）废物、垃圾等应集中倾倒在指定场所。

（15）房间清洁由住宿人轮流负责。

（16）节约用水，节约用电，人去灯灭。

（17）不得在床上抽烟。

（18）不得在宿舍内聚众、喝酒、赌博、打麻将或从事其他不健康活动。

第十条 住宿人员轮流值班，负责公共地区的清洁，公共设施的修缮，水、电、门窗等的安全巡视，发现问题及时报告并立即采取措施。

第十一条 住宿职员发生下列行为之一者，应取消其住宿资格，并呈报其所属部门和总务部门处理：

（1）不服从管理员监督、指挥。

（2）在宿舍赌博、打麻将、斗殴、酗酒。

（3）蓄意毁坏公司物品或设施。

（4）擅自在宿舍内接待异性或留宿外人。

（5）经常妨碍他人休息，屡教不改。

（6）严重违反宿舍安全规定。

（7）无正当理由经常外宿。

（8）有偷窃行为。

第十二条　住宿者迁出应将床位、物品、抽屉等清理干净，带出物品应先交管理员或主管人员检查。

第十三条　管理人员应按规定及时到公安户籍管理部门为住宿者办理临时户口登记。

第十四条　本制度报呈总经理核准后公布实施，修改亦同。

▲单身宿舍管理规定

第一条　为加强单身宿舍的规范化管理，建设一个良好的集体生活环境，特制订本制度。

第二条　在单身宿舍设管理员一人，管理员由公司任命。管理员编制在公司总务部，负责单身宿舍的运营管理。管理员的具体责任为：

（1）填制入住者名册、管理日志、用品台账，并于每月月底提交给总务科长或人事科长。

（2）建筑物及附属设施的检查、保养与维修，落实防火防害对策。

（3）监督入住者遵守规章制度。

（4）对单身宿舍进行安全卫生管理。

（5）负责入住者与公司的沟通联系。

（6）给予入住者必要的生活援助。

第三条　入住者必须是公司的单身职工或因特殊原因不能与家属同住的职工，小时工和临时工除外。希望入住者，必须提交入住申请表，并由公司决定是否批准入住和各宿舍定员。被批准入住者，需在×日内搬入，否则视为无意入住而取消其入住资格。采取弄虚作假手续获准入住或已经入住者，取消其入住资格。

第四条　入住者必须严格遵守本规定，自觉地维持单身宿舍的生活秩序和公共道德。入住者的作息时间为：起床×时×分，就寝×时×分。

第五条　入住者必须严格遵守下列事项：

（1）小心使用各种设施。

（2）保持宿舍的清洁卫生。

（3）注意节约水电、煤气。

（4）注意用火安全。

（5）遵守公共道德，注意维持纪律秩序。

第六条　入住者不得进行下列行为：

（1）转让宿舍使用权，或转借宿舍。

（2）改变宿舍或附设设施的原有形态。

（3）在宿舍内进行商业活动或类似的活动。

（4）在宿舍内存放或使用危险物品。

（5）将物品随便带出宿舍。

（6）在指定场所以外用火或吸烟。

（7）自己生火做饭。

（8）在宿舍内大声喧哗、吵闹、放音乐等。

（9）在宿舍内散发或张贴广告。

（10）在宿舍内饲养各类小动物。

第七条　入住者在发生下列情况时，应当向管理员通报。如果管理员不在，应当直接向公司通报。

（1）建筑或附属设施损坏时。

（2）火灾、水灾或失盗时。

（3）宿舍内出现传染病患者时。

（4）出现其他需通报事项时。

第八条　入住者必须按另行制订的房费标准向公司支付房费。房费核算期间为上月×日至本月×日。房费从其每月工资中直接扣除。

第九条　入住者在下列情况下，必须在×日内退房：

（1）不具备公司职工身份。

（2）不再是单身者。

（3）违反本规定，被公司认为不适宜再住单身宿舍者。

（4）公司出于某种考虑，命令退房时。

第十条　单身宿舍修缮费用原则上由公司负担。因入住者过失或故意造成的损失，由其本人全额负担修缮费用。宿舍或附设设施需要修缮时，由入住者直接向管理员提出申请。入住者不得对宿舍和附设设施进行改装。

第十一条　入住者应注意公共卫生，努力保持厨房、浴池、房间、厕所的清洁卫生。

入住者应积极参加或配合定期大扫除，努力保持宿舍内部清洁。

入住者应养成良好的个人生活习惯，注意个人健康，定期接受公司举行的健康检查，积极配合统一的防疫消毒活动。

入住者不得在走廊、楼梯、出入口和紧急出口处堆放杂物。应熟练掌握消防器材和安全装置的使用方法。

▲ 管理人员住宅规定

第一章　通则

第一条　本规定的制订旨在规范公司管理人员使用公司住宅的计划与管理事项。

第二条　除其他有关规定外，公司住宅管理依本规定实施。

第三条　本规定中主要用语的含义为：

1. 公司住宅

公司住宅是指为保证工作和公司业务的顺利展开，公司所有管理人员的住宅及相应设施。

2. 计划

此处计划是指以公司的事业计划为基础制订的公司住宅建设、购买、租赁、改扩建、修理等计划。

3. 管理

此处的管理是指与公司住宅运营相关的事务处理。

4. 公司住宅主管

公司住宅主管即公司总部的总务主任和分公司及事业部的总务主任，由其统管公司住宅事务。

5. 资产管理主管

资产管理主管即公司总部的财务主任和分公司的总务主任。

第四条　入住者必须严格遵守本规定，要爱护房屋，注意安全卫生，注意维护个人形象。

第二章　住宅管理

第五条　公司住宅主管负责编制管理台账。

第六条　公司住宅的保全管理由住宅主管全权负责。

第七条 住宅主管在公司住宅结构出现危险或有事故隐患时，应与资产管理主管协商，采取必要的防范措施。

第八条 住宅主管在出现下列情况时，应组织消毒防疫：

（1）入住者患传染病。

（2）原住房传染病患者居住过。

第九条 当公司住宅发生火灾或其他灾害时，住宅主管须及时向总务部主管报告，并与相关管理人员协调，做好善后处理和防范工作。报告内容包括：

（1）受损物品名称。

（2）灾害发生时间及原因。

（3）受损金额及修复预算。

（4）灾害保险金额。

（5）应急措施。

第三章 租借与退还

第十条 租借公司住宅应由本人提出申请，并在审查下列事项后，做出决定：

（1）职位。

（2）业务状况。

（3）通勤状况。

（4）通勤年数及对公司的贡献。

（5）本人居住状况及家庭成员构成。

第十一条 租借或更换公司住宅时，需向总务部门提交公司住宅租借申请。

第十二条 申请批准后，由总务主任向本人下发租借通知书。

第十三条 在接到公司租借通知后，租借人必须在两周内入住。否则，应向总务主任提出暂缓入住申请。延期不得超过两周。

第十四条 入住时应填写入住保证书，退居时应提交退居申请。

第十五条 当公司住宅须拆除、维修、出让时，或住宅在构造上存在危险时，公司有权要求居住者转住。

第十六条 居住者按公司指定期限转住时，由公司支付转住费用。

第十七条 居住者出现下列事项时，须在指定时间内退还住房：

（1）居住者工作调动，应在接到调令后两周内退房。

（2）辞职时，应在三个月内退房，被公司辞退的职员，应在一个月内退房。

（3）本人死亡时，其家属应在三个月内退房。

第四章　维修与改建

第十八条　居住者维修或改建住房时，须向公司提出正式申请。

第十九条　主管接受维修申请后，应与资产管理主管协调，并进行实地调查，然后确定维修或改建方案。

第二十条　住宅主管确定维修或改建的承包商。

第二十一条　住房维修的范围包括墙壁、地面、门窗和其他附属设施。

第二十二条　费用负担：

（1）公司认可的维修费用由公司全额承担。

（2）对因不可抗拒原因造成损坏的修复费用由公司全部承担。

（3）房间中易损坏部分，如地面等，达到公司确定的维修周期后，由公司负担70%的费用。

（4）日常的简单维修费用由个人承担。

（5）因居住者个人造成损坏的维修费用由个人承担。

第五章　房租

第二十三条　房租以月核算。中间入住、退居时，以实际居住时间核算房费。具体缴纳标准另行制订。

第二十四条　职员未按指定时间转住或退还住房时，应在房费外加收两倍于房费的惩罚性房费。

第二十五条　水费、电费、煤气费由居住者自行支付。

▲住宅管理规定

第一条　为加强对公司住宅的使用与管理，特制订本规定。

第二条　本规定中的公司住宅，是指公司为事业发展需要，在员工雇佣期内，暂时或断续供职员（包括正式职员、临时招聘职员，下同）居住，产权归公司所有的住房及附属设施。

第三条　本规定中的居住者，是指按照公司所定手续申请，且经公司批准的入住者。

第四条　公司住宅由公司总务部和人事部进行管理。

第五条　居住者必须严格遵守本规定，服从并配合公司的统一管理。

第六条 居住者严重违反本规定，公司有权取消其居住资格。

第七条 居住者必须具备下列资格，经公司审查批准后，才能居住。

（1）转岗调动者，在工作地没有住处。

（2）新聘用职员，公司要求其居住公司住宅。

（3）因其他特殊理由需要住在公司者，这些特殊理由包括：

①因火灾、水灾、震灾等失去住房。

②其他被公司认可的理由。

第八条 住宅使用费缴纳标准另行制订。

第九条 使用费按月缴纳，核算期间为×日至×日，从工资中直接扣除，中途退居或入住时，按实际天数计算使用费。如使用费无法从工资中直接扣除，居住者须在指定时间到公司缴纳。

第十条 居住者未经公司同意对住房进行改装，公司有权令其恢复原状，或由公司强行拆除，后者的有关费用由居住者负担。

第十一条 居住者因故意或重大过失损坏房屋及有关设施时，修复费用由居住者全额负担。

第十二条 居住者如丧失居住规定资格，或因本人故意或重大过失造成房屋损失时，必须依照规定退居。

第十三条 因工作调动，或由于住宅管理上的需要，居住者应服从公司的安排。

第十四条 本规定自×××年×月×日起实施。

▲房屋租赁协议书

本公司（以下称甲方）与××股份有限公司（以下称乙方）本着互利合作的原则，就有关房屋租赁签订本协议。

第一条 房屋地点。

甲方将其所有的位于_____区_____街_____号的建筑物_____层____号房间（使用面积_____平方米），租借给乙方。

第二条 租赁期限。

租借期限为_____年（自____年____月____日起，到____年____月____日止）。

甲方或乙方在租借期期满前6个月内如不以文书方式表示异议，则本契约自动续延，但租金和租借期另议。

第三条 租金。

租金为每月 ＿＿＿元，租借时间不足 1 个月时，按实际天数计算。

第四条　空调费。空调费按每月每平方米××元计算。租借时间不足 1 个月时，按实际天数计算。

第五条　费用支付。乙方于每月 5 日前将上月租金和空调费交到甲方指定部门。

第六条　用途。乙方必须注意保护房间设施，房间只能用作办公室，不得改作其他用途。

第七条　维护费。乙方应负担下列房屋维护费（由甲方预先支付的维护费，乙方应按甲方指定时间，支付给甲方）：

（1）房间中使用的电费、水费、电话费、煤气费。

（2）电灯、煤气器具等的更新与修理费。

（3）清扫费用和公共分担费用。

（4）其他由甲方指定的应由乙方负担的费用。

第八条　限制事项。乙方进行下列行为时，应事先以文书的形式征得甲方同意，所需费用由乙方负担：

（1）房屋装修，改变房间结构和增加房屋内设施。

（2）增减或改变房间内电灯、配电、煤气、电话、自来水的配线和配管。

（3）在房屋内设置保险柜等重要物品。

（4）在房屋内部、房顶、窗玻璃上张贴广告、宣传画或其他物品。

第九条　通报义务。当房屋需要维修或增加消防设施时，乙方应迅速通报给甲方。

按照本协议规定，应由乙方负责的维护事项，乙方也须征得甲方的同意。

第十条　门锁钥匙。甲方向乙方提供门锁钥匙一把。乙方需另行配制钥匙时，须以文书形式向甲方申领。乙方不得以任何理由擅自配制。

当乙方丢失钥匙时，须向甲方通报，由甲方配发钥匙。当乙方擅自配制钥匙而造成甲方财产损失，即使在本协议解除后，也应由乙方负责赔偿。

第十一条　遵守规定。乙方在租借期间，必须遵守甲方制订的建筑物使用管理规定。

第十二条　租借让渡。乙方不应以任何理由将房屋租借转让给第三者。

第十三条　进入房间。甲方在执行安全、防火检查时，可进入房间或在房间外巡视。

第十四条　损失赔偿。

（1）因不可抗拒的原因造成乙方损失时，甲方对乙方不负赔偿责任。

（2）当乙方及相关者因故意或过失造成房屋损坏时，乙方须负责赔偿。

第十五条　租金调整。由于物价变动和其他正当理由，甲方有权要求调整租金、空调费和其他维护费。

第十六条　解除协议。甲方在乙方出现下列情况下，可以不经协商，解除本协议：

（1）用于第六条之外的目的。

（2）延迟三个月以上不缴纳租金、空调费和其他维护费。

（3）违反第八条和第十二条规定。

（4）发生违反本协议的其他行为。

（5）乙方因债务原因破产或被强制保全时。

第十七条　运营时间。大门的开关时间、电梯运行时间等的安排，必须考虑到乙方的方便。

第十八条　禁止事项。乙方及乙方人员不得进行下列行为：

（1）妨碍甲方和其他租借人的正常工作。

（2）在房屋内外放置危险品、易燃品和不洁物品。

（3）在房屋内外饲养动物。

（4）妨碍建筑物公共部分的使用。

（5）随意丢废弃物。

（6）以保暖供热为目的，在建筑物内使用油气。

（7）不关掉电灯、电扇、电热器等而离开。

（8）在非甲方指定场所停放车辆。

第十九条　押金。乙方应在本协议正式签订后，向甲方支付押金×××元（相当于六个月的租金）。当租金提高时，押金也相应提高。

当乙方延迟缴纳租金、维护费用和赔偿费用时，甲方有权从押金里直接扣除，乙方随后应在一周内补足押金。当乙方交还房屋并结清所有债务时，甲方须将押金退还乙方。

第二十条　解约。在租借期间，因不得已原因欲解除本协议时，甲方或乙方须提前六个月，以文书形式通知对方。但乙方在向甲方支付六个月的租金时，可以马上解约。

第二十一条　归还。本协议书终止后，乙方应在甲方指定时间内，撤去房内各种物品，恢复房间原貌。在乙方向甲方预付有关费用时，甲方可代行完成复原工作。

当乙方不能在指定时间内撤出物品时，甲方可做任意处置。在复原期间的水电费、空调费等，由乙方支付。

第二十二条　特约。本协议书未定事项，由甲乙双方协商决定。本协议书一式两份，甲乙双方各持一份。

　　甲方（地址）

　　　　（名称）

　　　　（签字）

　　乙方（地址）

　　　　（名称）

　　　　（签字）

××××年×月×日

▲食堂管理规定

　　第一条　本公司食堂工作人员须严格遵守公司的一切规章制度，按时上下班，坚守工作岗位，服从组织安排，未经同意不得擅自离开工作岗位。

　　第二条　树立全心全意为他人服务的思想，讲究职业道德，文明服务，态度和蔼，主动热情，礼貌待人，认真负责。做到饭熟菜香，味美可口，饭菜定量，食品量足，平等待人。

　　第三条　遵守财经纪律。收款一律打卡，禁止收取现金。炊事人员按规定每月交纳就餐费并严格登记。任何人在食堂就餐须按规定标准收费。不得擅自向外出售已进库的物品。

　　第四条　坚持实物验收制度，搞好成本核算，做到日清月结，账物相符。每月盘点一次，每月上旬定期公布账目，接受监督。

　　第五条　爱护公物。食堂的一切设备、餐具都有登记、有账目，对放置在公共场所内的任何物件（公家或个人），不得随便搬动或挪作他用。无故损坏各类设备、餐具，要照价赔偿。

　　第六条　炊事人员要注意个人卫生，做到勤洗手、剪指甲，勤换、勤洗工作服，工作时要穿戴工作衣帽。炊事人员每年进行一次健康检查，无健康合格证者，不准在食堂工作。

　　第七条　计划采购。严禁采购腐烂变质食物，防止食物中毒。

　　第八条　安排好就餐，减少排队时间，按时开饭。每天制订一次食谱，早、中、晚餐品种要多样。提高烹调技术，改善伙食。因工作需要不能按时就餐或临时加客餐，要事前通知或预约。

　　第九条　做好安全工作。使用炊事械具或用具要严格遵守操作规程，防止事故发生；严禁带无关人员进入厨房和保管室；易燃、易爆物品要严格按规定放置，杜绝意外事故的发生；食堂工作人员下班前，要关好门窗，检查各类电源开关、设备等。管理员要经常督促、检查，做好防盗工作。

第十条　加强管理，团结协作，严格执行各类规章制度，圆满完成各项工作任务。

▲食堂厨房卫生管理制度

第一条　食堂厨房应与厕所及其他不洁处所有效隔离，厨房内不应有厕所，且厨房的门与窗均不得面对厕所。

第二条　厨房应有良好的供水系统与排水系统，尤以排水系统最重要，洗涤用过的污水，必须迅速排除。

第三条　地面、天花板、墙壁、门窗应坚固美观，所有孔洞缝隙应予以填实密封，并保持整洁，以免蟑螂、老鼠隐身躲藏或出入。

第四条　应装置抽油烟机。抽油烟机之油垢应定时清理，所排出之污油亦应适当处理，切勿直接喷泻干扰邻居。

第五条　工作厨台及橱柜以铝质或不锈钢材质为佳。

第六条　工作厨台及橱柜下内侧及厨房死角，应特别注意清扫，以免遗留物腐烂。

第七条　食物应在工作台上料理操作，并将生、熟食物分开处理。刀和砧板及抹布等，必须保持整洁。

第八条　食物应保持新鲜、清洁、卫生，并于洗清后分类以塑胶袋包紧，或装在有盖容器内，分别储放在冰箱或冷柜内。鱼、肉类取用处理要迅速，以免反复解冻而影响鲜度。勿将食物暴露在常温中太久。

第九条　凡易腐败之饮食物品，应储藏在零摄氏度以下的冷藏容器内，熟的与生的食物分开储放，以防串味。

第十条　调味品应以适当容器装盛，使用后随即加盖，所有的器皿及菜肴，均不得与地面或污秽接触。

第十一条　应备置有密盖的污物桶、厨余桶。厨余最好当夜倒除，不在厨房内隔夜。万一需要隔夜清除，应用桶盖隔离，且厨余桶四周应经常保持干净。

第十二条　职员工作时，应穿戴整洁的工作衣帽。工作时避免将手直接接触或沾染食物与食器，应尽量利用夹子、勺子等工具取用。

第十三条　在厨房工作时，不得在食物或食器的附近抽烟、咳嗽、吐痰、打喷嚏，万一打喷嚏时，要背向食物用手帕或卫生纸罩住口鼻，并随即洗手。

第十四条　厨房工作人员饭前或便后，均应彻底洗手，保持清洁。

第十五条　厨房清洁扫除工作每日数次，至少要做一次；清洁完毕，清扫用具应集中处置。杀菌剂和洗涤剂不得与杀虫剂等放在一起，有毒的物质要标明和放在固定场所，并指定专人管理。

第十六条 不得在厨房内躺卧或住宿，也不许随便悬挂衣服及放置鞋物或乱放杂物等。

第十七条 感冒、皮肤有外伤及患传染病症时，都应留在家里休养治疗，以免影响就餐者的健康。

▲职员食堂管理制度

第一条 食堂工作人员要认真学习《食品卫生管理法规》，深入了解食品卫生制度及营养知识，为职员提供卫生且营养的膳食。

第二条 食堂工作人员必须严格执行领导的工作指示，服从安排，按时上下班，不迟到早退，不无故旷工，各司其职，紧密配合，做好职员膳食工作，并保证厨房及饭厅的卫生整洁有序。

第三条 当班工作人员应保持仪表整洁，注重个人卫生，穿工作服、戴工作帽，并做到四勤（勤换衣、勤洗头、勤理发、勤剪指甲）。

第四条 在售卖过程中，做到公平合理，一视同仁，不能多打少收或少打多收，杜绝打饭菜不收饭票、不刷卡的现象。任何人不得私自拿走厨房的用具和食物，一经发现有此行为者要严肃处理。

第五条 食堂一般不对外来人员开放，公司职员如有亲友来访需要就餐者，必须到宿舍管理处买饭票就餐，违者由后勤处予以处理。

▲职员餐厅就餐管理制度

第一条 职工食堂每日供应三餐，根据公司实际情况，制订用餐时间。

第二条 公司职员进入食堂就餐一律要挂工号牌，凭餐卡打饭菜。

第三条 就餐人员进入食堂后，必须排队打饭，不许插队。

第四条 就餐人员必须按自己吃饭的食量盛饭打汤，不得故意浪费。

第五条 职员用餐后的餐具放在食堂指定地点。

第六条 食堂内不准抽烟，不准随地吐痰，不准大声起哄、吵闹，做到文明用餐。

第七条 在食堂用餐人员一律服从食堂管理和监督，爱护公物、餐具，讲究道德。

第八条 就餐人员不准把餐具拿出食堂或带回办公室占为己有。

第九条 如有违反以上规定者，事务部有权报人事部给予罚款处理，罚款从当月浮动工资中扣除。情节严重或屡教不改者，给予行政处分直至除名。

▲工作餐供应管理规定

第一条 食堂为公司所有职员免费提供早、中、晚工作餐，并在规定的开饭时间内保证供应。

第二条 食堂拟定每周食谱，尽量使一个星期的饭菜不重样。饭菜要讲究色、味、形，严格操作规程。

第三条 热情、礼貌地接待职员就餐。

第四条 食堂负责为每位职员提供餐具，用餐完毕由职员本人送到指定地点，由食堂人员进行刷洗、消毒。

第五条 为体现公司对职员的关心，食堂负责为带病坚持工作的职员做病号饭，由医务人员根据病情及营养搭配开具食谱，食堂人员负责制作。

第六条 严格各项卫生制度，保证不进、不用、不制作、不出售腐烂变质原料及食品。炊事人员每次就餐后进行一次大清理，使桌、椅、餐具整洁有序。

▲加班餐管理规定

第一条 为了确保本公司职工晚间加班时，餐食的供应规范、及时到位，特制订本规定。

第二条 加班餐的供应对象为晚间加班（晚上 8：00 以后）的职工。

第三条 加班餐的管理者为总务科科长。供应办法为向职工配发餐券，以餐券领取加班餐。

第四条 各主管科长在认定需要加班时，应于当日下午 2：00 前向总务科提出供餐申请。事前无法预料的加班，应直接与食堂联系。

第五条 总务科受理申请后，计算出需要加班餐的份数，并与食堂联系。总务科受理申请时，向各科配发相应的餐券，作为领取餐食的凭证。

第六条 加班职工应在指定时间凭餐券到食堂取加班餐。餐券均当日有效。餐券丢失、污损等不再补发。

第七条 食堂供餐时间为晚上 6：00 至 7：00，特殊情况下，主管科长应事先与食堂联系，协商供餐时间。

▲炊事员卫生制度

（1）炊事员每年进行健康检查，防止肠道传染病和食物中毒事故的发生。

（2）炊事员工作时要穿上清洁的工作服，不留长指甲，保持良好的个人卫生。

（3）凡患有痢疾、伤寒、病毒性肝炎等传染病，活动性肺结核、渗出性皮肤病以及其他有碍食品卫生疾病的，不得参加接触直接入口食品的工作，必须经治愈后，复查合格后，方可恢复工作。

▲住宿登记表

宿舍号码	住宿人员姓名及住宿时间

▲宿舍物品借用卡

使用日期：　　年　　月　　日　　　　借用人：

物品名称	借用数量	归还数量	物品名称	借用数量	归还数量
棉被					
蚊帐					
衣橱锁匙					
枕头					
拖鞋					

▲宿舍检查日报表

检查者_____   ____年___月___日

室号	室长	检查结果（项目）						备注

第三编

企业生产、经营管理制度

第一章 企业安全生产管理制度

第一节 企业安全生产管理制度

▲企业安全生产管理制度

1. 安全生产管理制度

（1）认真贯彻执行国家《安全生产法》、《道路交通安全法》及《多种经营企业安全管理规定》，贯彻安全生产有关规章制度，坚持以人为本，突出预防为主，切实做到安全生产。

（2）总部成立安全生产委员会，以行政正职为安全生产第一责任者，对企业安全管理工作进行领导、监督。

（3）所属企业相应成立安全生产委员会或领导小组，以职责落实到基层、责任分解到个人的办法，实行分工负责，专（兼）职管理。

（4）根据安全工作精神，安全部门负责制订、修改、审定企业安全生产管理制度，编制年度、季度、月度安全生产工作计划，制订安全技术标准和措施，并负责组织实施。

（5）采取月度组织安全综合检查，重点工序、岗位不定期抽查的办法，对所属企业进行安全检查。检查结果通过会议讲评、公报公布和经济处罚等形式予以惩戒整改。

（6）所属企业采取逐级安排检查，车间（队）和班组具体检查的办法，以周或日为安全检查周期组织实施。查出的问题和隐患，通过生产运行会、班组安全会或当场整改的办法落实，并辅以必要的经济处罚手段。

（7）坚持实行安全、环保的原则，对企业新建、改建、扩建工程和技术改造项目进行监督执行。对不符合安全技术和工业卫生条件要求的，要坚决制止，不准投产，责成配套完善。

（8）要加大企业安全科技投入，监督所属企业安全专项资金的使用。组织安全科技攻关，应用先进科技成果，搞好工业卫生和劳动保护，改良员工的工作环境和条件。

（9）定期开展安全教育，组织安全知识技能培训。安全管理人员和特种作业人员要经过培训持证上岗，同时做好新员工和转岗员工的三级安全教育，并对外来施工单位的人员进行安全教育，确保以人为本，安全生产。

（10）搞好交通安全内部管理，强化所属企业的车辆管理，定期对驾驶员进行遵章守纪教育，严格按有关车辆交通安全规定运作，并组织检查。

（11）安全部门要加大对人员聚集场所、锅炉压力容器和特种设备的安全监督管理力度，严格工业动火审批程序，采取有效措施保障安全生产。

（12）建立健全风险评价机制，督促所属企业对要害部门和岗位制订适用有效的应急工程预案，强化事故的反应和处理能力，消除工业消防、职业病和民用气方面的隐患，提升安全生产的整体管理水平。

2. 环境保护管理制度

（1）认真贯彻执行国家环境保护部有关环保工作的法规和制度，并结合企业实际，建立环保管理机制，设立专（兼）职环保员。

（2）实行环保目标责任制，落实建设项目环境影响评价和"三同时"管理制度，强化防污染技术的研究、应用和推广力度。

（3）以 HSE（health，safety，environment，即健康、安全、环境）管理体系为载体，积极开展环境保护的宣传教育，切实增强员工环保意识，注重工业卫生，实施清洁生产。

（4）相关企业应按要求做好生产运行中的污染源、污染物的排量控制，做到及时消除污染，力争减轻污染危害。

（5）外施工单位和外委施工单位在施工期间要加强环保管理，切实做好监测验收工作，确保无责任污染事故发生。

（6）定期开展环保工作的检查、考核、奖惩工作，及时整改环保隐患和问题，建立健全环保管理档案。

3. 应急预案管理制度

（1）遵照国家有关标准和要求，结合企业经营生产实际，针对危险源（点）特点，认真编制企业要害部位的安全、设备、消防事故应急预案。

（2）建立隐患识别和预警机制，完善应急救援体系，并相应制订出本企业安全隐患整顿措施。

（3）根据企业应急预案的要求，认真制订预案演练计划。定期对相关部门和员工进行培训和演练，并做好演练效果的分析评估。

（4）本着应急预案应持续改进的原则，结合企业经营生产的变化和应急演练情况，不断提出改进措施。

（5）明确应急预案相关部门、岗位的义务和责任，协调好政府、企业和社会等多方事故救援的互动关系，保证应急预案的有效应用及实施。

（6）认真做好应急预案和演练的定期评审，做好应急预案的档案管理工作。

4. 设备管理制度

（1）认真开展以标准化制度、标准化操作、标准化设备为主要内容的"三标"管理活动。

（2）实行设备目标管理。根据上级要求和企业的实际，制订设备完好率、设备利用率、优良设备率等指标及实施措施。严格控制设备事故发生率，对事故实行"四不放过"，即事故原因未查清不放过、事故责任人未受到处理不放过、事故责任人和周围群众没有受到教育不放过、事故指定的切实可行的整改措施未落实不放过。

（3）把设备管理纳入岗位责任制，实行定人、定机、挂牌、持操作证上岗，做到台台设备有专人管。严格执行和落实设备巡回检查制和设备操作规程。

（4）搞好以"紧急事件员工应知应会知识"为主要内容的技术培训，不断提高员工的设备管理技术素质。

（5）按"十字作业法"搞好在用设备的日常维护保养，使设备性能和安全防护都达到规定要求。

（6）做好设备管理的基础工作，建立设备技术档案。

（7）每月对各项设备管理指标进行一次分析总结，并按时上报有关报表。

▲安全生产作业计划管理制度

1. 主题内容与适用范围

本制度规定了生产作业计划的体系与分工、编制依据、编制程序、编制或更改程序、实施与考核等内容。

本制度适用于本厂的生产作业计划管理制度。

2. 定义与基本概念

生产作业计划，是企业生产计划的执行计划，是组织生产的指令性文件，是生产调度工作的依据，是保证连续、均衡生产的重要手段。

3. 生产作业计划体系与分工

公司生产作业计划在生产副总经理的统一领导下，实行二级管理，即厂级（以下称一级）和车间级（以下称二级）管理，分别配备专职或兼职的生产计划员。

（1）一级生产作业计划，由生产处负责，包括月度生产作业计划，每月18日前下达；各车间日看板计划，于前一日下午2：00前下达；外协计划，每月18日前下达；备品计划；配送计划；调整计划。

（2）二级生产作业计划，由各车间负责，包括班组（工序）作业计划，平衡班组（工序）生产能力后每日以"派工单"形式组织生产。

4. 生产作业计划编制的依据

（1）一级计划编制的依据：

①生产处月度作业计划编制依据：公司年度生产经营计划，销售处下达的月度销售合同、订货计划、采购能力、设备能力、人员状况、零部件库存储备情况及有关的技术资料。

②生产处日看板计划编制依据：公司领导有关指示，公司月度生产计划，日发货品种、数量及销售发货计划，设备状况，各种总成、零部件库存情况，在制品储备情况等。

③生产处备品计划、配送计划编制的依据：销售发货计划。

④生产处外协计划编制依据：厂内加工能力。

⑤生产处调整计划编制依据：销售发货计划，采购能力，设备状况，人员状况，各种总成、零部件库存储备情况，有关的技术资料以及临时性因素。

（2）二级计划编制的依据：车间编制生产作业计划的依据。生产处下达的月度生产作业计划、日看板计划、备品计划、配送计划和调整计划，在制品储备情况，前期计划完成情况，设备（工装）维修进度情况等。

5. 计划编制程序

（1）销售处于每月15日前，将次月产品销售计划或销售意向（分品种、数量、旬期）提报生产处。

（2）生产处综合平衡后，提出建议计划，于16日报分管副总经理。

▲企业安全生产工作管理制度

（1）为了执行国务院关于加强安全生产的有关规定，贯彻安全文明生产的方针，并根据本厂实际情况制订本制度。

（2）企业负责人为安全生产第一责任人，必须建立健全企业各项安全生产制度，要做到既管生产又管安全。

（3）企业成立安全小组，各班组建立设备安全员，设备安全员要负责执行劳动保护和安全技术操作规程，对职工进行安全教育。

（4）对职工加强劳动保护政策的教育，严格执行安全技术操作规程，不得违章作业，做到安全、文明生产。

（5）凡新进职工，首先学习企业规定及安全制度，根据不同工种学习有针对性的安全操作规程，方可上岗工作。

（6）机械设备要经常检查，保证正常运转，做到小事故及时排除，大事故全力抢修。

（7）节假日下班后，车间门窗、工具箱、文件柜应上门加锁，拉掉闸门，切断电源，以防火灾。企业内重要部门要有防火设备，并按要求更换和维修。

（8）全企业每年进行两次以上技术安全检查，发现问题及时纠正。

（9）加强值班制度，平时和重大节假日轮流值班，值夜班人员应在企业内巡逻，确保企业内财产安全。

（10）严禁在企业内吸烟，违者扣除当月奖金或罚款。由此造成重大经济损失的，必须承担全部责任。

▲安全生产承诺制度

（1）在安全管理、行政执法活动中，严格执法、守纪、依法办事，杜绝各类违法行为。

（2）在初审、申报"危险化学品经营许可证"和"危险化学品经营许可证安全批准书"，建设工程项目劳动安全卫生设施"三同时"审查及办理相关证件、材料、文件、计划的，做到不刁难、不扯皮，按法定程序办事，按法定时限完成。

（3）严格执行收取费用的项目、标准及有关规定，做到应收则收，不应收则坚决不收。

（4）依据法定或上级规定的程序办理公务，做到公平、公正、合理、准确无误。

（5）主动热情接待、耐心认真解答、文明诚恳服务。

▲安全生产公示制度

（1）开办企业应具备的法定条件向社会公开，并依据法律、法规的有关规定给予必要的扶持政策。

（2）申报"危险化学品经营许可证"和"危险化学品经营许可证安全批准书"等的申报条件、申报形式、审批程序、权限、时限、收费标准、审批结果等应向社会公开。

（3）各类建设开、竣工验收程序和验收结果向社会公开。

（4）对各类企业、个人依法收取费用的依据、金额、程序、结果公开。

（5）其他由政府授权或法律、法规、规章及地方规范性文件赋予的行政行为和行政执法行为，一律向社会全面公开。

▲企业安全生产资金保障管理制度

加强安全生产管理，应首先保证安全生产资金的有效投入，以改善劳动条件，防止工伤事故的发生，保障职工生命和身体健康。根据《中华人民共和国安全生产法》、《建设工程施工安全生产管理条例》、《建筑施工安全检查标准》等有关法律法规的规定，应制订本单位安全生产资金保障制度。

（1）各单位应单独设立"安全生产专项资金"科目，使专项资金做到专款专用，任何部门和个人不得擅自挪用。

（2）专项资金用途主要包括以下几个方面：

①安全技术措施费用（含租赁设备费用）：

A. "三宝"，即安全网、安全带、安全帽。

B. "四口"，即楼梯口、电梯口、通道口、预留洞口。

C. "临边"，即阳台周边、楼板周边、屋面周边、基坑周边、接料平台的两侧等。

D. 施工用电，即标准化电箱、电器保护装置、电源线路的敷设、外电防护设施。

E. 施工机械与用具，即新增的安全设备、器材、装备，设备检验检测、维修保养、安全检测工具、仪器、仪表等。

②劳动保护用品的费用。

（3）安全生产宣传教育和培训费用：

①安全生产宣传标语牌、横幅等宣传用品费用。

②各类人员的安全教育培训，操作证培训、复训，经常性教育培训等费用。

③现场警戒警示标志等其他安全防护费用。

④应急预案措施费、演练费。

（4）项目部在编制安全生产资金计划时，在充分考虑安全生产需要的同时，还要考虑利用现有的设备和设施，挖掘潜力，讲究实效，安全生产资金的投入与工程进度同步，避免安全生产资金脱节现象。

（5）属于专项资金范围内费用的使用与报销，按财务规定要求，经项目部经理审核签字确认后，方可向财务部门报销，财务部根据项目部使用情况每季度予以汇总，并同各项目部对账，发现差错，及时整改。

（6）财务与项目部每季度出专项资金投入与使用的报表：

①财务部出"安全生产资金投入及使用汇总表"。

②项目部出"工程项目安全生产资金投入及使用明细表"。

（7）对财务与项目部专项资金投入与使用的情况，由分管领导、安全部门负责人、财务负责人每季度进行一次监督检查，检查内容如下：

①项目部安全生产资金投入使用的台账、报表等。

②实物与账册是否相符。

③报销手续是否齐全，报销凭证是否有效。

④财务设置科目与列入科目记账是否符合要求。

对检查中发现的问题，要求相关责任人及时予以调整、整改，如屡次违反，对责任人按有关规定进行处罚。

（8）凡项目部编制的专项资金不足或有缺额时，应及时追加投入资金，新增的计划仍按上述审批的要求执行；凡项目部在工程竣工后，其专项资金尚有盈余，由项目部以福利、奖励等形式予以分配，或累计到下一个承接工程项目作为专项资金的积累。

▲企业安全生产技术措施执行管理制度

安全生产技术措施计划（执行）是项目施工保障安全的指令性文件，具有安全法规的作用，必须认真编制和执行。

1. 编制原则

编制安全生产技术措施计划要在编制生产财务计划的同时进行。

安全生产技术措施计划的编制与执行要纳入公司的议事日程，并必须按设计者、审核者、批准者的会签程序后生效执行（特别是高层或难度大的施工项目）。

编制安全生产技术措施计划时应考虑到必须与可能，切实掌握好"花钱少、效果大"的原则，制订出科学、先进、可靠、实用的安全生产技术措施计划。

2. 编制依据

编制时必须依据党和国家政府部门公布的劳动保护安全生产法规、法令和各项标准、规范、规章等；注重解决在实践中存在或在检查中发现亟待解决的问题；在技术革新与工艺改革中面临所需的新防护设施问题；针对不安全因素易造成伤亡事故或职业病主要原因应采取的措施。

3. 编制方法

要按照项目施工的实际进行编制，内容参照"劳动部全国工会发布安全技术措施计划的项目总名称表"。

编制必须针对性强，对各种不同的工程结构、施工方法、作业条件等产生各个不相同的不安全因素，采取相应的对策、措施，为此首先要掌握项目工程概况。

4. 执行程序

要认真进行分部分项的安全生产技术交底，安全技术措施中的各种安全设置、防护应列入施工任务单，责任落实到班组或个人，并实行验收制度。

▲仓管人员安全管理制度

（1）仓库保管员要爱护公共财物，遵守国家的物资管理政策。廉洁奉公，不徇私情，搞好仓库管理工作，提高为生产服务的工作质量。

（2）各种物品收发准确、手续齐全，开单、记账及时，字迹清晰，日清月结。经常盘点，做到数量清、规格清、质量清，账、卡、物相符。

（3）确保物资在库存期间不潮、不腐、不霉、不变、不坏、不混，同时做到库内整洁，货架无灰尘、库区无杂物、料场无垃圾。

（4）严格执行出入库手续，入库物资做到无计划不收、数量不符不收、规格型号与计划不符不收、次品不收、不经质检部门检验的不收。

（5）做好安全工作，配备必要的消防器材，防火、防盗、防止事故发生。

（6）每半年组织一次清仓查库，对在清仓查库中发现的问题及时报告并进行解决。

▲特种设备及特种作业人员管理制度

（1）严格执行《分公司特种设备安全管理规定》和《分公司特种作业人员培训考核管理办法》。

（2）特种设备投入使用前，必须办理使用证，严禁无证运行。

（3）特种设备的安装、修理、改造、化学清洗必须事先履行审批手续。

（4）特种设备的安全附件齐全，必须实行定期校验制度，严禁超期使用。

（5）特种设备的档案、台账、检验报告及使用证，必须齐全。设备铭牌、自编号齐全准确，设备铭牌应裸露，且不得涂漆。

（6）特种设备液位计、压力表警示标记必须齐全准确。

（7）特种设备必须实行定期检验制度，严禁超期运行。

（8）特种设备发生事故爆炸、着火、变形、鼓包等，应逐级上报，并保护好事故现场。

（9）特种作业人员必须持证上岗，严禁无证操作。

（10）特种作业人员证件到期时，应提前向安全部门申请复试。

▲门卫值班和施工现场治安保卫管理制度

（1）施工现场必须安排责任心强、身体健康的人员值班，值班人员要协助材料员，做好材料进出的验收，做好施工现场的安全防范工作，加强巡逻检查，严防偷盗和破坏活动。

（2）施工现场办公室必须门窗完整、安全，钥匙要随身携带，做到人离关窗、上锁，贵重物品（如现金）要随身携带。

（3）施工现场的物资要分类堆放，留出通道不要紧靠围墙。

（4）材料运出现场，应填写证明，及时清理水泥袋等易燃物，工程竣工及时收回多余材料。

（5）高档木材、门窗、瓷砖、钢配件、铝合金等贵重材料物资应存放在安全的专门地点。

（6）施工现场配备的消防器材要有专人负责，标明有效期，妥善保管，不得乱丢、乱放或移作他用。

（7）施工现场食堂现金、票证要有专人负责，严格保管，食物要存放在安全、卫生的地方妥善保管。

（8）发生事故或案件，要保护好现场，并及时向保卫、公安部门报告，积极协助保卫、公安部门侦破案件。

（9）公司和各分公司基地都必须配备门卫值班人员，公司治安处对门卫值班人员进行业务指导并进行督促检查。

（10）对基地内的一切建筑物资和设备的数量、规格进行查对，符合出门单的准予出门，凡是无出门单或者与出门单不符的，门卫有权暂扣。节假日和下班以后，原则上不准物资出门，如生产急用，除了必须有出门单据外，经办人员必须出示本人证件，向值班门卫登记签名。

（11）个人携带物品进入大门，值班门卫认为有必要时，有权进行检查，不得拒绝。凡合同期满或提前离开本公司人员以及调整到其他办事处基地住宿的人员，所携带的行李物品出门，必须有办事处和公司有关部门的出门手续，值班门卫才能放行。

（12）门卫值班人员必须坚持原则，不徇私情，对违章人员应给予批评教育和纠正。

（13）提高警惕，对职责范围内的地区勤巡视、检查，防止偷窃或治安灾害事故的发生，发现可疑情况及时报告公安、保卫部门。

（14）夜间值班的门卫要将报警器插入电源。

（15）外单位人员进公司和生产基地联系工作或探亲访友，必须在值班室登记，经门卫同意后方可进入，夜间访友者必须在晚上10：00前离开。

（16）外单位车辆不得在生产基地内停放过夜，如有特殊情况须经公司领导批准同意。

（17）门卫人员要认真及时做好报纸、杂志和信件的收发、登记、保管、发放工作，不得遗失。

▲门卫安全管理制度

（1）负责检查人员出入情况，维持机关的正常秩序。来客要登记，接待要热情，未经同意不准进入机关。

（2）熟悉本机关人员、车辆等基本情况，对外单位及外地来机关办事的车辆，应问明情况。

（3）外单位的车辆在下班后和公休日，不准在机关院内停放。

（4）负责检查公物外出情况，凡属机关内物资财产无出门证或未经主管领导批准，不得携带外出。

（5）坚守工作岗位，按时交接班，提高警惕，严防坏人破坏。夏季晚11：00、冬季晚10：00关闭大门。

（6）做好自行车存放和出入管理。

（7）搞好大门口的卫生。

（8）积极认真地做好领导交办的有关事宜。

第二节 企业安全生产教育、培训制度

▲企业安全生产培训管理制度

1. 培训宗旨

为努力提高广大员工的岗位工作技能，公司将竭尽全能提供必要之培训，以确保并提升公司产品品质与提高工作效率，进而达成公司人力资源的可持续发展。

2. 培训目的

（1）帮助管理层及时掌握公司内、外部环境条件的变化。了解公司员工的思想状况与工作情况和对相关知识基本技能的掌握状况。

（2）使基层管理人员尽快掌握必要的管理技能，明确自己的职责，改变自己的工作观念，熟悉工作环境，习惯新的工作方法。

（3）使专业人员熟练掌握本企业的知识和技能，及时了解各自领域里的最新知识，以适应社会的发展。

（4）对一般员工的培训是为了使其了解公司及产品概况，掌握工作规范和必要的工作技能，明确责权界限，以求按时完成本职工作。

（5）激发员工的求知欲和创造性，发掘员工知识更新和能力更新的潜力。为员工提供再学习和深造的机会，以实现其个人的价值。

（6）提高员工整体素质和业务水平，改善公司人才结构，为企业培养和储备人才，给企业的可持续发展提供保障。

（7）通过培训减少员工工作失误，避免事故，提高工作质量和工作效率。

3. 适用范围

适用于公司全体员工的培训管理。

4. 培训原则

（1）积极指导员工的培训和学习，预先制订培训后期要求达到的标准。参加培训和学习应是主动的而不是被动的。

（2）采用适当的培训方式和方法，培训方式要力求多样化，针对不同层次、不同类别的培训对象要采取不同的培训方式。

（3）对于公司举办的一些重点培训活动，人力资源部要颁发证书，作为培训原始记录的档案材料。

5. 培训分类

（1）按培训制订周期可分为：年度培训和月度培训。

培训工作由各部门按年度制订计划，经总经理批准后报培训部，培训部汇总后，根据公司总体的培训任务制订公司年度和月度培训计划，并组织实施和考核，各相关部门配合实施。

（2）培训按时间可分为：不定期培训与定期培训。

（3）培训按方式可分为：脱产培训和不脱产培训。

（4）培训按培训对象可分为：总经理、副总经理、总监级人员的培训；部门经理和主管级以上人员的培训；一般员工的培训；特殊岗位人员的培训；新进人员的培训等。

①总经理、副总经理、总监级人员的培训：

·董事会决定总经理的培训，总经理决定副总经理、总监级人员的培训。

·总经理、总监级人员的培训方式主要有外出学习考察、外出进修、聘请有关专家培训。

·对总经理、副总经理、总监级人员的培训可就下列内容进行：

*学习考察本行业先进企业的先进管理经验及先进技术。

*学习考察知名企业的先进管理经验。

*到知名管理学校或研究机构进修。

*参加资深培训机构或操作性较强的院校组织的有关总经理的素质培训和经营研讨班。

·根据情况可以与培训人员签订教育培训合同。

·培训结束后，总经理、副总经理或总监级人员必须整理出学习材料，一份交办公室存档，一份交培训部作为公司培训教材。

②部门经理和主管级以上人员的培训：

·部门经理和主管级人员的培训主要通过人力资源部组织实施，也可以聘请专家培训。部门经理或主管级人员的培训一般针对下列方面进行：

*公司重大改革、政策调查等。

*重大的技术改进或质量体系变更。

*新的管理模式的建立和运行。

*不断发展的企业文化。

*最前沿的管理理论和经营理论。

·部门经理和主管级人员的培训考核结果将纳入绩效考核评估记录。

·部门经理和主管级人员的培训至少每半年定期举办一次。

③一般员工的培训：

·一般员工的培训由人事部配合组织协调公司相关部门负责人进行培训。

·一般员工的培训一般就下列内容进行：

*相关规章制度、《员工手册》的培训。

*岗位技能培训、业务知识培训、新技术培训。

*工作程序的培训。

*新开发产品的培训。

*不断发展的企业文化培训。

*综合素质培训。

·一般员工的培训根据工作需要每半个月安排组织一次。

④特殊岗位人员的培训：对于公司某些重要岗位的在岗人员，应对其进行特

殊培训，如财务人员、人事职员、专业营销人员等。

·特殊岗位人员的培训可以采取外部脱产培训和内部培训的方式。培训内容应主要是本岗位专业技能培训。

·特殊岗位人员在进行脱产培训前，公司须与其签订培训教育合同。

·特殊岗位人员在外部培训结束后必须整理出学习材料，一份交办公室存档，一份交人力资源部作为公司培训教材。外出参加培训人员应持有培训单位的考核证明与资料。

⑤新进员工的培训：

·新录用的员工在上岗前必须统一接受人力资源部组织的新员工岗前培训，未经过统一岗前培训的新员工不能上岗。

·人事部负责对新进人员进行企业文化、《员工手册》、规章制度、经营理念、管理模式、安全教育、素质教育等方面的培训。

·新进人员所在试用部门配合人力资源部开展新员工岗前培训，由其部门负责人负责组织对新员工进行部门职能、岗位描述、工作流程和程序、业务规范以及专业技能等方面的必要培训。

·新进员工经岗前培训考核合格后方可到所在部门上岗试用。

6. 职责

（1）各部门职责：

①拟订培训政策、培训方案、编制培训预算，与培训部合作搞好职工培训档案的管理，为培养企业各级、各类经营管理人员和开发企业人力资源的发展打下基础。

②选定培训对象。

③安排新职工岗前培训计划。

④完成培训工作分析。

⑤培训建议，协助公司领导确定培训项目。

⑥组织安排培训工作，承担培训任务。

（2）培训部职责：

①负责拟订公司的总体培训政策、方案、预算。协助培训师做好各项培训准备。制订企业年度培训计划，呈交总裁审批，并检查培训计划的执行情况，定期向总裁汇报。

②了解企业各级、各类人员的培训需求，并负责审查各部门的培训需求，以分别制订相应的培训计划。

③制订年度培训预算，呈交总裁（或副总裁）审批，并定期向总裁（或副总裁）汇报培训费用的开支情况。

④实施各类培训计划，具体安排各种培训课程或活动。

⑤审核培训教材、教案及相关资料。

⑥管理学员参加培训的日常考勤，协助打印、管理各种培训资料，协助培训讲师实施培训课程，做好培训的服务与保障工作。

⑦负责培训业务对外联络事务，协助处理培训活动的接待事务。

⑧负责培训工作总结与分析考评，协助培训师进行培训效果分析统计。

⑨负责教学书籍与器材的管理，维护训练场地和设施，充分开发与利用各类培训资源，为企业培训业务服务。

⑩负责培训成果的登记及记录保存与维护。

（3）培训师职责：

①具体负责实施培训计划教学部分的贯彻落实工作。

②编写、购买、整理培训教材、教案及相关资料。

③负责培训课程的实施与管理。

④负责校对各种打印、分发培训资料。

⑤负责学员的培训效果考核（试卷编印、考试评卷），包括培训后工作绩效考核统计。

（4）总裁职责：

①负责核准年度培训计划。

②负责各项培训（尤其是外训）的批准工作。

7. 培训教材与器材的管理：

（1）每次培训要有完整而系统的教材。

（2）建立健全教材的档案资料、备查并妥善保存。

（3）每次培训的考核题与成绩统计资料都要存档保存。

（4）建立健全考核档案资料。

（5）教学器材要登记入账，明确器材使用交接手续，使用人员要妥善保管，出现问题及时上报。

（6）教材与器材的保管工作由其他工作人员负责保管和管理，暂时无其他工作人员时，由培训师负责。

8. 课堂管理

（1）学员要爱护培训场地的一切设施。

（2）学员应遵守各项培训制度。

（3）学员上课时应将手机关掉或调到振动。

（4）课堂上不做与培训无关的事情，不得随意出入，认真做好笔记。

（5）参加培训人员都要严格遵守考勤制度，不应迟到、早退、旷课。

（6）培训考勤列为考核的一项，考勤不合格者，不能参加培训考核。

（7）若有特殊事情不能参加培训，必须向培训部请假，不请假者按旷课处理。

（8）考勤与课堂管理由培训师或其他工作人员负责。

9. 培训评估、检查、反馈

（1）培训评估：

①培训期间或培训结束后，人力资源部主管负责组织多方面、多角度的评估活动，并将评估结果记录存档（含合格和不合格），必要时反馈给培训师、培训对象和相关人员。

②培训评估的考核结果将与绩效考核挂钩，员工接受培训的情况将列入员工绩效考核的内容之中，其培训考核的成绩、成果将按照一定的核算方式记入绩效考核的汇总评估结果。

对于有明确专业技术规范、标准或有特殊需要规定的培训考核，应严格按相关的标准，要求组织考核，成绩不合格者，应参加下一轮培训、考核，直至合格通过。多次培训考核仍不合格者，应重新考虑其工作安排。

除了对参加培训的员工进行必要的考核之外，部门负责组织人员和培训者也要对培训工作的实际效果进行考核、评估，以不断改善、提高培训工作的技巧和水平。

（2）评估原则：培训效果应在实际工作中得到检验（而不是在培训过程中）。

（3）评估记录：健全培训工作结果的档案资料。

（4）检查、反馈：

①各部门应对参加培训的员工，在工作岗位上进行严格的督导检查，考察员工培训后在工作态度和工作绩效上的表现，将结果反馈给培训部。

②培训部将学员在培训期间的表现、出勤、成绩及时反馈各部门。

10. 培训奖惩规定

（1）对于培训效果佳、培训后员工业绩有明显提高的培训师，公司应给予奖励。

（2）对培训项目设计、开发取得良好经济效益的人员，公司应给予奖励。

（3）对积极参加培训、表现突出、成绩优秀，在工作岗位上业绩突出者，公司应给予奖励。

（4）对培训态度不认真、不认真准备培训教案、课堂实施差、培训效果差的培训师，公司应给予惩罚。

（5）对参加培训的课堂纪律表现差、培训后考核成绩差、工作业绩无提高的员工，公司应给予惩罚。

（6）奖惩标准，应根据情况由部门经理制订，报总裁批准。

附件：培训工作程序

1. 培训计划的制订、审核

（1）各部门依照培训部划定的培训内容与责任部门，按年、按月拟订"培训计划"，送培训部审核，并作为培训实施依据。

（2）培训部就各部门提出的年度、月度培训计划汇编年/月培训总计划，呈报上级领导审核。

（3）各项培训课程由培训部预审和编制，并填写"培训实施计划表"，呈本部门经理核实后，通知有关部门及相关人员。

2. 培训计划的实施规则

（1）培训部应按"培训实施计划表"，按期实施并负责全部培训事宜，如场地安排、有关教材分发、教具借调、通知受训部门等。

（2）如有补充培训教材应于开课前印刷完成，以便上课时发给学员。

（3）对受训学员应有签到记录，中途离开应获准，以便培训部检查上课人员出席状况。

（4）培训结束时，如有必要以考试作为评估培训成效的，由培训部负责监考，考试题目交培训部备案。

3. 培训计划的实施要求

（1）员工培训由培训部主办，各相关部门承办。

（2）培训部负责拟订、执行年度"员工培训计划"，培训教材的管理与运用，内外培训课程的安排与布置。

（3）承办部门负责课程内容及培训教材的拟订与提供、师资的提供、人员的培训，并协助人力资源部办理其他各项有关培训事宜。

（4）受训人员应准时出席，因故不能参加培训者应提前办理请假手续。

（5）培训部定期召开检查会，评估各项训练课程实施效果，并记录评估内容，递交各有关部门参考，予以改进。

（6）各项培训考核测验因故缺席者，事后可以参加补考，补考测验不到者，一律以零分计算成绩。

（7）培训测验成绩列入绩效考核积分，对于成绩不合格者，培训师报人力资源部经理履行"人事建议权"。

4. 培训结果的维护管理

（1）无论是公司内自办还是外派培训的结果，均应于接受培训完成后一星期内送交人力资源部登录于相关培训记录中，以作为人员资格鉴定及未来人事调迁的参考依据。

（2）所有实施培训的教材及培训考核成果均应当办理保管存档事宜。

（3）人力资源部应保存个人的培训记录至该员工离职 3 个月止，有关记录的保存由专人负责办理。

▲安全生产教育培训制度

安全教育是提高全员安全意识、安全素质的保证，必须认真抓好。

（1）新员工必须经过三级安全教育（公司、项目部、班组），并必须经考试合格、记录入卡方可上岗工作。

（2）员工变换工种，须进行新工种的安全技术教育并记录入卡方可上岗工作。

（3）三级教育的时间一般不能少于 50 学时（公司级不少于 15 学时，项目部级不少于 15 学时，班组级不少于 20 学时）。

（4）特殊工种必须经过安全培训，考试合格后方可持证上岗作业。

（5）定期轮训各级领导干部和安全管理人员，每年至少一至两次，不断提高其安全意识、技术素质，提高政策业务水平。

（6）安全教育内容，从加强思想路线方针、政策和劳动纪律等方面进行。安全知识教育主要从企业的基本生产概况、施工工艺方法、危险区、危险部位及各类不安全因素和有关安全生产防护的基本知识入手；安全技能教育，就是结合各种专业特点，实施安全操作、规范操作的技能培训，使其熟悉掌握本工种安全操作技术；事故教育可以使其从事故教训中吸取有益的东西，可预防类似事故的发生；法制教育可以激发人们自觉地遵纪守法，杜绝各类违章指挥、违章作业行为，这类教育可以定期或不定期地实施。

在开展教育活动中，必须结合先进的典型事例进行正面教育，以利于取长补短，保障安全生产。

安全教育要求体现"六性"，即全员性、全面性、针对性、成效性、发展性和经常性。

（7）要开展好主管部门及本公司布置的各项安全生产活动，如"百日安全生产活动"、"安全月"、"安全周"等竞赛活动，使安全生产警钟长鸣，防患于未然。同时还可以根据生产的特点实施好"五抓"的安全教育，即工程突击赶任务时、工程接近收尾时、施工条件好时、季节气候变化时、节假日前后这五个环节必须抓紧教育。

（8）教育培训形式。安全教育、培训可以根据各自的特点，采取多种形式进行。如培训班、安全课、安全知识讲座、报告会、智力竞赛、图片展、书画剪贴、电视片、黑板报、墙报、简报、通报、广播等，使教育培训形象生动。

▲企业安全生产技术培训制度

（1）本制度规定的技术培训的内容、方式及要求，适用于运行值班人员。

（2）技术培训的目的是为了提高运行值班人员的业务技术理论水平及解决实际问题的应变能力。有计划地加强技术培训工作，是保证电力生产及发、供电设备安全、经济运行的根本保障。

（3）分场专职技术员应协助分场主任抓好技术培训工作，具体负责岗位培训、新设备新技术的学习、规程的考试及组织技术问答、竞赛等培训工作。

（4）岗位培训：

①各值班长负责抓好班组的日常培训工作，有计划地组织全职人员学习新设备、新技术，讨论有关安全、业务技术方面的问题。

②运行值班人员必须做到"三熟"、"三能"，即熟悉设备、系统和基本原理，熟悉实际操作和事故处理，熟悉本岗位职责，能分析运行状态，能及时发现故障和排除故障，能掌握一般的设备维护及维修技能。

③对新进实习人员，必须先经过现场有关规章制度的学习。值班长应指定专门人员指导其制订学习计划，负责对其进行岗位培训，经"应知"考试合格后，准许在有经验的值班人员监护下，逐步参加实际操作，再经"应会"考试合格后方可顶岗值班。

④对于晋升岗位人员，由分场组织进行"应知"、"应会"考试并合格，结合平时的表现择优录用。

⑤因产假或其他原因离岗3个月以上者，在返回岗位前应经《安全生产管理规定》考试合格，进行1个月的岗位实习，由分场组织进行复岗考核合格后方可复岗。

（5）《安全生产管理规定》考试：

①运行值班人员必须参加由生产计划科组织的每年度《安全生产管理规定》考试，不及格者应在1个月内进行补考，直至及格。

②运行值班人员必须参加由分场组织的每年度《运行规程》及相关业务技术知识考核，不及格者应在1个月内进行补考，直至及格。

③由分场专职技术员组织技术问答工作，指定题目要求班组或专人在规定的时间内答题，并进行考评。

④由分场专职技术员不定期组织技术知识竞赛，并进行考评。

⑤各班组应广泛开展经常性的考问讲解活动，组织进行每月不少于一次的事故预想。

▲企业安全生产三级教育和培训制度

第一条 各单位必须制订年度安全教育计划，采取多形式、多层次的安全教育方式，做到内容、人员、时间、效果"四落实"，努力提高全员安全意识。

第二条 根据实际情况，对所属单位安全管理人员进行培训，每年对主要领导、分管领导和安全管理人员进行考核。

第三条 各单位应对新员工、临时工、实习人员进行安全生产三级教育，经考试合格方可上岗工作，调换工种和复工人员必须进行上岗前安全教育，经考试合格后方能上岗工作。

第四条 电工、焊工、司炉工、水质处理工、电梯（提升机）及机动车驾驶员、叉车工等特殊工种人员，必须经有关部门专门培训，经考试合格，发给合格证方可上岗工作，并按规定进行复审（年审）。

第五条 凡采用新工艺、购置新设备，必须由主管部门会同安全部门制订操作规程，由技术负责人对管理干部、员工进行相应操作规程的培训，然后投入生产。

第六条 发生重大、特大事故，应及时组织有关人员召开事故现场会，吸取经验教训，防止同类事故重复发生。

▲消防安全教育培训制度

（1）组织开展经常性的消防安全宣传教育活动，对全员每年进行一次消防安全培训，严格实行"先培训、后上岗"制度。

（2）新上岗和进入新岗位的员工上岗前必须经过消防安全培训，经考试合格后，方可上岗。

（3）对公众聚集场所的从业人员，重点培训从业人员组织、引导在场群众疏散的知识和技能，未经培训不得上岗。

（4）及时组织消防安全责任人、消防安全管理人、特殊工种、重点岗位人员参加各级安全消防机构组织的专业消防培训，并取得培训合格证，持证上岗。

（5）做好消防教育、培训的档案管理工作，建立职工消防教育培训登记卡。

第三节　企业安全生产考核、奖惩制度

▲安全生产责任制考核制度

第一章　总则

（1）安全生产、消防安全实行逐级岗位责任制，项目经理是安全生产、消防安全第一责任人。

（2）安全生产、消防安全责任制以责任书的形式明确逐级岗位责任，以此作为项目经理对责任人的考核依据。

（3）责任制考核实行动态管理、百分考核，每月由主管安全工作的副经理组织安委会主要成员对责任制的落实检查一次，每月度由项目副经理组织考核一次，考核结果与效益工资分配挂钩，并进入考核档案。

（4）考核资料累积由安保干部负责，每年年终考核以每季度考核结果为依据，并与年终奖励挂钩。

第二章　安全生产组织机构和人员配备制度

第一条　各单位都必须成立安全生产委员会和各领导小组，各单位第一把手任主任（组长），其他分管领导应在自己分管的工作范围内，承担相应的安全责任。

第二条　各单位应设立专门的安全职能机构。

第三条　职工人数在 100 人以下的单位至少要配备 1 名专职安全管理人员，车间、站（网）点、班组要有专（兼）职安全管理员。

第四条　单位应按 5‰～8‰配备安全保卫人员。各单位都要建立义务消防队，占职工人数的 20%～50%，并制订出应急预案。

第五条　各单位应按规定配备安全保卫管理人员，选派原则性强、作风正派、热爱和熟悉安全管理、身体健康、具有高中以上文化程度的人员担任，安全保卫管理人员享受本单位一线待遇。

第六条　实行定期向职工大会报告本单位安全工作情况，充分发挥工会组织的群众监督作用。

▲安全文明施工考核制度

为了更好地在企业范围内开展文明施工，保证实现企业的安全工作目标，现依据有关安全工作规程、规定制订本制度如下。

1. 总则

第一条 本制度适用于企业全体职工，及对分包施工队伍的监督管理。

2. 指导原则

第二条 对安全违章作业、违章指挥和违反劳动纪律等违章行为采取违章记分和经济处罚两者相结合的原则处理。通过对违章行为的严查重处，培养职工安全文明施工的行为习惯，强化管理者的监管力度，从而遏制违章现象，最终杜绝违章作业。

3. 组织机构

第三条 工程局及各专业厂（处）、各项目部成立违章查处领导小组，领导小组应高度重视反违章工作，并就违章考核与处罚工作进行具体布置。

第四条 各专业厂（处）、各项目部安监部门在本单位领导小组和上级安监部门的领导和指导下，负责本制度的具体实施与操作。

4. 考核与处罚具体内容

第五条 违章考核与处罚具体内容共计 13 张表（略）。表 1 为安全管理违章考核与处罚表；表 2 为文明施工违章考核与处罚表；表 3 为共性作业违章考核与处罚表；表 4 为施工用电违章考核与处罚表；表 5 为高处作业与交叉作业违章考核与处罚表；表 6 为脚手架作业违章考核与处罚表；表 7 为起重作业违章考核与处罚表；表 8 为焊接、切割、热处理及其他作业违章考核与处罚表；表 9 为防火、防爆作业违章考核与处罚表；表 10 为土建作业违章考核与处罚表；表 11 为变电作业违章考核与处罚表；表 12 为送电作业违章考核与处罚表；表 13 为交通运输违章考核与处罚表。

5. 分级考核与处罚

第六条 查处违章现象分别对违章行为人、施工现场负责人、现场安全员三类人员进行考核与处罚，实行扣分和经济处罚并处。

第七条 若施工现场负责人、现场安全员对违章现象进行了强行制止，则只对违章现象行为人进行考核与处罚；若施工现场负责人、现场安全员监管不到位，或不敢对违章现象进行制止，或发现不了违章现象，则对施工现场负责人与现场安全员进行考核与处罚。

第八条 班组（班组长、班组安全员）自查考核与处罚违章行为人，酌情对其进行罚款和扣分。

第九条　项目部（项目部领导、项目部安监部门）组织检查除对违章现象进行考核与处罚外，另对作业班组（队）长及其安全员实行连带考核与处罚，分别罚款50元、扣2分。

（以下略）

▲企业安全生产考核制度

1. 目的

为严格执行公司制订的各项安全管理制度和职业健康安全（OHS）管理规定，杜绝各类违章现象，教育公司职员和相关人员尽职尽责搞好公司的安全生产，特制订本制度。

2. 范围

公司所有部门、职工及相关成员。

3. 职责

（1）安环部负责执行公司级安全奖罚考核，重大安全事项的考核报OHS管理者代表和总经理审批。

（2）各部门负责本部门一般安全活动的考核奖惩。

（3）各主管部门负责对业务相关安全活动的监督考核。

▲安全奖惩考核制度

本考核制度为本企业内部考核制度，为确保公司的安全生产，特制订本制度，以便于公司对本企业自身进行自检。

第一条　公司系统安全生产工作实行以责论处的原则并设立奖励基金。对安全工作做出突出贡献的集体和个人，应予以奖励；对安全工作严重失职、违章作业、违章指挥、违章调度造成后果的单位和个人，应予以处罚。

第二条　公司要求所有员工在进行工程施工时，都必须按照各工程的施工组织设计进行施工，对没有施工组织设计的工程，公司将责令项目部停止施工，并对工地主要负责人进行处罚。对有施工组织设计而不按施工组织设计进行施工的工地，要求立即整改。

第三条　对各工地安全生产记录资料进行检查，对安全资料不全的工地进行批评，并限期整改。

第四条 安全工作的奖罚实行精神鼓励和物质奖励相结合、批评教育与经济处罚相结合的原则，以奖惩为手段，以教育为目的。

第五条 公司每年对上一年度实现安全生产目标的工地项目部进行考核评分，对为安全生产工作做出突出贡献的集体和个人予以表彰。

第六条 对于有特殊贡献的部门和个人，本公司将给予适当的物质奖励。

（1）预防、制止特大恶性事故的发生者。

（2）多年未发生死亡事故、火灾事故等重大事故的工地项目部。

（3）改善劳动条件、控制职业危害成绩显著者。

（4）开展安全生产和工业卫生的管理、监督、教育成绩突出者。

（5）关心、支持、帮助工地现场，有突出贡献者。

第四节　安全生产会议制度

▲企业安全生产例会制度

为全面贯彻《安全生产法》、《建筑安全生产管理条例》，研究分析公司在建项目工程安全生产状况及制订重大安全生产问题的对策，完善企业安全生产的规章制度，全面推动安全管理工作，项目部成立二级安全领导小组，实行安全生产例会制度。

1. 安全领导小组成员

公司安全领导小组组长由公司总经理担任，副组长由主管安全生产的副经理担任，委员由各项目部项目经理及有关部室负责人组成。

各项目安全生产领导小组组长由项目负责人担任，副组长由主管安全生产的专职安全员担任，成员由各班组组长组成。

2. 例会周期

公司安全领导小组每季度召开一次例会，对公司本季度的安全生产形势进行分析、研究、统筹、协调，指导公司的重大安全生产问题。各项目安全生产领导小组每月召开一次例会。对本项目安全生产管理工作进行总结和部署，完成对本项目各级管理人员安全生产责任制的考核。

3. 例会内容

（1）传达、学习上级关于安全工作的文件精神。

（2）研究、制订企业安全工作的发展战略。

（3）讨论、通过企业安全管理岗位职责。

（4）制订企业的安全管理规章制度。

（5）总结当前安全管理工作情况，制订下一步安全工作重点。

各部室和项目部必须坚持使安全生产例会制度化、经常化，并认真做好会议记录，确保每次会议都有一定的实质性内容，都能解决一定的实质性问题。

▲企业安全生产工作汇报制度

1. 总则

（1）为全面贯彻公司安全生产汇报制度的各项要求，加强公司对安全生产工作监督、检查、督促、考核的管理职能，特制订本制度。

（2）本制度中公司各下属单位、控股公司是指公司和公司系统内承担安全生产责任并从事安全生产管理的单位，包括受委托代管的单位。

（3）公司按照本制度及时、准确掌握各单位的安全生产管理及生产指标完成情况，规范安全生产信息汇报工作。

（4）各单位应严格按本制度开展安全生产汇报工作及相关工作。

（5）各企业安全生产信息汇报必须遵循实事求是、全面及时、专人负责、严肃认真的原则。

2. 安全生产工作汇报的形式和内容

（1）安全生产信息按即时和定期两种形式进行汇报。

①即时汇报是指当各单位发生如下事件时的请示和汇报：

a. 人身、设备等事故的报告。

b. 设备异常情况报告。

c. 设备检修即时报告。

d. 设备投产、退役（报废）的报告。

e. 公司要求即时上报的有关事项。

f. 其他重要事件的请示和报告。

②定期汇报是指各单位按每日、每周、每月等定期向上级安全生产部上报本单位的安全生产信息。主要包括安全、技术监控、设备可靠性和生产情况汇报。其中安全、技术监控、设备可靠性的汇报按照相应的管理规定的汇报程序及要求进行汇报。

③定期生产情况汇报分为设备生产情况日报、设备安全生产情况周报、设备安全情况月报、设备生产情况月报。

3. 生产汇报工作要求

（1）对于人身、设备等事故的报告按《生产事故调查规程》的有关规定进行上报；设备运行异常情况报告是指当设备发生非计划停运，存在重大缺陷、隐患，存在其他异常情况时的报告。

（2）即时报告是指当设备开始（完成）大修、小修（扩大性小修）、节日检修、事故抢修时的报告。

（3）设备低谷、周末消缺报告是指设备在电网负荷低谷期间，停机或降负荷进行设备维修或消缺的请示及报告（按有关规定执行）。

（4）公司和××公司要求即时上报的有关事项指根据生产需要，即时要求各企业在某一时间段内上报的有关生产信息和相关事项的报告。

（5）其他重要事件的请示和报告是指除上述规定以外需向公司和××公司请示和汇报的重要事件。

（6）生产汇报时间的规定：

①设备生产情况日报于次日上午 8：30 前上报，节假日正常上报。

②设备安全情况周报于次周的星期一上午 10：00 前上报。每年第一周从 1 月 1 日开始至当月的第一个星期日。

③设备生产情况月报、设备安全情况月报于次月的 4 日下午 17：00 前上报。

④各种月报遇长假期（春节、国庆节）可顺延至节后第二个工作日下午 17：00前上报，遇双休日不顺延；周报遇长假期顺延至节后第一个工作日上报。

⑤对于以上的请示和汇报均须使用公司综合统计分析软件系统进行上报；在公司综合统计分析软件系统正式运行之前（运行时间另行通知），各单位对以上报表均采用传真方式上报公司安全生产部。

⑥即时汇报应先以电话方式向××公司安全生产部进行简要报告，同时通过公司统计分析软件系统将事件详细情况书面上报，并及时将事件的发展态势作进一步汇报。

⑦即时汇报须在事件发生 2 小时以内进行汇报。

⑧设备的计划检修（大修、小修）按公司检修管理工作有关规定进行报审。

⑨设备发生非计划停运后，除即时上报外，并于事件结束后次日内补报非计划停运事件的专题分析报告。

⑩需要安排设备节日检修的，须提前一周提出申请，公司安全生产部应在 3 日内批复。

4. 有关情况说明

（1）各单位应建立完善的安全生产汇报管理信息系统，明确安全生产汇报工作负责人，并将负责人报××公司安全生产部备案。

（2）各种安全生产报表、报告和申请在填写过程中应认真、仔细，保证数据的真实性、准确性。

（3）公司安全生产部将在每周安全生产视频会议上，对报表汇报情况进行通报，并纳入安全生产考核的有关规定。

（4）各企业通过电子邮件形式向公司安全生产部汇报其他有关生产信息时，一律使用公司为各企业开通的电子邮箱上报。

（5）各单位要指定专人每日查看本企业电子邮箱，及时了解公司下发的安全生产信息，贯彻各项指示精神。

（6）对汇报不及时、弄虚作假、故意隐瞒等违反本制度有关规定的单位，公司视情节轻重给予通报批评和处罚，并上报公司。

5. 附则

本制度由公司安全生产部负责解释，本制度自发布之日起执行。

第二章 企业安全生产检查、事故报告和处理制度

第一节 安全生产检查制度

▲企业安全生产检查制度

1. 安全生产检查的目的

安全生产检查是单位劳动保护工作的重要内容之一，是广泛动员和组织职工搞好安全生产工作的一种有效方法，是贯彻执行安全生产方针的一种基本形式，是发现生产活动中安全隐患的一种重要方法。其目的在于了解单位各部门的安全管理情况，发现生产现场不安全的物质（设备、工具、附件等）、不安全的工作环境、不安全的操作行为和潜在的职业病危害，以便采取措施，及时纠正，防止事故的发生。组织安全检查，也是发动广大职工重视安全，参与寻找不安全因素；职工自己动手解决不安全问题，实际上也是做好安全生产的过程之一。同时安全生产检查也是推动单位做好劳动保护工作的重要方法，是一项技术性较强而又非常细致的工作，事前必须做好周密的准备工作，按计划、按要求切切实实地认真检查，并做好检查记录和检查总结，讲究实效。

2. 安全生产检查的内容

（1）检查本单位安全管理工作是否贯彻了党和国家的安全生产及劳动保护方针、政策和法规，单位领导对劳动保护的重视程度；是否建立健全了劳动保护组织和安全生产责任制；工程建设的项目是否贯彻了"五同时"（即企业各级领导或管理者在计划、布置、检查、总结、评比生产的同时，要计划、布置、检查、总结、评比安全）的要求；对已发生类似的事故调查、处理是否坚持了"三不放过"（即对调查、处理事故原因分析、事故责任者和群众的教育以及事故防范措施不放过）的原则；各项规章制度（如编制安全措施、安全教育、安全操作规程等）是否健全完善，是否按照规章制度执行等。

（2）检查寻找生产现场不安全的物质状态。即检查劳动条件、生产设备是否符合安全要求。如检查机具设备的安全运行和检修情况；机电设备的防护装置；电器、锅炉、受压容器的完好情况；易燃、易爆、剧毒物品的储存、运输和使用情况；个人防护用品的使用和标准是否符合安全的要求以及工作场所的通风、照明等。

（3）检查安全教育工作。检查职工的安全生产思想教育、安全生产知识教育工作，以及特殊作业工种人员专业安全技术的培训；查对特殊工种操作证、上岗证。

（4）检查生产作业场所和施工工地。检查现场管理，寻找不安全因素，如检查工棚设置是否安全、可靠、合理，材料堆放是否整齐，用电是否规范，道路是否畅通；消防灭火器材数量是否充足，要求分布合理、取用方便、可靠有效。

（5）检查职工有无不安全行为。如违章操作、违章指挥、酒后作业、无证操作等。

3. 安全检查的方式

安全检查的方式大致分为四种：定期检查、突击检查、连续检查和特种检查。

（1）定期检查即列入计划，每隔一定时间进行一次的检查。检查的时间间隔可以是一周、一季、半年、一年或其他适宜的时间。这种检查可以是全面的综合安全检查，有些设备如锅炉、受压容器、起重机械、消防设备、锅炉压力表等都应按照规定期限进行检查。

（2）突击检查是无固定时间间隔的检查。可以根据已发生事故、进行分析的结果决定突击检查，如某单位（部门）或某工地的事故次数、经济损失超出指标，通过检查可以发现问题，从而解决问题。重要节假日和重要活动前也可以突击检查。

（3）连续检查，就是对某些设备的运行进行长时间的观察和检查。对某种设备的运行情况、工人的操作情况、使用防护品的情况，进行连续测试检查。能及时发现问题，及时纠正，以防发展成严重问题和事故。

（4）特种检查。由于新设备的安装，新工艺的采用，新建厂房的使用，往往会带来新的危险因素，因此，需要进行特种检查。

4. 检查的组织和准备

（1）检查的组织。根据检查的规模和要求，建立适当的检查组织，由上级领导、工会、安全和有关生产部门参加，深入现场进行检查，若规模不大则可由工会、安全部门及工人、技术人员组成，进行检查。

（2）检查的准备。为使检查达到目的，应做好思想上的准备。

①思想上的准备：主要是发动群众，开展自查活动，尽早发现隐患，自己动手解决，以迎接上级检查，形成自查自改、边查边改的自觉行为。

②业务上的准备：要确定检查的目的、步骤、方法和重点，分析以往事故资料，以往事故的次数、类型、主要原因和采取的措施，以便加强相关方面的检查，同时设计、绘制检查表格，以便做好检查记录，避免遗漏检查的项目。

▲企业安全生产督察制度

1. 督察内容

（1）上级公司及上级有关部门关于安全生产的重要批示及董事会的有关会议精神的贯彻落实情况。

（2）有关安全生产法律、法规、政策的执行情况。

（3）安全隐患的治理情况。

（4）事故调查处理结案工作和对事故责任人员处分的落实情况。

（5）公司认为需要督察的其他事项。

2. 督察结果

安监部的督察工作结束后，对督察的结果应写出督察报告，印发各车间（部、室）并做好备案。

▲企业安全监督检查内容

第一条 安全生产管理。

（1）贯彻执行安全生产方针、政策、法律、法规、规章制度情况。

（2）单位内部各项安全生产规章制度建立健全情况。

（3）是否落实了各级安全生产组织机构，并按要求配备安全监督检查人员。

（4）安全生产责任制落实情况。

（5）安全生产基础管理资料、数据是否齐全。

（6）安全生产的"五同时"执行情况。

（7）基本建设与劳动保护安全生产"三同时"（即同时设计、同时施工、同时投产使用）的执行情况。

（8）劳动和安全保护技术措施项目及资金的落实情况。

（9）安全生产的检查和隐患整改情况。

（10）安全生产宣传教育情况（对新员工进行三级教育，对特殊工种人员进行安全教育培训及考核）。

（11）伤亡事故报告制度的执行和各类事故的调查处理、结案情况。

（12）各类突发事件的应急预案及演练情况。

第二条 劳动安全。

（1）生产场所布局是否合理，安全通道是否畅通，照明是否充足，环境是否整洁。

（2）设备是否按标准维护，各种机械设备、电器是否符合技术要求，安全防护装置是否齐全，灵敏度是否安全可靠。

（3）施工、维护是否符合相关安全技术操作规程和有关规定。

（4）锅炉、压力容器、升降设备、机动车等特种设备的购置、安装维护，以及易燃、易爆物品的存放是否符合国家有关的安全规定和标准。

（5）员工执行岗位安全制度和正确使用劳动防护用品的情况。

（6）生产指挥人员、操作人员有无违章指挥、违章作业、违反劳动纪律的现象。

（7）各种机动车辆和驾驶人员的安全管理情况。

（8）在重点部位、危险部位是否有明显的安全标志。

第三条 劳动卫生。

（1）生产工作场所有无毒害物质，毒害物质是否符合安全标准，有无防护措施。

（2）防暑、防寒措施是否落实，劳动保护用品是否足额、按需、及时发放到位。

（3）对从事有毒、有害作业人员是否建立了检查制度和健康档案。

第四条 国家颁布的《女职工劳动保护条例》、《未成年工特殊保护规定》是否得到贯彻执行。

第五条 各单位是否依照《劳动法》及相关规定，合理安排员工作业时间、休息时间和年度、假日休假。

▲**企业安全检查的目标和要求**

第一条 企业安全生产监督检查的目标是通过监督检查，使各单位在安全生产工作中做到依靠技术进步和科学管理，采取安全卫生工程技术和组织措施，消除劳动过程中危及人身安全和健康的不良条件和行为，达到"生产必须安全，安全促进生产"的要求。

第二条 安全生产检查的分类与形式。

1. 安全生产检查的分类

（1）综合性安全检查，是根据企业的生产特点和安全检查制度的规定，由子公司及子公司以上领导负责，组织发动全体员工开展的安全生产全面细致的检查。

（2）专业性安全检查，是对易发生事故的生产设备、场所或工作程序进行的安全检查。

（3）季节性安全检查，是根据季节特点和对象对安全工作的影响所进行的安全检查。

（4）日常安全检查，是按检查制度规定的每天都进行的贯穿于生产过程的检查。

2. 安全检查的形式

（1）定期和不定期检查。

（2）综合检查和专项检查。

（3）自查、互查和抽查。

第三条 安全生产检查的方法。

（1）听取汇报，询问安全生产情况。

（2）查看有关资料，询问单位（部门）领导及员工的安全生产知识。

（3）检查生产工作现场。

（4）使用安全监测仪器进行现场检查。

第四条 安全检查的时间要求。

（1）岗位一天一查。

（2）部门、车间（班组）一周一查。

（3）子公司一月一查。

（4）企业一季一查。

第五条 各级专、兼职检查员都必须恪尽职守，不断学习业务知识，提高工作水平，确保安全生产监督检查工作的质量和效果。

第六条 各单位的专、兼职检查员对安全检查工作必须有计划按要求地进行，原则上公司安全监督检查员每年深入基层检查时间不得少于1/2工作日，并且检查要有详细记录。

第七条 各单位应无条件地接受安全生产检查，并积极配合监督检查人员工作。接到《安全生产监督检查整改通知书》后，各单位必须在规定期限内整改，并将整改情况及时报告相关部门及人员。

▲安全生产责任举报制度

为了认真贯彻《安全生产法》，加强安全生产管理，充分发挥群众监督作用，实现安全生产工作群防群治，及时制止不安全行为，控制各类事故的发生，公司建立安全生产举报制度。

（1）举报范围：公司所属各单位、各机关各部室。

（2）举报内容：

①安全生产中的各类违法行为。即各单位及其有关人员违反有关安全生产的法律、法规、国家标准或行业标准、公司各项安全生产规章制度和安全操作规程的行为。

②各单位存在的各类安全隐患。

③负责安全生产的各级管理者及管理部门在履行职责过程中的失职或者违规行为。

④对存在的隐患和发生的事故不报或推迟上报。

⑤违反公司及公司《不安全不生产管理规定》。

（3）公司所有人员针对以上内容均有权向公司任何领导及安监人员举报。

①举报情况要真实，不得虚报、假报。举报事项一经查实，公司将根据实际情况给予举报人员适当奖励。

②任何接受举报信息的主管人员应将信息及时归口到安监办公室。属紧急情况的应先行指挥处理整改，解除紧急状态后，再通报信息。任何人接受举报时，不可因各种理由拒绝或推脱。安监办公室要做好举报记录。对违反以上制度的人员将予以一定处罚。

▲企业逐级安全检查制度

（1）工程实行季检制，邀请公司领导、工程建设单位、监理单位参加组成检查组，进行检查。

（2）工地实行月检制，由项目负责人、技术负责人、专职安全员组成检查组，每月对下属各施工队进行全面检查。施工员、安全员组成小组对本队施工现场全面检查一次，查出隐患及时排除，不能解决的，立即报告上级部门。

（3）班组实行班前、班后安全会和开展安全活动，做到"班前有安全交底，班上有安全检查，班后有安全总结"。

▲专项安全检查制度

第一条 在高温雨季来临之前及期间，各主管要按职责分工分别组织对厂房建筑、防触电、防雨、防汛、防雷电、防塌方、防暑等专业工作的检查。重点检查以下内容：

（1）防风、防雨、防汛、防雷、防塌方、防触电各项措施的完善、贯彻落实和执行情况。

（2）高处悬浮物清理情况，由于风载荷大而不牢固的设施加固情况。

（3）各变配电站和低压配电室防、排水措施，室外电气设备、工具闸箱防雨设施到位情况。

（4）避雷装置检查情况，特别是高压电站、变配电所等重点部位的避雷装置。

（5）施工工地、采矿场、排土场和尾矿坝预防塌方、滑坡、垮坝的措施落实情况，是否落实专人严密监视并采取了加固措施和设置危险警示标志。

（6）高压操作配备的绝缘用具是否完好、有效。

（7）移动式电气设备、手持式电动工具的漏电保护器是否齐全、有效和是否进行了定期检查。

（8）检查相关人员触电抢救知识的掌握情况。

（9）压力容器在露天使用时是否有防暴晒措施。

（10）高温禁忌者调离高温岗位情况。

（11）防暑饮料、药品落实到位情况，防暑措施落实情况。

（12）危险场所安装警示标志情况。

高压绝缘用具的检测及高压用电设备的预防性试验以及防雷设施的安全检测应由具有专业资质的单位进行，使用单位进行日常安全检查。

第二条 在冬季来临之前及期间，各主管专业系统要按职责分工分别组织防冻、防风、防滑、防火、防煤气中毒等专业安全检查。重点检查以下内容：

（1）加强对季节性使用的取暖锅炉的检查。在锅炉使用前必须按标准逐项检查，符合各项条件方可使用。

（2）在室外使用压力容器避免冻结措施落实情况。

（3）露天使用的塔吊、龙门吊、桥吊等起重机械的防风夹轨钳牢固情况，是否制订防倾翻措施，并落实到班组岗位。

（4）检查处理各类管道"跑、冒、滴、漏"情况和工作面、道路、铁路、平台、走梯等处的结冰隐患，并采取相应的处理措施情况。

（5）防寒用品的配备情况，特别是露天和野外作业人员的配备情况，劳动防护用品的穿戴状况；检修（施工）现场防滑设施的建立和措施的制订情况；高处冰锥清理情况；5 级以上大风时有无高处作业和电气焊作业等。

（6）瓦棱铁和其他轻质板顶、板墙及高层建筑顶部牢固可靠情况，是否存在悬浮物。

（7）加强对室外配电装置、架空线路及其沿线的巡视检查，防止因刮风造成树木枝杈或其他杂物搭在电气设备或线路上而造成事故。

（8）强化对厂内机动车等机动车辆的各种灯光、反光镜、刹车装置的检查，确保齐全灵敏可靠，做到安全行驶。

（9）凡是使用煤气的单位，都要加强对所管煤气设备（安全附属装置）特别是煤气排水器、排水缸的检查。使用电炉取暖要经能源部门同意，并有防触电的措施。

（10）加强对夜间照明的检查，确保人员出行安全。

第三条　入冬前，主管部门要组织季节性取暖锅炉的专项检查。

第四条　每年安全部门应组织有关部门进行一次矿山安全专项检查。

第五条　专项检查由各主管专业组织，相关专业安全委员会进行指导，并吸收有关专家参加，相关专业部门共同参与。

第六条　专项安全检查要有计划、有组织、有针对性地进行，专项安全检查出的问题要报同级安全部门备案。

▲安全监督检查的奖惩制度

第一条　各单位应设立安全专项基金，用于安全监督检查工作的开展、安全隐患的整改以及安全生产先进单位及个人的奖励。

第二条　各单位应充分发挥单位和个人在安全生产工作中的监督作用。对于工作出色的各级安全监督检查人员，年度安全生产奖励可高于其他员工 50～2000 元；对于其他员工积极举报的安全隐患或提供的安全技改措施，经子公司及子公司以上级领导评审，可按其价值给予 50～1000 元的一次性奖励。

第三条　对各级安全监督检查人员，如发现有不负责任，徇私舞弊，"吃、拿、卡、要"等行为，一经举报或发现，应立即停止其安全监督检查工作，对当事人可进行行政处理，罚款 50～2000 元，并立即选聘（派）他人担任其检查工作。

第四条　公司所聘的安全生产监督检查人员，在参与公司组织的检查中，差旅费由公司统一支付，年终根据情况给予一次性奖励，其他的出差津贴、奖金由所在单位支付。

▲安全生产定期检查制度

（1）生产岗位检查。职工每天工作前，对自己的岗位或者将要进行的工作进行自查，确认安全可靠后才能进行操作。

（2）日常安全检查。生产值班负责人，专、兼职安全员，每日要到生产现场巡视，检查安全生产状况。

（3）月、季检查。车间、班组每月组织一次安全生产检查。企业每季组织一次安全生产全面大检查。

（4）专业安全检查。对专业性强的项目或设备的安全生产状况，应以国家标准和专业标准为依据，开展检查。

（5）季节性检查。要根据季节的特点，开展防暑降温检查，防汛防雷检查，节假日安全检查等。

（6）企业建立每月一次的安全例会制度，传达上级有关文件或指示，通报企业安全工作情况，及时布置、检查、交流、总结企业的安全生产工作。

（7）企业每半年进行一次安全生产工作的总结评比。

第二节　企业设备定期检验和维修保养制度

▲设备安全使用和定期检验制度

（1）设备必须严格按照使用说明和安装技术规程的要求进行安装、调试后使用。

（2）使用、操作人员必须经过相应的安全技术培训。

（3）特种设备必须经过有关部门的培训，经考核合格后方可使用操作。

（4）严格执行以岗位责任制、安全操作规程、常规检查、维修保养等安全使用和运营的管理制度。

（5）针对设备的使用性质制订交接班制度。分班轮换使用或集体使用的设备，由当班负责人全面负责，专人使用的设备由使用者全面负责设备的使用安全。

（6）大型精密设备要严格实行定人、定机的管理办法。

（7）对特种设备严格按照国家有关规定，实行持证上岗。

（8）设备的使用人员，负责设备的日常检查和保养，并做好日常的检查保养记录。

（9）制订设备安全技术性能定期检验制度，根据设备的安全性能和技术参数，对设备定期检验，确保设备运行过程的安全。

▲设备安全管理和保养制度

为保证公司所有机械设备的完好率、利用率及固定资产的增值，特制订如下规定。

1. 机械设备的管理体制及设备管理机构的职责

（1）机械设备的管理体制。根据"面向生产，管用结合，对机械设备实行统一管理，分级负责，集中与分散相结合"的原则，由公司质量科实行统一归口管理，公司集中管理的大中型设备及部分常用施工机具并由质量科负责日常维护、保养修理工作。公司下属单位的机械设备由单位工程负责人委派专（兼）职设备管理人员，对机械设备进行日常维修管理工作。

（2）设备管理机构的职责。

①贯彻执行国家有关法令法规以及上级颁发的有关规定。对上级颁布的有关制度、技术标准、操作规程，根据本单位实际情况，制订实施细则和补充规定。

②加强公司机械设备技术管理工作，建立机械设备技术档案及机械设备台账；负责或参与新购置设备的购置验收、调试工作以及机械技术革新及自制设备的制作；大中型设备安装、拆装、运输过程中的技术问题；参与机械设备事故的分析、鉴定，审批报废机械设备。

③推广使用科学、经济的手段，以提高对机械设备的管理水平。定期对公司所属单位机械设备使用情况及技术状况进行检验，积极开展爱护机械设备活动，对不合理使用机械设备的行为及时提出整改意见。

④掌握机械设备技术状况，领导修理业务，组织编制或审批机械设备大、中修计划，做好机械设备配件供应工作。及时做好各种统计资料的积累，按时填报各种统计报表。

⑤检查督促"定人、定机、定岗位"三定制度的落实情况，参与机械设备管理人员、操作人员及机修人员的培训工作。

（3）专（兼）职设备管理员。

①贯彻执行公司制订的有关制度、技术标准及操作规程；经常对本单位内的

机械设备运转情况、"三定"制度的落实情况进行检查，并做好记录。

②认真做好本单位的机械设备日常管理，做好本单位的设备台账和使用维修台账。

③积极配合公司评比工作，对不合理使用机械设备的行为应予以纠正。

④根据施工生产计划及机械设备技术状况和保养制度，编制月度机械保养维护计划，并检查、督促计划的执行情况，做好记录。

2. 机械设备的使用及其保养制度

（1）应根据施工任务具体要求及各种机械的性能，选择使用机械设备，严禁超负荷或带病使用各种机械。

（2）机械使用必须按规定做好"三定"工作，大型机械设备的安装、拆卸、搬运，必须严格按照"方案审批制度"规定执行，末经审批不得私自组装、拆卸、搬运。大型设备安装完毕，应由有验收资格的单位及公司有关部门参加验收合格后，才准使用。

（3）操作人员必须随身携带操作证（或复印件），做到持证上岗，机械操作人员必须严格遵守各种机械的安全操作规程，对施工人员违反安全操作规程和可能引起危险事故的指挥有权拒绝执行。

（4）机械设备的使用应做到随用、随检、随维护的原则，按照公司制订的《建筑机械保养规程》对机械进行日常保养、维护工作，确保机械正常运转。机械设备运行中发现异常现象或故障，应立即停机检查、排除故障或向主管部门报告，及时处理，严禁带病运转。

（5）机械设备的用电必须严格执行施工临时用电安全要求，确保做到"一机一闸一保护"。机械设备均要有接零、接地和绝缘措施，手持电动工具及移动机具必须采用二级保护。如塔吊、井架等设施，超过周围建筑物高度时，必须安装避雷装置，防止受到雷击伤害。

第三节　企业安全生产事故报告和处理制度

▲企业伤亡事故报告制度

各分公司要认真执行国务院第 75 号令《企业职工伤亡事故报告和处理》，按规定做好伤亡事故的报告和处理工作。

1. 工伤事故的概念

（1）伤亡事故分类。伤亡事故按其伤害程度可分为轻伤、重伤、死亡、重大伤亡（一次死亡3人以上）事故，按照建设部第3号令《工程建设重大事故报告和调查程序规定》即：

一级事故：一次死亡30人以上或经济损失300万元以上的事故。

二级事故：一次死亡10人以上29人以下，经济损失100万元以上300万元以下的事故。

三级事故：一次死亡3人以上9人以下，或经济损失30万元以上不满100万元的事故。

四级事故：一次死亡2人以下或重伤3人以上19人以下，或经济损失10万元以上不满30万元的事故。

（2）事故类别：物体打击、车辆伤害、机械伤害、起重伤害、触电、淹溺、灼烫、火灾、高处坠落、坍塌、透水、爆破、火药爆炸、瓦斯煤尘爆炸、中毒和窒息以及其他伤害。

2. 事故报告调查程序

（1）事故快报：伤亡事故发生后，负伤者或事故现场有关人员应当立即直接或者逐级上报，企业负责人接到重伤、死亡、重大死亡事故报告后，应立即报告主管部门和当地劳动部门，最迟不得超过24小时，报告内容包括发生事故的单位、时间、地点、伤亡情况和初步分析事故原因等。企业按规定每月填写"职工伤亡事故综合月报表"，并做到准确、及时。

（2）保护好现场，并迅速采取措施，抢救人员和财产，防止事故扩大，因抢救需要移动现场物体时，必须做出标记、拍照，详细记录和绘制事故现场图。对伤亡事故现场的清理，如无特殊原因，应经事故调查机关同意。

3. 事故调查

企业发生轻伤事故、一般重伤事故，由企业负责人组织安监、工会等部门进行调查，发生一次重伤3人以上或死亡的事故由企业主管部门、当地劳动部门、工会组织等部门进行调查，一次死亡3人以上的事故由省级有关部门组织调查。

4. 事故分析

（1）原因分析，即是直接原因还是间接（管理方面）原因。

（2）事故性质是责任事故、非责任事故还是破坏事故。

5. 事故处理

事故处理必须执行"三不放过"的原则，即事故原因没有查清不能放过；事故责任者和职工未受到教育不能放过；没有制订出防范措施不能放过。对发生事故的处理一般按事故的轻重大小可分为经济处罚、行政处分和追究刑事责任三种。

（1）经济处罚：一是企业内部按企业奖惩办法查处；二是行政执法机关按有关行政法规查处。

（2）行政处分：按照干部、职工管理权限对事故责任者以行政处分。查处重大责任事故罪，根据《刑法》第 134、第 135 条的规定进行。

（3）刑事责任：触犯法律、法规者，依照我国刑法，追究其刑事责任。

▲公司职工生产事故处理报告制度

（1）公司职工在生产过程中发生伤亡（含轻伤）事故，事故单位必须立即报告安监部门，然后安监部门再逐级上报。

（2）发生轻伤、重伤、死亡、重大死亡事故，公司在 2 小时内报告公司安监部门。

（3）事故报告的内容包括发生事故的单位、时间、地点、类别、伤害程度、事故简要经过及发生事故的初步原因等情况。

（4）发生重大伤亡事故，应立即抢救人员和财产，保护好现场。

（5）事故上报必须真实准确，不弄虚作假。

▲企业重大工伤事故调查处理规定

第一条 为了严肃处理重大工伤事故，认真吸取教训，加强预防措施，根据国务院《工人职员伤亡事故报告规程》的精神，制订本规定。

第二条 本规定所称的重大工伤事故（以下简称事故）是指因工死亡事故、多人事故（同时伤及 3 人和 3 人以上的事故）和重伤事故。

第三条 本规定适用于本市全民所有制和区、县、局属集体所有制企业（含矿山、交通运输、建设施工企业），由企业及其上级主管部门负责贯彻执行，市、区（县）劳动部门负责监督管理。

第四条 企业发生事故后应立即向上级主管部门，市、区（县）劳动部门以及上级工会报告，并保护好现场，未经上级主管部门同意，任何人不得破坏现场，如有违反，应严肃追究责任。

涉及《刑法》第 114 条规定范围的重大伤亡事故，还须向所在地的区、县人民检察院报告。

第五条 企业应将事故现场拍成照片，并在照片上对事故的重要部位做出标记，注明数据。无条件拍摄现场照片的单位，可绘制简明的现场示意图，供调查分析事故时查考。

第六条 企业或其上级主管部门应按国务院规定会同同级工会组成事故调查小组，行政负责人和安全部门必须参加。市、区（县）劳动部门、上级工会组织和其他有关部门可以派员参加。

第七条 涉及两个企业的事故，调查小组应由双方按照第六条规定派员组成，并由伤亡职工所属单位负责召集。

第八条 事故调查小组的任务是：

（1）查清事故的情况和原因，确定事故的责任。

（2）提出对事故责任者的处分意见和建议。

（3）对需要追究刑事责任的人员，建议企业、企业上级主管部门或有关部门向人民检察院控告。

（4）协助企业总结经验教训，制订预防事故的措施。

第九条 事故调查小组向有关人员调查情况时，应有两人同时参加，并做好笔录。笔录须交被调查人校阅签字。被调查人有书写能力的，应由本人自写书面材料。召开事故调查分析会时，应指定专人做好记录。

第十条 事故调查小组对情节复杂的事故，必要时可指定发生事故的企业或有关单位进行技术鉴定，做出书面结论，作为分析事故的依据。

第十一条 事故调查小组成员对事故原因、责任的分析意见不一致时，由企业所在地的区、县劳动部门做出结论性的意见，如仍有不同意见，可报请市劳动部门裁决。

第十二条 企业或其上级主管部门需对事故责任者给予处分时，事前还应征求企业所在地的区、县劳动部门和上级工会组织的意见。

第十三条 企业在上报事故调查报告书时，应将按本规定第五条、第十条要求拍摄的照片或绘制的示意图以及技术鉴定材料等作为事故调查报告书的附件。

第十四条 企业应在事故发生后20日内，将"工人职员伤亡事故调查报告书"报送企业上级主管部门审查同意后，再报市、区（县）的劳动部门、上级工会组织和其他有关部门。属于死亡事故的，区、县劳动部门应进行审查批复，并报送市劳动部门、企业上级主管部门、上级工会组织和其他有关部门。企业按批复意见处理结束后，方得结案。

第十五条 涉及两个企业的事故，由伤亡职工所属单位上报并进行统计。如事故主要责任不属上报统计的单位时，不列入考核范围。

第十六条 企业对事故调查小组提出的预防事故的措施，应认真执行。企业上级主管部门，企业所在地的区、县劳动部门和上级工会组织负责督促检查。对因改进措施不力，再次造成重大伤亡事故的企业，企业上级主管部门应追究有关领导人员的责任。

第十七条 企业对事故如隐瞒不报、虚报或故意延迟报告的，企业上级主管部门和企业所在地的区、县劳动部门除责成补报外，还应追究有关人员的责任。

第十八条 企业和企业上级主管部门，应建立健全事故档案制度。事故处理完毕后，应将有关资料整理存档，以备查考。

第十九条 因火灾、爆炸造成的重大工伤事故，除按本规定办理外，还应执行公安部门的有关规定。

第二十条 本规定自公布之日起施行。过去有关规定与本规定有抵触的，以本规定为准。

▲安全生产事故信息报告制度

（1）事故上报时间要求。发生一次死亡 1～2 人或重伤 1 人以上的安全生产事故，必须在事故发生后立即上报，并在 24 小时内逐级上报；发生一次死亡 3 人以上的安全生产事故，必须在事故发生后 6 小时内逐级上报。

（2）发生死亡 1 人以上或重伤 1 人以上事故时，发生事故单位必须立即向当地负有安全生产监督管理职责的相关部门报告。

（3）各安监委成员单位要安排专人负责安全生产情况统计分析工作，并在每月初的前 3 个工作日内将本系统上个月的安全生产方面（含事故统计）主要工作情况和当月工作打算书面报送至安委办。

▲安全生产事故调查和上报制度

（1）各单位发生生产死亡事故，由安全和劳动部门组织参与调查、处理和上报，发生火灾或爆炸事故由安保部门配合地方消防部门组织调查、处理和上报。发生交通事故，由车辆管理部门配合地方公安交警部门调查、处理和上报。

（2）凡发生生产性死亡事故、重大交通事故、火灾事故和特大盗窃案件等都要及时上报单位和地方有关部门，报告时限不得超过 24 小时。生产性重伤事故、一般交通事故和重大盗窃案件，上报时限不得超过 48 小时，并要按程序写出书面报告（不能超过 30 天）。各类重大、特大事故处理工作应在 90 天内结案，特殊情况须批准后在 180 天内结案；不得隐瞒事故不报、虚报或拖延不报。

（3）生产中发生重伤、死亡事故要按《工人职员伤亡报告规程》中的规定，由企业主管部门会同基层工会、安保部门和当地劳动部门组成调查组，对事故进行调查分析，找出事故发生原因、责任者，并制订出整改意见和防范措施，然后按国家统一形式拟出《事故调查报告书》上报劳动部门，主管部门和省、市公司安全委员会。

（4）事故处理。发生各类事故必须严格按照"四不放过"（即事故责任人未受到处理不放过；事故原因未查清不放过；责任者和群众未受到教育不放过；未采取有效防范措施不放过）的原则，认真进行调查、分析和处理。事故调查处理结束后，应将"事故调查报告书"及处理意见呈报上级安全部门。

第四节　企业消防和危险源管理制度

▲危险物品安全管理制度

（1）具有易燃、易爆、腐蚀、有毒等性质；在生产、储运使用中能引起人身伤亡、财产损毁的物品，均属危险物品。

（2）危险品必须按其性质和储运要求，严格执行危险品的配装规定，对不能配装的危险品，必须严格隔离。

（3）危险物品的装卸和运输，必须指派责任心强、熟知危险物品性质和安全防护知识的人员承担。

（4）装运人员应按危险品性质，佩戴相应的防护用品，搬运时轻拿轻放，严禁撞击和拖拉、倾倒，所用扳手等工具应为铜、铝合金。

（5）液体危险品装卸时，要严格执行防静电的有关规定。往储罐内输送物料前，必须认真检查输料管路、输送泵和电器是否处于正常状态，并按要求启、闭阀门，并随时检查液位，防止溢料，往铁桶内灌装物料前，要认真检查桶是否完好，灌装时要认真负责，灌装完毕桶盖应拧紧，跑、冒、滴、漏洒落地面的要及时处理、清理干净，不得留有残液。

（6）危险品仓库、货场，必须严格执行出库、入库发放制度。

（7）危险物品包装容器应当牢固、密封，发现破损、残缺、变形和物品变质等情况，应当立即进行安全处理。

（8）装运易燃、易爆危险物品机动车，应悬挂"危险品"标识，罐车要挂接静电导链。

（9）储存易燃、易爆物料的库房及货场区的附近，不准进行封焊、维修、动用明火等可能引起火灾的作业。如因特殊需要进行这些作业，必须经批准，采取安全措施，派员进行现场监护，备好足够的灭火器材。作业结束后，应当对现场认真进行检查，切实查明未留火种后，方可离开现场。

（10）库区、场区要经常保持整洁，对散落的易燃、易爆物品和杂物应当及时清除。用过的棉纱、抹布、手套等用品，必须放在库外的安全地点，妥善保管和及时处理。

（11）装卸易燃、易爆物品，必须轻拿轻放，严防震动、撞击、重压、倒置和摩擦，不准使用易产生火花的工具，不准穿带钉子的鞋，并应当在可能产生静电的设备上，安装可靠的接地装置。

（12）进入库区、场区的汽车及拖拉机必须加戴防火罩，不准进入库房。

（13）库房、货场区装卸作业结束后，应当彻底进行安全检查。

（14）库房、货场根据灭火工作的需要，备有适当种类和数量的消防器材设备，并布置在明显和便于取用的地点。消防器材附近，严禁堆放其他物品。

（15）两种性质相互抵触的危险物品，不得同时装运和同库存放。

（16）使用瓶装易燃、易爆液化气体（液氨等）时，瓶内物质不得用净，要留有余压，防止物料窜入。

（17）受阳光照射容易燃烧、爆炸的化学易燃物品，不得露天存放。

（18）在危险品仓库、货场的防火间距内，不准堆放可燃物品。

（19）对散落或渗漏在车辆上的易燃、易爆、腐蚀性物品，必须立即清除干净。

（20）危险物品装卸前，应检查仓库、货区、车体是否干燥，车内不得留有残渣。

（21）装卸危险物品严禁使用明火灯具照明。

（22）机械作业时，机具应能防止产生火花，随时检查齿轮泵的运行情况，发现异常及时处理。

（23）可燃液体储罐应设液面计、带有灭火器的放空管，并且随时检查，使其运行正常。

▲危险设备作业制度

（1）为了加强进入危险设备内作业的安全管理，防止作业人员进入危险设备内发生中毒、窒息、着火和爆炸等事故，特制订本制度。

（2）本制度适用于公司各部门、生产厂和外来施工队在公司区域内进行符合本制度规定的进入危险设备内的作业。

（3）本制度所指的危险设备为产生、处理或储存氧气、高炉煤气、焦炉煤气、氮气、氩气、苯、氨水、各种油类等的储罐、塔、槽、箱体、气柜、炉膛、气（汽）包、管道、容器等设备。

（4）《危险设备内作业许可证》的管理。

①《危险设备内作业许可证》原则上应提前一天到生产部办理，由危险设备所属单位专（兼）职安全员认真填写许可证上设备所属单位、设备名称、设备内介质、检修作业时间、检修作业内容、设备切断置换安全措施、单位负责人签名等内容后，交由检修单位填写。

②检修单位在接到《危险设备内作业许可证》后，检修项目负责人认真填写该证上检修单位、检修单位负责人签名、作业中可能产生的有害物质和检修作业安全措施等内容。

③在完成进入危险设备内作业的各项准备工作，落实安全措施，经现场分析或检测检查合格后，依序由现场检测分析人、危险设备所属单位检修现场监护人、检修项目负责人、检修单位检修现场监护人和公司生产部安全管理人员分别签名后，《危险设备内作业许可证》才开始生效，检修单位方可开始作业。

④《危险设备内作业许可证》为一式三联，第一联由公司生产部留存，第二联由设备所属单位留存，第三联由检修单位留存。

⑤进入危险设备内作业涉及动火的，按公司《动火管理制度》执行，并办理相应的动火许可证。

⑥在检修作业过程中，检修项目负责人、检修现场监护人（包括设备所属单位和检修单位）必须坚守检修现场；对于在作业过程中可能产生、窜入或泄出危险物质的情况下，现场检测分析人必须坚守检修现场，并最多每隔30分钟进行检测分析一次；一旦发现异常，及时通知设备内作业人员立即撤出，待采取措施并重新检测分析合格后，方可继续进入作业。

（5）危险设备内作业的安全技术措施。

①切断。停止危险设备的运行和使用，对设备与外界连接的管道、设施进行可靠隔绝，如装设盲板、拆卸连接部位、关闭阀门等，设有盲板的位置应标示。对动力电源的切断，应严格按照相关规程严格执行。

②清洗、置换和清理。对危险设备可靠切断后，打开设备上所有人孔、手孔、放散阀、排空阀、出气阀、料孔和炉门等。

▲防火安全管理制度

（1）认真做好对员工的安全教育工作，使员工提高安全防火意识，遵守安全操作规程和各项规章制度。

（2）木工间、宿舍、仓库，及易燃、易爆等场所不准使用明火、电炉和高用电量电热器，不准在场内吸烟；施工现场必须严格遵守用电消防安全管理规定，防止电气失火。

（3）电焊、气割及生产用火时，必须遵守防火安全间距的规定，远离易燃和可燃物，落实防范措施，动火前，必须按级别履行动火审批手续，不准违章使用明火。

（4）每天要做好"落手清"工作，将工作场所的刨花、木屑等可燃物必须及时处理掉，并堆放到安全地点，易燃易爆及化工材料必须按规定严格保管和存放，下班后应切断电源闸刀。

（5）有专人负责，经常检查工作场所的防火安全，对安全隐患必须立即采取措施整改，服从管理和监督。

（6）人人遵守、注意安全，对无视规章制度、不采取措施整改或违章造成后果的，将视情节对当事人及项目部做出处罚，直到清退，触犯法律的由司法部门依法追究法律责任。

（7）经常向职工进行安全教育，积极预防火灾、爆炸、中毒等重大治安灾害事故的发生，严格各项规章制度。

（8）对油库，易燃、易爆、危险品仓库，木工间，电工间及明火使用场所等重点防火部位，设立必要的消防设施，制订章约、经常检查，发现问题及时督促整改，做到防患于未然，如发生火灾应立即报警和组织扑救，把事故消灭在萌芽之中。

（9）加强各种灭火器材的管理，根据各种灭火器材的特性，按部位配置并及时换药，做到全面有效。

（10）现场临时设施搭建应合理布局；油库、油漆库、木工间、易燃易爆及危险品仓库和部位、车辆加油等都必须远离明火，严禁吸烟；宿舍内禁止使用明火、电炉和高用电量电热器，禁止擅自私下装拆电器装置。

（11）健全义务消防组织，提高消防知识和实际消防工作能力。

（12）以上各条希望人人遵守，违者给予必要的处罚，直至提请追究法律责任。

第三章　企业采购与运输管理制度

第一节　企业物流采购管理制度

▲物流采购管理制度

1. 制订采购计划

（1）由物流中心各部门根据每年物资的消耗率、损耗率和对第二年的预测，在每年年底编制采购计划和预算，报财务部审核。

（2）计划外采购或临时增加的项目，制订计划或报告财务部审核。

（3）采购计划一式四份，自存一份，其他三份交财务部。

2. 审批采购计划

（1）财务部将各部门的采购计划和报告汇总，并进行审核。

（2）财务部根据物流中心本年的营业实绩、物资的消耗和损耗率、第二年的营业指标及营业预测做采购物资的预算。

（3）将汇总的采购计划和预算报总经理审批。

（4）经批准的采购计划交财务总监监督实施，对计划外未经批准的采购要求，财务部有权拒绝付款。

3. 物资采购

（1）采购员根据物流中心核准的采购计划，按照物品的名称、规格、型号、数量、单位适时进行采购，以保证及时供应。

（2）大宗用品或长期需用的物资，根据核准的计划可向有关的工厂、公司签订长期的供货协议，以保证物品的质量、数量、规格、品种和供货要求。

（3）餐饮部需用的食品、餐料、油、味料、酒、饮品等，由行政总厨、大厨或宴会部下单给采购部，采购部要按计划或下单进行采购，以保证供应。

（4）计划外和临时少量急需品，经总经理或总经理授权有关部门经理批准后可进行采购，以保证需用。

4. 物资验收入库

（1）无论是直拨还是入库的采购物资都必须经仓管员验收。

（2）仓管员验收应根据订货的样品，按质按量对发票验收。验收完后要在发票上签名或发给验收单，然后需直拨的按手续直拨，需入库的按规定入库。

5. 付款及报销

（1）付款：

①采购员采购的大宗物资的付款要经财务总监审核，经确认批准后方可付款。

②支票结账一般由出纳根据采购员提供的准确数字或单据填制支票，若由采购员领空白支票与对方结账，金额必须限制在一定的范围内。

③按物流中心财务制度规定，付款××元以上者要使用支票或委托银行付款结款，××元以下者可支付现款。

④超过××元要求付现金者，必须经财务部经理或财务总监审查批准后方可付款，但现金必须控制在一定的范围内。

（2）报销：

①采购员报销必须凭验收员签字的发票或连同验收单，经出纳审核是否经批准或在计划预算内，核准后方可给予报销。

②采购员购买商品，可通过税务部门开票，因急需而卖方又无发票者，应由卖方写出发货证明并签名盖章，并有采购员两人以上的证明及验收员的验收证明，经部门经理或财务总监批准后方可给予报销。

▲采购主管岗位职责

（1）新产品，新材料供应商的寻找，资料收集及开发工作。

（2）对新供应商品的品质、体系状况（产能、设备、交期、技术、品质等）的评估及认证，以保证供应商的优良性。

（3）与供应商的比价、议价谈判工作。

（4）对旧供应商的价格、产能、品质、交期的审核工作，以确定原供应商的稳定供货能力。

（5）及时跟踪掌握原材料市场价格行情变化及品质情况，以期提升产品品质及降低采购成本。

（6）采购计划编排，物料之订购及交期控制。

（7）部门员工的管理培训工作。

（8）与供应商以及其他部门的沟通、协调、检举。

（9）主持采购部各项工作，提出公司物资采购计划。

（10）调查研究公司各部门物资需求及消耗情况，熟悉各种物资的供应渠道和市场变化情况，指导并监督员工开展业务。

（11）审核年度各部门的采购计划，统筹策划和确定采购内容，监督和参与产品业务洽谈。

（12）审核商品采购合同、促销协议，确保供应商费用等指标的完成。

（13）监督采购员的订货工作，确保分店和配送中心有充足的库存，同时保证较高的商品周转。

（14）按计划完成公司各类物资的采购任务，并在预算内尽可能减少开支。

▲采购员岗位职责

（1）应严格执行物流进货管理制度。

（2）应认真做好采购员手册记录，每月进行库存结构和商品适销情况分析，对超出保本保利期的商品要提出解决办法。

（3）要严格按物流规定的要求填写客户档案和合同文本，返岗当日内上交公司。

（4）严格把好进货质量关，严禁假冒商品进入物流中心。

（5）负责开发名特优新商品，要经常深入物流中心了解情况，及时调整商品结构，保证物流中心货源充足，商品丰满，适销对路。

（6）负责商品查询及残次品的返厂工作。

（7）严禁以物流中心的名义替其他单位和个人代购、代运、代收、代存商品。

▲仓库收货员岗位职责

（1）根据物流中心的规定和要求，认真有效地检验到货物品是否符合物流中心要求的质量标准。

（2）办理验收手续时应按照采购单的内容和数量进行。

（3）验货时如发现质量不符合要求、数量差错，应拒绝收货并及时报告主管。

（4）在办理验收手续后应及时通知有关部门取货。

（5）填制每日收货汇总表。

（6）协助采购部经理，跟踪和催收应到而未到的物品。

（7）有条理地做好采购单的存档工作。

（8）积极提出改进工作的设想方案，协助领导做好本部门的工作。

（9）服从分配，按时完成领导交办的任务。

▲物品、原材料采购制度

（1）物品库存量应根据物流中心货源渠道的特点，以掌握在一个季度运输量的一倍库存量为宜。材料存量应以两个月使用量为限，物料及备用品库存量不得超过三个月的用量。

（2）坚持"凡国内能解决的不从国外进口，凡本地区能解决的不到外地采购"的规定。

（3）各项物品、商品、原材料的采购，必须遵守市场管理及外贸管理的规定。

（4）计划外采购或特殊、急用物品的采购，各部门知会财务部并报总经理审批同意后，方可采购。

（5）凡购进物料，尤其是定制品，采购部门应坚持先取样品，征得使用部门同意后，再进行定制或采购。

（6）高额进货和长期订货，均应通过签订合同的办法进行。

（7）从国外购进原材料、物品、商品等，凡动用外汇的，不论金额大小一律必须取得总经理的批准，方予采购，否则财务部拒绝付款。

（8）凡不按上述规定采购者，财务部以及业务部门的财会人员，应一律拒绝支付，并上报给总经理处理。

▲物品、原材料损耗处理制度

（1）物品及原材料，物料发生变质霉坏，失去使用（食用）价值，需要作报损、报废处理。

（2）保管人员填报"物品、原材料变质霉坏报损、报废报告表"，据实说明损、废原因，并经业务部门审查提出处理意见，报部门经理或财务部审批。

（3）对核实并获准报损、报废的物品，原材料的残骸，由报废部门送交废旧物品仓库处理。

（4）报损、报废由有关部门会同财务部审查，提出意见，并呈报总经理审批。

（5）在"营业外支出"科目处理报损、报废的损失金额。

▲请购单

编号

请购部门			用途					备　注
物品名称	型号/规格	数量	单价	小计	采购记录			备　注
					时间	供应商		
合　　计	￥：			大写：				

经办：＿＿＿＿＿＿＿＿＿＿　　确认：＿＿＿＿＿＿＿＿＿＿

审核：＿＿＿＿＿＿＿＿＿＿　　批准：＿＿＿＿＿＿＿＿＿＿

▲订购单

厂商：　　　　　　　　　　　　　　　　　　年　月　日

地址：　　　　　　　　　　　　　　　　　　编号

电话：　　　　　　　订购单　　　　　　　编号

项次	材料编号	品名规格	单位	数量	单价	合计

交货日期	
交货地点	

注意事项		交易条款	
			（由各公司自订）

核准：　　　　　　　审核：　　　　　　　经办：

▲加工原料订单

订料时间：　　　　　　　　　　　　　　　交料时间：

品　名	单位	数量	实发数	备　注

订料部门：　　　　　　　订料人：　　　　　　　发料人：

▲产品采购记录

订单号码：

产品编号：　　　　　　　　　　　　　　年　月　日

产品名称		规格说明		生产数量	
目次	材料名称	材料编号	标准用量	本批用量	供应商	单价	订货日期	交货记录

审核：　　　　　　　　制表：

▲采购日报表

店名：　　　　　　　　　　　　　　　　　　　　　年　月　日

商品名称（系列商品）	本　日						本月累计						管理签核
	进价	售价	订购率	构成比	订购率	预定订购	进价	售价	订购率	构成比	订购率	预定订购	

第二节　企业物流运输管理制度

▲仓库保管员岗位职责

（1）负责商品的分类、登记、入库、保管工作。

（2）负责所管商品账物的核对。

（3）负责库存商品的安全，防止变质、虫蛀、污染等。

（4）随时向领导提供库存商品数量、结构变化情况。

（5）合理堆码商品，最大限度地利用仓容。

（6）负责商品收、存、付过程中发生的问题，及时反映，协助处理。

（7）负责保持物流中心库区干爽清洁。

（8）完成领导交办的其他工作。

▲物流中心仓储部职责

（1）负责物流中心仓储管理办法与作业程序的研究、设计及改进建议的提出。

（2）负责物流中心工作目标的拟订、执行及控制。

（3）负责物流中心年度预算的拟订、执行及控制。

（4）负责物流中心商品存量标准的拟订、检查及修订。

（5）负责物流中心国内采购商品请购。

（6）负责物流中心商品与附件的验收、存储、整理及保管。

（7）负责物流中心商品进出登记与控制。

（8）负责物流中心库存商品质量管理。

（9）负责物流中心商品分配数量拟订。

（10）负责物流中心商品发运及调拨事项办理。

（11）负责物流中心商品国内运输短损索赔。

（12）负责物流中心库存待料、待修与报废商品的整理及处置。

（13）负责物流中心营业用车辆的调派、维护及管理。

（14）负责物流中心财务的经管。

（15）其他有关仓储事项办理。

▲储运部经理岗位职责

（1）在总经理领导下，全面主持储运部工作。

（2）认真负责本部员工的政治、业务学习，督促检查考核各岗位职责、工作制度的履行和执行情况。

（3）负责起草储运工作各项规章制度。

（4）负责组织商品运输和商品储存工作。

（5）负责审查批准各种车辆及其他设施的购置、使用、维修和保养。

（6）负责组织处理各种日常的行政业务工作，保证质量，完成仓储运输工作。

（7）完成总经理交办的其他工作。

▲送货部经理岗位职责

（1）在各部门经理的领导下，负责送货部日常管理工作。

（2）负责本部车辆管理及司机人员教育，及时向司机人员传达上级有关指示，带领和组织送货部全体人员认真落实上级有关交通法规，制订本部有关车辆管理和司机人员教育管理制度。

（3）负责安排车辆，按时完成送货任务。出车前，负责检查车辆良好情况，严禁司机疲劳驾驶、酒后驾驶、违章行车；向司机交代送货注意事项，确保优质安全服务。

（4）负责送货部人员的劳动考勤，分类送货统计及超范围送货的收费开票，月底计算送货部人员送货量。

（5）负责安排车辆保养、油料的购买与分发，负责处理本部所发生的交通事故。

（6）对因送货部原因不能按时送货上门的商品，送货部经理负责与货主及时联系，说明原因，另行商定送货上门时间。

（7）根据物流中心和本部奖金制度、奖惩制度，负责计算送货部个人每月奖金。

▲储运协定事项

（1）托运人必须如实填写货物名称、件数、货物价值、重量及收货人的详细地址和电话，并出具托运货物的合法手续。

（2）所托运货物外包装必须完好无损（在包装完好情况下，对货物内在数量、质量等损坏均不负责），易燃、易爆物品必须声明。国家法律法规禁运的物品本公司概不受理。

（3）托运人托运的货物应上全额保险，如有货物损坏丢失，按照有关保险公司规定的损坏的程度确定赔偿金额，但最高赔偿额不能超过保险金额；没有按规定上全额保险的，货物丢失按每件运费5倍赔偿损失，最高赔偿额不超过1000元。

（4）货到指定地点后，收货人当场清点验收，如收货人当场对本批货物没有提出异议，可视为本次货物安全到达。

（5）托运人和收货人如有查询、索赔或其他事宜，应在本单开出之日起15

日内提出，过期本公司概不受理。

（6）接到取货通知后，必须在 3 天之内取货。否则每多一天按运费 5％ 加收保管费，一个月以后仍不取货按无主处理。

▲商品发运制度

商品发运是商品运输的开始。

商品运输包括商品发运、商品接收、运输中转和商品验收四个环节。加强商品发运的管理，使商品准确及时地发运出去，可以缩短商品的在途时间，是组织商品合理运输的一项重要内容。

物流中心商品发运，是指物流中心将商品交付给承运单位，委托运往指定地点的业务活动。按照业务性质的不同，物流中心商品发运可以分为两类。一是采取提货制，将购进的商品从供货单位发往本中心；二是采取送货制，将售出的商品从物流中心发往购货单位。不管是发运哪一类型的商品，在选定运输工具和运输路线后，发运商品前都必须做好以下准备工作：

（1）确定押运人员。为了及时处理运输途中可能发生的问题，商品运输必须配备押运人员，并加强与运输部门的联系，保证商品安全、准确地运达目的地。

（2）搞好商品包装，准备发运物料。为了保证商品的合理装载和运输安全，可根据商品的性能和运输工具的特点实行定型装载。并按照装载要求进行商品的运输包装，备齐绳索、苫布、罩网等运输物料。

（3）联系确定货场和进场日期。商品从专用线或专用码头装载启运时，要事先联系好货位场地和商品进入货场的时间，以便将商品及时运达启运站或码头待运。

（4）安排好短途搬运和装卸力量，衔接好商品的待运与装车启运环节，将商品按时运入货场，装车启运。

物流中心发运商品一般经过以下几个程序：

①发运商品时，必须按要求认真、准确、完整、清晰地填写货物运单。

②为确保商品的运输安全，商品装车以前，应检查运输工具的安全措施。托运食品等怕污染的商品时，还应检查运输工具的卫生情况。

③交接商品。托运单位向承运方填交货物运单后，商品由承运部门负责装车的，应及时将商品运进车站、港口指定的货位，经承运方验收后，办理货物的交接手续。如果商品由托运方自行装车，待装载完毕，托运方封车、封船交给承运方。

④填制商品运输交接单。商品运输交接单是发货单位与收货单位或中转单位之间的商品运输交接凭证，也是收货方承付货款和掌握在途商品情况的依据。

⑤做好发货预报工作。通知收货单位，以便对方及早做好商品接收或中转分运的准备工作。

▲商品接收制度

商品接收是商品运输的中间环节。

商品接收是指商品运达指定地点后，收货单位组织人力、物力，向运输部门领取商品的一系列业务活动。物流中心组织商品接收工作时，应做到速度快、验收严、责任明确、手续清楚。

1. 商品接收的准备工作

收货单位接到商品到达预报或到货通知后，要做好接收前的有关准备工作，保证各项接收工作的紧密衔接。

（1）明确船号、车次、到货时间和商品的品名、数量，以便根据商品的类别、数量，组织相应的人力、物力，及时进行商品的接收工作。

（2）妥善安排好短途搬运力量和仓容、货位。物流中心接收需要入库的商品时，一方面要组织好短途搬运的人力和工具；另一方面要安排好仓容和货位，保证商品能够及时验收入库。物流中心自己卸货的，还要准备好卸货的力量。

（3）做好商品就车站码头分运工作的衔接。商品不可能完全实行直达直运的，往往采取就车站码头分装直拨的办法来达到直达运输的目的。物流中心接收需要分装直拨的商品时，应与各收货单位联系，确定分运的运输工具和商品装卸力量。

（4）安排好商品的中转运输。商品在运输途中，需要中途改换运输工具，进行换装和重新办理托运手续的业务活动，叫作商品的中转运输。物流中心接收商品需要随时办理中转业务的，必须衔接运输计划，做好运输工具、装卸搬运力量、仓库、货场的安排和补包、换包等准备工作。

2. 接收商品的注意事项

物流中心接收商品时应注意以下事项：

（1）凭货物领取通知单和有关证件，在规定日期内提货，防止因延期提货被罚停滞费。

（2）接收商品时，应派专人到交接场地，会同承运部门清点商品，并做好接收记录。商品交接，应逐件清点验收，检查包装是否完好无损，单货是否相符。如发现包装破损，商品污染、变质、短少等情况，应会同承运部门及有关人员，详细清点，如实记录，以便调查处理。

（3）交接手续办完后，要在 5 天内将运输交接单回执盖章退回发货或中转单位，并持货物搬运证将商品运回。

（4）分清责任，及时处理运输事故。

3. 商品运输责任的划分原则

商品运输责任的划分原则是：

（1）商品在承运单位承运前发生的损失，由发货单位负责。

（2）商品运达目的地、办完交接手续后发生的损失，由收货单位负责。

（3）商品自办完承运交接手续时起，至交付给收货单位时止，发生的损失由承运单位负责。但是，由于自然灾害、商品本身性质以及发货、收货、中转单位工作差错造成的损失，承运单位不予负责。

为了正确分析事故产生的原因和进行处理，运输部门要对发生的事故进行记录，物流中心可以根据"事故记录"办理索赔。一般索赔期为 180 天。物流中心在规定期限内申请索赔时，应先向到站货运管理部门索取索赔要求书，填写后连同货运记录（承运单位造成的事故记录）、货物清单、商品调拨单、价格证明单等有关证件，送交到站货运管理部门，自己留存赔偿要求书收据。待运输部门同意赔偿后，再去领取赔偿款。如果发生的事故并非运输部门责任，物流中心应在收货后的 15 天内提出查询，并附上有关证件（承运部门普通记录、装箱单等）。查询的顺序是由中转单位（中转运输的商品）到发货单位。必要时，应派专人到现场调查处理。

4. 收货单位与承运单位办理商品交接的手续

（1）凡是由承运方卸货的，在其仓库、货场交接验收。

（2）不是专用线或专用码头，又由收货方卸货的，收货方与承运方共同拆封监卸。

（3）在专用铁路线卸货的，篷车可凭铅封交接，敞车可凭外部状态是否完整交接。

（4）对船舶上的商品，收货方和承运方当面办理交接。

▲商品运输管理制度

本着"安全、及时、准确、经济"的原则，按照运输车辆集中管理、分散使用相结合的办法加强商品运输管理，以加速实现商品的流通，使商品运输合理化。

1. 商品运输的任务

物流中心商品运输工作，一般由物流中心储运部统一负责管理，其具体任务是：

（1）按照商品运输的管理内容，安排商品的运输、提货、验货，商品的交接、查询和索赔。

（2）合理安排使用商品运输工具，建立健全各项管理制度。

2. 商品运输工作范围

（1）商品下站运输。

（2）商品上站运输。

（3）商品移库运输。

（4）商品入库运输。

（5）送货上门运输。

3. 商品运输工作程序

（1）货物通知、提货和装运：

①调度员接到货运通知和登记时，要验明各种运输单据，及时安排接货。

②调度员按商品要求、规格、数量填写运输派车单交运输员。

③运输员领取任务后，需认真核对各种运输单据，包括发票、装箱单、提单、检验证等，问明情况，办理提货。

④提货。

A. 运输员提货时，首先按运输单据查对箱号和货号；然后对苫盖、铅封等进行认真检查；确信无误后，由运输员集体拆箱并对商品进行检验。

B. 提取零担商品时需严格检查包装质量。对开裂、破损包装内的商品要逐件点验。

C. 提取特殊贵重商品要逐个检验；注意易燃、易碎商品有无异响和破损痕迹。

D. 提货时做好与货运员的现场交接和经双方签字的验收记录。

E. 对包装异常等情况，要做出标记，单独堆放。

F. 在提货过程中发现货损、货差、水渍、油渍等问题要分清责任，并向责任方索要"货运记录"或"普遍记录"，办理索赔。

⑤装运。

A. 运输员在确保票实无误，或对出现的问题处理后，方可装车。

B. 装车要求严格按商品性质、要求以及堆码层数的规定，平稳装车码放；做到标识正确、箭头向上，大不压小，重不压轻，固不压液；易碎品单放；散破包装在内，完好包装在外；苫垫严密，捆扎牢固。

（2）商品运输、卸货与交接：

①运输员必须按规定地点卸货。如货运方有其他要求需向调度员讲明，以便

重新安排调整。

②卸货时按要求堆放整齐，方便点验；标识向外，箭头向上，高矮件数一致。

③定位卸货要轻拿轻放，根据商品性质和技术要求作业。

④交货时，运输员按货票向接货员一票一货交代清楚，并由接货员签字，加盖"货已收讫"章。

⑤货物移交后，运输员将由接货员签字、盖章的临时入库通知单或入库票等票据交储运业务部。业务部及时转各部门办理正式入库手续。

⑥若运输货物移交有误，要及时与有关部门联系。

（3）运输任务完成后，运输员需在派车单上注明商品情况，连同铅封交收货单位。

（4）在运输中，因运输人员不负责任发生问题，按有关规定处理。

4. 商品运输安排与申报

（1）凡直接由专营商店转来的提单，储运部根据业务需要合理安排运输。

（2）本市商品原则上两天内运回，最迟不超过三天。

（3）凡有上站业务的专营商店，需提前到储运部办理运输手续，将发运货物品名、规格、数量、性质、收货单、地点、联系人、电话、邮政编码、时间和要求等如实登记，填写清楚。

（4）凡采用公路运输的部门，需组配好货物，提前两天申请用车计划。

（5）公路长途运输（1000千米以内）业务，需报总经理批准后执行。

5. 运单的传递与统计

（1）传递运输单据要按传递程序进行，做到统计数字准确、报表及时。

（2）调度员要认真核对汽车运输单据，发现差错、遗漏和丢失要及时更正、补填，按规定时间交统计员。

（3）统计员根据运输单据，做好各项经济指标的统计、造册、上报与存档工作。

▲汽车运输管理制度

1. 汽车运输队

（1）储运部设汽车运输队。

（2）运输队对车组之间实行定额管理，单独成本核算。

（3）严格对车辆吨公里耗油的管理，实行月统计报表制度，并给予相应的奖励与处罚。

2. 汽车运输调度

（1）合理安排运输人员、时间、路线，减少在途商品资金的占压和损耗，加速资金周转，避免对流、迂回、倒流等不合理运输。

（2）在全场运输任务紧张时，首先要保证下站货物和内外商品移库的运输；其次按业务轻、重、缓、急的程度进行安排，确保企业经营正常运转。

3. 汽车运输安全

（1）汽车载物运输要按规定时速行驶。禁止运送国家规定的禁运品。

（2）运输长、大、笨、重、超高、超宽货物需提前办理各种证件。需夜间运行的，要及时向领导讲明，确保行车安全。

（3）贵重商品运输和危险商品运输的安全，按有关制度办理。

（4）汽车运输其他方面的安全问题，按车辆安全管理规定执行。

4. 汽车运输收费

本物流中心汽车运输实行内部收费办法，具体收费标准详见《储运劳务收费办法》。

▲贵重及危险品运输管理规定

1. 贵重及危险商品的范围

（1）贵重商品的范围：

①黄金饰品、玉制品、玻璃器皿。

②精密仪器、电脑、高档家用电器。

③摄像、照相器材。

④工艺制品、钟表。

⑤皮毛制品。

⑥珍贵食品、补品，名贵药材。

（2）危险商品的范围：

①食品类：酒等。

②百货类：打火机、丁烷气、杀虫剂、樟脑粉等。

③化妆类：摩丝、发胶、香水、指甲油等。

2. 贵重及危险品运输要求

在委托运输贵重和危险品时，需在货运单上注明"贵重"和"危险品"字样，交代清楚品种、数量及特运要求。

（1）贵重商品运输要求：

①双方需认真查验货物及运输现场条件，确定合理运输方案。

②运输时应选派机械性能好的车辆和驾驶技术好的司机，指派作风正派、工作认真负责的人专门押运。

③设专人采取有效措施保护、监装、监卸。

④应及时办理保险业务，出现问题及时通知有关部门，报告上级领导，求得妥善解决。

⑤运输中不准停车。如遇特殊情况必须停车时，押运及保安人员应采取保护、监护措施。做好停车地点、时间、原因等情况的记录，备查。

（2）危险品运输要求：

①指派专车专人押运，严禁混装运输。

②押运员要掌握商品的危险性能，严格按操作规程作业，杜绝野蛮装卸。

③运输中需停车时，严禁吸烟或靠近高温明火场所。

④货物未交接清楚时，押运员不得离开现场。

⑤凡因违反运输要求而造成商品损失的，追究当事人责任，按有关规定处理。

▲储运机动车辆管理制度

1. 机动车辆管理范围

（1）生产经营运输车辆。

（2）生活用班车。

（3）办公用车。

2. 车辆管理的任务

（1）按规定办理车辆的各种车务手续。

（2）负责审批车辆的强制保养与送厂修理。

（3）办理车辆的年检手续。

（4）编制车辆的改装、改造、更新、报废和购置计划。

（5）车辆的技术监督与检查工作。

3. 车辆管理的具体规定

（1）机动车辆与驾驶员统一管理：

①机动车辆统一管理。特殊情况储运部对各部门使用的车辆有统一调配权。

②驾驶员统一管理内容：

A. 档案管理。

B. 证件手续办理。

C. 车辆运行手册和安全手册。

D. 年审工作。

E. 发生违章及事故的处理。

F. 安全教育与学习。

③报考驾驶员须由物流中心总经理审批后，安委会负责办理。

（2）车辆的预防保养：车辆保养本着预防为主的原则，有计划地进行，按照车辆保养的规章制度，严格进行保养。

①初驶保养：新车或大修车行驶 1500 公里后，按规定项目进行。

②例行保养：每日出车前、行驶中、收车后按规定项目检查保养。

③计划定程保养：一级保养：车辆每行驶 2000 公里，按规定项目强制进行。二级保养：车辆每行驶 2.5 万公里，按规定项目强制进行。三级保养：车辆每行驶 4.5 万公里，按规定项目强制进行。

④换季保养：为保证季节变化后，车辆能可靠有效地工作，每年入冬入夏，实施换季保养，按规定强制进行。

⑤停驶保养：凡停驶封存车辆应解除负荷，定期进行清洁、除锈、防腐，检查发动机，排除故障。尽量减少磨损，保持良好的技术状况，以便随时启用。

（3）车辆的计划修理：

①车辆小修。即排除车辆在使用中的临时性故障，更换损坏的零部件、组合件、仪表以及局部损伤，应迅速修复，使车辆投入运转，要求修理时间均为 3 天。

②总成修理：主要是基础和主要部件破裂磨损变形，需要全部分解，进行彻底修理，恢复其技术性能，应按车辆检验结果，填写车辆鉴定，排定修理计划，按修理工艺严格进行修复。

③车辆大修：按照规定行驶里程 12 万～15 万公里后，经储运部鉴定符合大修条件，按汽车大修进厂手续、程序办理。

④车辆的各级保养与修理竣工接车后，应由送修部门填写车辆档案，交储运部存档。

⑤车辆的各级保养与修理计划，应按车辆检查结果和临时故障情况，由技术安全员负责制定和调整年、季、月、日保修计划。

⑥车辆进厂修理。

A. 车辆进厂修理的原则为本单位无力修理的大修、中修项目。

B. 进厂修理必须事先填报进厂修理申请单，经有关技术人员进行检验、鉴定，确认为修理项目后，由储运部批准方可送修。

C. 车辆进厂大修，应严格执行大修计划，需经物流中心主管经理、财务部审批后方可执行。

D. 进厂修理记录，要按规定归档，以便保修期内出现问题时与厂家联系和日常的维修保养。

（4）车辆技术检验：

①技术检验工作由技术安全员负责。

②检验人员必须坚持原则，严格把握工艺技术标准。

③对运输车辆每月进行一次技术检验与鉴定，排出质量级别，每月对部分车辆进行抽查。抽查率不得低于 20%，抽查结果记入车辆档案，并对检验出现的问题及时安排检修。

④车辆送厂大修竣工经验收符合标准后，方可接车，并取回修理记录归档。

⑤车辆在本单位修理，采取承修人自检与专职检验相结合的方法。修验后，填写修理记录，主修人签字后归档。

⑥必须按规定进行车辆年度技术检验，合格后将验车单归档。

⑦燃油料、汽车零件及辅料的入库，应由仓库保管员负责。

（5）安全检查：

①安全检查由技术安全员负责。

②对职工安全技术教育的检查、考核，要填写职工技术档案。

③车辆每日出车前和收车后，驾驶员应对车辆进行全面的安全检查。

④每月由技安员负责组织对全部车辆的安全检查，检查项目有制动、转向、灯光及车上所有设备完好情况；车载消防器材、月查记录在案。

⑤对安全隐患因素，要及时采取措施予以消除，确保车辆的安全运转。

（6）车辆技术经济定额：

①经济定额。

A. 行车燃料消耗定额，是指车辆百公里所消耗燃料的定额，按各车型规定油耗定额。

B. 轮胎行驶里程定额，是指新轮胎从使用到报废的轮胎总行驶里程定额。国产轮胎行驶里程定额为国家年检合格标准，进口轮胎行驶里程定额为国家年检合格标准。

C. 大修间隔里程定额为 12 万～15 万公里。

D. 二、三级保养定额为 5 天。

E. 保养小修费用定额，按车辆行驶公里，每公里 5 分核算。

②各种指标。

A. 车辆完好率 90%（完好率＝完好车÷实有车）。

B. 车辆利用率 95%（利用率＝出勤车数÷实有车数）。

C. 行驶里程利用率 60%（里程利用率＝重驶公里÷总行驶公里）。

（7）车辆调度：

①不派人情车，不派关系车。车辆调度安排，要坚持保证重点、兼顾一般的原则，要了解场内商品到货情况，对物流中心组织的重大展销活动，做到心中有数。

②积极合理调度车辆。保证物流中心的重点商品、大宗货物的上下站，港口、机场、集散快件的到达发运。合理调配各商店用车，不得推诿延误派车，不准甩派。否则，因此而造成的商品断档、脱销等后果，由调度员负责。

③调度员要切实掌握各商店的货流信息规律及动态，了解运输任务完成情况。定期到商店征求意见，不断改善运输管理，提高服务质量。

④派车要认真、仔细核对票据，向运输员交代清楚。调度员要准确计量、计程，合理收费。

⑤货运任务下达后，对车辆及人员安排要心中有数：

A. 知道车站、机场、仓库的情况。

B. 知道各条运输路线的情况。

C. 知道车辆设备情况。

D. 知道商品性质、规格、尺寸情况，科学安排运输作业。

⑥为增加经济效益，减少损耗，减少空驶，提高里程和车辆利用率，要选择最佳路线和合理配货的运输方式。

⑦调度员应对每天的运输任务完成情况逐笔过问、验单，并做记录汇总，日清月结，转物流中心统计员。

⑧调度员对每月完成的货运量、吨公里及派车记录存根，按时填报表格，记录备案。

⑨调度员应与车队其他工作人员合作一致，密切配合，准确无误地填报车辆运输公里情况，以便车队长和技安员及时对车辆进行维修、保养作业，确保车辆完好，正常投入运营。

（8）确保车辆安全：

①贯彻"以防为主"的原则，建立健全安全管理体制及各种安全管理档案。

②及时传达上级管理部门的文件和会议精神，结合汽车队的实际情况，贯彻落实。

③坚持停车场安全委员会规定的每周安全教育日活动，定期组织交通安全竞赛。

④定期对驾驶员进行交通安全的宣传教育及各种规章制度的考核。

⑤定期对运输工作进行总结，抓好典型，奖优罚劣。

⑥定期进行车辆检查，使车辆经常保持良好的技术状态。长途运输，必须严

格检验车辆，按规定执行长途运输任务。

⑦严格执行装卸操作规程，确保人员、车辆及货物的安全。

⑧在运输过程中要随时检查载运的货物，发现异常，及时采取措施。做到防雨、防火、防盗、防颠、防撞，保证货物完好无损地到达目的地。

⑨严格执行运输纪律，在长途运输中，不得非法捎脚运输。

⑩对事故本着三不放过：

A. 事故责任不清不放过。

B. 事故分析不清不放过。

C. 责任人和群众没有受到教育不放过。

及时总结经验教训，减少和杜绝各种事故的发生。

⑪建立严格的车辆停放和出入停车场规定，要有严格的防火、防盗措施和安全措施。

▲物流货运单

到站：　　　　　　　　　　　　　　　　　　　　　年　月　日

托运人		地址		托运人电话		
收货人		地址		收货人电话		
货物名称	包装	货号/件数	运费	短途运费 提货费 送货费	中转费	保价费 3‰	付款方式

运费合计金额	万　仟　佰　拾　元整　　　￥＿＿＿＿元
代收货款金额	万　仟　佰　拾　元整　　　￥＿＿＿＿元
备注	

托运人签字：　　　　　　　　　　　收货人：

承运人签字：　　　　　　　　　　　证件号：

第四章 企业物流仓库及商品管理制度

第一节 物流仓库管理制度

▲物流仓库管理制度

1. 仓库的分类

物流中心的仓库总的来说有鲜货仓、干货仓、蔬菜仓、肉食仓、水果仓、百货仓、工艺品仓、烟酒仓、食品仓、山货仓、动力部的油库及石油气库、建筑及装修材料仓、杀虫药剂仓、汽车零配仓、陶瓷小货仓、家具设备仓等。

2. 物品验收

(1) 仓管员对采购员购回的物品无论多少、大小都要进行验收，并做到：

①发票与实物的名称、规格、型号、数量等不相符时不收。

②发票上的数量与实物数量不相符，但名称、规格、型号相符可按实际验收。

③对购进的食品原材料、油、味料不鲜不收，味道不正不收。

④对购进的物品已损坏的不收。

(2) 验收后，要根据发票上列明的物品名称、规格、型号、单价、单位、数量和金额填写验收单，一式四联，其中一联自存，一联留仓库记账，一联交采购员报销，一联交材料会计。

3. 入库存放

(1) 验收后的物资，除直拨的外，一律要进仓保管。

(2) 进仓的物品一律按固定的位置堆放。

(3) 堆放要有条理，注意整齐美观，不能挤压的物品要平放在层架上。

(4) 凡库存物品，要逐项建立登记卡片，物品进仓时在卡片上按数加上，发出时按数减出，结出余数；卡片固定在物品正前方。

4. 保管与抽查

(1) 对库存物品要勤于检查，防虫蛀、鼠咬，防霉烂、变质，将物资的损耗率降到最低限度。

（2）抽查：

①仓管员要经常对所管物资进行抽查，检查实物与卡片或记账是否相符，若不相符要及时查对。

②材料会计或有关管理人员也要经常对仓库物资进行抽查，检查是否账卡相符、账物相符、账账相符。

5. 领发物资

（1）领用物品计划或报告：

①凡领用物品，根据规定须提前做计划，报库存部门准备。

②仓管员将报来的计划按每天发货的顺序编排好，做好目录，准备好物品，以便取货人领取。

（2）发货与领货：

①各部门、各单位的领货一般要求专人负责。

②领料员要填好领料单（含日期、名称、规格、型号、数量、单价、用途等）并签名，仓管员凭单发货。

③领料单一式三份，领料单位自留一份，单位负责人凭单验收；仓管员一份，凭单入账；材料会计一份，凭单记明细账。

④发货时仓管员要注意物品先进的先发、后进的后发。

（3）货物计价：

①货物一般按进价发出，若同一种商品有不同的进价，一般按平均价发出。

②需调出物流中心以外的单位的物资，一般按原进价或平均价加手续费和管理费调出。

6. 盘点

（1）仓库物资要求每月月中小盘点、每月月底大盘点、半年和年终彻底盘点。

（2）将盘点结果列明细表报财务部审核。

（3）盘点期间停止发货。

7. 记账

（1）设立账簿和登记账，账簿要整齐、全面、一目了然。

（2）账簿要分类设置，物资要分品种、型号、规格等设立账户。

（3）记账时要先审核发票和验收单，无误后再入账，发现有差错时及时解决，在未弄清和更正前不得入账。

（4）审核验收单、领料单，要手续完善后才能入账，否则要退回仓管员补齐手续后才能入账。

（5）发出的物资用加权平均法计价，月终出现的发货计价差额分品种列表，一式三联，记账员、部门、财务部各一联。

（6）直拨物资的收发，同其他入库物资一样入账。

（7）调出本物流中心的物资所用的管理费、手续费，不得用来冲减材料成本，应由财务部冲减费用。

（8）进口物资要按发票的数量、金额、税金、检疫费等如实折为单价人民币入账，发出时按加权平均法计价。

（9）对于发票、税单、检疫费等尚未收到的进口物资，于月底估价发放，待发票、税单、检疫费等收到、冲减估价后，再按实入账，并调整暂估价，报财务部材料会计调整三级账。

（10）月底按时将材料会计报表连同验收单、领料单等报送财务部材料会计。

（11）与仓管员校对实物账，每月与财务部材料会计对账，保证账物相符、账账相符。

8. 建立档案制度

（1）仓库档案应有验收单、领料单和实物账簿。

（2）材料会计的档案有验收单、领料单、材料明细账和材料会计报表。

▲仓库物资管理制度

（1）物流中心仓库的仓管人员应严格检查进仓物料的规格、质量和数量，发现与发票数量不符以及质量、规格不符合使用部门的要求时，应拒绝进仓，并立即向采购部递交物品验收质量报告。

（2）经办理验收手续进仓的物料，必须填制"商品、物料进仓验收单"，仓库据以记账，并送采购部一份用以办理付款手续。物料经验收合格、办理进仓手续后，所发生的一切短缺、变质、霉烂、变形等问题，均由仓库负责处理。

（3）为提高各部门领料工作的计划性、加强仓库物资的管理，采用隔天发料的办法办理领料的有关手续。

（4）各部门领用物料，必须填制"仓库领料单"或"内部调拨凭单"，经使用部门经理签名，再交仓库主管批准方可领料。

（5）各部门领用物料的下月补给计划应在月底报送仓管部，临时补给物资必须提前三天报送仓管部。

（6）物料出仓必须严格办理出仓手续，填制"仓库领料单"或"内部调拨凭单"，并验明物料的规格、数量，经仓库主管签署，审批发货。仓库应及时记账并送财务部一份。

(7) 仓管人员必须严格按先办出仓手续后发货的程序发货。严禁白条发货，严禁先出货后补手续。

(8) 仓库应对各项物料设立"物料购、领、存货卡"，凡购入、领用物料，应立即进行相应的记载，以及时反映物资的增减变化情况，做到账、物、卡三相符。

(9) 仓库人员应定期盘点库存物资，发现升溢或损缺，应办理物资盘盈盘亏报告手续，填制"商品物料盘盈盘亏报告表"，经领导批准，据以列账，并报财务部一份。

(10) 为配合供应部门编好采购计划，及时反映库存物资数额，以节约使用资金，仓管人员应每月编制"库存物资余额表"，送交采购部、财务部各一份。

(11) 各项材料、物资均应制订最低储备量和最高储备量的定额，由仓管部根据库存情况及时向采购部提出请购计划，供应部根据请购数量进行订货，以控制库存数量。

(12) 仓管部因未能及时提出请购而造成供应短缺，责任由仓管部承担。如仓库按最低存量提出请购，而采购部不能按时到货，责任则由采购部承担。

▲经营商品入库票流物流规程

1. 入本库

(1) 仓库保管员收到厂方正式发票（出库单）或储运部转来运单、随货同行联、到货通知单后，要及时转交，由合同员审核、注销合同，加盖经销商品章转物流中心物价员编号、核定价格。

(2) 仓库保管员接到物价员转来的票据后，凭此票验收商品数量、品名、规格、包装、质量等，确保票货相符、质量合格后，将商品入库。

(3) 仓库保管员凭审核、定价后的原始单据（即厂方的正式发票或随货同行联、到货通知单等），填制物流中心经销商品入库单第1至第5联。

(4) 仓库保管员将原始单据及自制入库单第1至第5联转至部门，对商品账进行复核、签字后，再转给仓库保管员。

(5) 仓库保管员在自制第1至第5联入库单上加盖"货已收讫"章及签名后，自留第1联，增记"库房经销库存明细账"中的入库数量。内库增加，要求一货一价一账页，随后将第2至第4联及原始单据转商品账，第5联转营业部（柜台）。

(6) 商品账接到仓库保管员转来的经销商品入库单第2至第4联，凭第3联将进货数量、结存数量、内库增加记入"经销库存商品明细账"。

（7）商品账根据当日"经销商品入库单"填制营业部"进销存日报表"第1至第3联，凭第1联记经销库存商品金额账，库存金额增加。

（8）商品账将"进销存日报表"第2联附进货原始单据及"经销商品入库单"第2联转会计室，"进销存日报表"第3联附入库单、第4联转统计员。

（9）部门会计员按3级账转来的"进销存日报表"、原始单据、"经销商品入库单"审核无误后，做记账凭证入账。统计员也做相应的账务处理。

2. 入外库

（1）仓库保管员接到储运部转来的"运单"、"随货同行联"、"到货通知单"需要入外库的，先将单据转合同员审核，注销合同，加盖经销商品章后转物价员编号，核定价格。

（2）仓库保管员凭审核计价后的原始单据填制"物流中心外库货物入库单"第1至第4联，第1联存根，第2至第4联交储运部，转外库办理正式入库手续（仓库保管员派人去外库核查商品入库情况）。

（3）外库保管员将"储运部货物入库单"第4联加盖"货已收讫"章，收货人签字后，经储运部转交部门仓库保管员。

（4）仓库保管员根据储运部传来的"储运部货物入库单"第4联与存根第1联核对无误后，做"物流中心经销商品入库单"第1至第5联，并加盖"货已收讫"章，签字后，"储运部货物入库单"第4联与"物流中心经销商品入库单"第1联核对，增记库房经销库存商品，明细账中的入库数量及外库增加。第2至第5联流转程序视同入本库。

▲仓库物资出库管理制度

（1）公司仓库一切商品货物的对外发放，一律凭盖有财务专用章和有关人士签章的"商品调拨单（仓库联）"，一式四联，一联交业务部门，一联交财务部门，一联交仓库作为出库依据，一联交统计员。由公司业务员办理出库手续，仓管员根据"商品调拨单"注明业务承办人，一联由仓库作为登记实物账的依据，一联由仓管员定期交财务部。

（2）生产车间领用原料、工具等物资时，仓管员凭生产技术部门的用料定额和车间负责人签发的领料单发放，仓管员和领料人均须在领料单上签名，领料单一式三联，一联退回车间作为其物资消耗的考核依据，一联交财务部作为成本核算依据，一联由仓库作为登记实物账的依据。

（3）发往外单位委托加工的材料，应同样办理出库手续，但须在出库单上注明，并设置"发外加工登记簿"进行登记。

（4）来料加工客户所提供的材料在使用时应类比生产车间办理出库手续，但须在领料单上注明，且不登记实物账，而是在"来料加工材料登记簿"上予以登记。

（5）对于一切手续不全的提货、领料事项，仓管员有权拒绝发货，并视其程度报告业务部门、财务部门和公司经理处理。

▲商品返厂管理制度

（1）返厂商品的账务处理，要严格执行有关财会制度，要真实体现、全面反映返厂商品的应收应付关系，不得遗漏。

（2）凡需做返厂处理的购进商品，采购员必须征得厂方同意，并与厂方达成文字处理意见后，通知保管员做好返厂的具体工作，否则，不得盲目返厂。凡因盲目返厂造成的拖欠债务，由当事人追回。

（3）凡需做返厂处理的代销商品（包括厂方借、调的商品），采购员提前15天与厂方联系，15天内收不到厂方答复，可留信函为凭，凡厂方无故拖延不予返厂的商品，要向厂方征收保管费。

（4）商品返厂工作由采购员协调与厂方的关系，由保管员统一办理各种手续，负责具体工作。

（5）已出库的商品返厂，必须先退库再由保管员做返厂处理；已出库、未退库的商品和柜台内的商品，任何人不得随意返厂，否则按丢失商品追究当事人责任。

（6）商品返厂时，保管员要填制商品返厂单并随货同行，及时通告厂方凭单验收。

（7）物流中心各部门必须认真对待商品返厂工作，保管员要点细数、清件数、分规格，包装要捆扎牢固，要详细填写运单和运输凭证，并及时做好保管账卡的记录。

（8）凡是厂方采取以货换货直接调换商品方式解决商品返厂的，物流中心采购员、保管员必须坚持"同种商品一次性调清不拖不欠"的原则，坚决不允许以金额核准数量的异货相抵。

▲四好仓库标准

1. 服务思想好

（1）文明管库，礼貌待人，服务周到，努力提供一流的服务。保管人员要加强学习，提高业务素质，经常主动征求和虚心听取小组意见，不断改善经营管理，提高服务质量。

（2）坚持送货到柜台制度，新入库的商品两天之内送到柜台，做到散仓有货，柜台必须有货，外库有的商品散库有（下站直接入外库的商品，在接到到货通知单后三天之内办完手续，不完备的及时报部门经理）。

坚持每天到柜台收要货单，提前备货，次日开门前送到柜台。

（3）收发商品及时、准确，不准无故压票、顶票，不准刁难顶撞柜台人员。严禁白条出库和发人情货。

2. 安全生产好

（1）认真执行物流中心内各项安全管理制度和各项操作规章制度，坚持班前、班后以及风、雨、雪时前、中、后的检查，做好记录。

（2）坚持双人出库、双人复校及动碰制度，做到无盗窃、无损失、无差错（每天下班之前，对全天出入库的商品进行登记，并重新核对结存数）。

（3）商品堆码"五距"要合理，通道必须保持畅通，标识正确，严禁无垫存放货物。

（4）搞好并保持库内外责任区清洁卫生，消防器材要经常检查，保持灵敏有效。保管人员要做到会报警、会使用消防器材、会灭小火，严禁携带火种和易燃物品进入库房。

3. 保管养护好

（1）把好入库验收关、出库复核关及在库保养关，做到安全、准确、无差错事故。

（2）根据安全、方便、节约的原则，合理堆码商品，做到安全整齐、牢固、美观、无倒置，遇有破箱要及时清点，整理好包装，还要做到分区分类、货位编号、层批标量、垛段号准确，动碰复核，账、货、卡相符。

（3）设置专人负责记录库内温湿度，做好温湿度管理，积极改善仓库储存条件，使库房达到通风、防潮、防尘等要求，经常保持库内外清洁卫生。

（4）保管人员要熟悉商品特性，精心养护商品，做到商品无霉变、无残损、无锈蚀、无虫蛀、无鼠咬及其他变质事故。

（5）商品出库做到先进先出、易坏先出、接近失效期先出。根据本物流中心仓库的特点，积极调整库存结构；散仓单一品种，商品储存量不超过一个月（1~2件的除外）。

4. 指标完成好

据现有的散仓属于前店后库的实际情况，不适于做保管费用和人均劳动量两项指标评比，只要求每月计算出以下四项指标。

（1）单位面积储存量。根据本库储存的商品品种多、数量小、堆码难度大的特点，单位储存量应在 0.40/平方米。要求保管员坚持"三勤"制度，即勤倒垛、勤开垛、勤整理，每天坚持一小时以上整理货位时间。

（2）账货相符率。保管账的记载必须及时、准确、完整。坚持日记日清，账页上的栏次正确，字迹端正清楚，不得涂改，做到品名、规格、等级、产地、编号、数量等账货相符率达 99.5%。

（3）收缴差错率。要求差错率不超过 5‰。为了鼓励保管人员及时挽回差错损失，在差错发生后的五天内，能积极查清并没造成损失的，不列入差错率。

（4）平均保管损失。要求不超过 0.5‰。商品保管损失包括因保管养护不善而造成的商品霉变、残损、丢失短少、超定额损耗，以及不按规定验收、错收、错付而发生的损失等。

▲产（商）品进仓单

完成部门＿＿＿＿＿＿＿　　　20　年　月　日　　　编号

编号	产品名称	规格	单位	数量	单位	金　　额								过账	附注
						十万	万	千	百	十	元	角	分		
				合计											

记账：　　　保管：　　　验收：　　　缴仓：　　　制单：

第1联：存根

▲材料仓库日报表

年　　月　　日

品名	规格	材料编号	单位	昨日结库	本日进库	本日出库	本日结库	备注

▲存货月报表

类别_____

存货名称	期初存货		本期进货		本期出库		本期结存	
	数量	金额	数量	金额	数量	金额	数量	金额
合计								

审核：　　　制表：

第二节　企业物流商品管理制度

▲商品保管的基本要求

1. 严格验收入库商品

首先要严格验收入库商品，弄清商品及其包装的质量状况，防止商品在储存期间发生各种不应有的变化。对吸湿性商品要检测其含水量是否超过安全水分，对其他有异常情况的商品要查清原因，针对具体情况进行处理和采取救治措施，做到防微杜渐。

2. 适当安排储存场所

由于不同商品性能不同，对保管条件的要求也不同。性能相互抵触或易串味的商品不能在同一库房混存，以免相互产生不良影响。尤其对于化学危险物品，要严格按照有关部门的规定，分区分类安排储存地点。

3. 妥善进行堆码苫垫

地面潮气对商品质量影响很大，要切实做好货垛下垫隔潮工作，存放在货场的商品货区四周要有排水沟，以防积水流入垛下；货垛周围要遮盖严密，以防雨淋日晒。货垛的垛形与高度，应根据各种商品的性能和包装材料，结合季节气候等情况妥善堆码。含水率较高的易霉商品，热天应码通风垛；容易渗漏的商品，应码间隔式的行列垛。此外，库内商品堆码留出适当的距离，俗称"五距"，即顶距，平顶楼库顶距为50厘米以上，人字形屋顶以不超过横梁为准；灯距，照明灯要安装防爆灯，灯头与商品的平行距离不少于50厘米；墙距，外墙50厘米，内墙30厘米；柱距，一般留10~20厘米；垛距，通常留10厘米。对易燃商品还应留出适当防火距离。

4. 控制好仓库温湿度

仓库的温度和湿度，对商品质量变化的影响极大。各种商品由于其本身特性，对温湿度一般都有一定的适应范围，超过这个范围，商品质量就会发生不同程度的变化。因此，应根据库存商品的性能要求，适时采取密封、通风、吸潮和其他控制与调节温湿度的办法，力求把仓库温湿度保持在适应商品储存的范围内，以维护商品质量安全。

5. 认真进行商品在库检查

做好商品在库检查对维护商品安全具有重要作用。库存商品质量发生变化，如不能及时发现并采取措施进行救治，就会造成或扩大损失。因此，对库存商品的质量情况，应进行定期或不定期的检查。

6. 搞好仓库清洁卫生

储存环境不清洁，易引起微生物、虫类滋生繁殖，危害商品。因此，对仓库内外环境应经常清扫，彻底铲除仓库周围的杂草、垃圾等物，必要时使用药剂杀灭微生物和潜伏的害虫。对容易遭受虫蛀、鼠咬的商品，要根据商品性能和虫、鼠生活习性及危害途径，及时采取有效的防治措施。

▲商品陈列管理办法

为保持物流中心内商品陈列的美观、庄重，特制订此管理办法。

1. 柜台、货架定位

（1）物流中心大厅内各柜组的分布位置，由物流中心经营部会同有关部门统一规划，标位安排。

（2）由于季节变化原因，需调整货位，必须向物流中心经营部及保卫部门提出申请。物流中心内部调整，由物流中心负责，报经营部备案。各柜台、货架之间的位置，原则上不进行调整，若需调整，一律由物流中心经营部提出方案，会同有关部门统一进行。

（3）柜台、货架、陈列架，实行定位、定量管理。物流中心一律要按设计方案及经营布局的要求摆放。未经物流中心经营部同意，任何人不得随意增减或移动柜台、货架、陈列架。

（4）柜台、货架、陈列架需要维修或更换时，由物流中心经营部与有关部门协调解决。

（5）要注意爱护使用柜台、货架、陈列架所用玻璃板、玻璃拉门，出现破损，须及时向物流中心行政部申请更换，不得用其他材料代替，以免伤害他人。

（6）经过维修或更换的柜台、货架、陈列架，由物流中心大厅负责按原样摆放在原处，更换下来的柜台、货架、陈列架、灯具、玻璃等，由物流中心大厅放到指定地点，不得挪作私用。否则，由物流中心负责赔偿。

2. 商品陈列

（1）柜台内、陈列架内的商品要分层次陈列，全方位展示，开架售货商品要有小外包装（销售的成品），大箱及整包商品不准陈列在柜台、陈列架内。

（2）陈列商品要保持整洁、分门别类紧放，货价对位，销售后要随时整理、上货。不得将商品拴绑陈列，陈列模特要保持形象的美观、庄重，不得裸体。

（3）封闭柜台内货架与柜台要保持一定通道，原则上不能码放商品。如遇特殊情况需码放商品，则要整齐，不超过柜台高度。

（4）有破损、污垢、残损的商品不得陈列或摆放在柜台及陈列架内，应及时收在隐蔽处或返库。

3. 架顶美化

架顶美化，要以突出商品特点为原则。

（1）除用于陈列的商品外，架顶上不得随意堆放商品及杂物。

（2）顶架广告灯箱，由公关广告公司负责策划、制作，发现脱落及时报公关广告公司修补。到期由公关广告公司负责更换。

▲货物查询制度

1. 货物查询的范围与期限

（1）凡实际收货与厂方提供凭证中的品种、数量、规格、花色等不相符时，必须向发货单位做货物查询。

（2）外埠进货发生整件短少，原包装长、短、残、损及质量问题，需当天履行查询手续，最迟不得超过 5 天。

（3）对有损耗率规定的货物，应查询超耗部分。

（4）接收进口货物和外贸库存内销货物，需严格履行运输合同，查询最迟不得超过 5 天。

（5）本市收货时发生整件不符，应于当天履行查询手续，最迟不超过 3 天。

2. 查询手续及责任划分

（1）凡与货物查询有关的各环节人员，必须注意将进行货物查询的货物运输单保存完好，以提供货物查询的物证依据。

（2）对外查询一律填制查询单。哪一环节发生问题，就由哪一环节经手人负责填报。

（3）本市进货查询需填制"催查单"，按要求传递。

（4）外埠进货查询，由保管员填制查询单交储运业务部。由收单人按程序传递。

（5）凡在 30 天内未收到供货单位查询答复，储运部协商物流中心采购员，做第二次复询。

▲物流中心包装物品、票据管理制度

1. 物流中心包装纸、袋的印制使用

（1）实行计划管理、统一印制，物流中心统一设计标志，不得印非标准印刷品。

（2）各物流分公司将印制计划报物流中心经营部，经营部审查设计后将校样及要求交行政部印制保管。

（3）属于整个物流中心宣传性的包装物，行政部根据物流中心经营部要求分配给各部室。

（4）各物流分公司所需包装物，一律到行政部领取、记账，记入各分公司每月费用。

2. 物流中心票据印制

（1）财务审计部根据业务需要，设计统一的票证。

（2）由行政部统一联系印制、保管。

（3）各部门根据运输业务需要到物流中心行政部领取。

（4）本着节约原则，对物流中心印票数量合理确定，防止大量占用资金和库存。

▲商品缺货日报表

编号： 　　　　　　　　　　　　　　　　　　年　　月　　日

商品号码	品名	规格尺寸	数量	进货日期	摘要

▲商品管理月报表

年　　月　　日

商品名	销 货		退 货		进 货		库 存		毛利	毛利率	备注
	数量	金额	数量	金额	数量	金额	数量	金额			

第三节　企业物流商品盘点管理制度

▲商品盘点制度

商品盘点是对物流中心商品实物数量和金额的清点和核对。商品盘点是加强商品管理、考核商品资金运转情况的重要环节。通过盘点可以掌握物流中心各类商品的实存数量，了解库存结构是否合理，从而为商品排队、进一步组织商品打下基础。

（1）商品盘点分类可以从时间和工作需要两方面加以划分。

①从时间上划分，可分为定期盘点和临时盘点。定期盘点是在月终、季末、年底这些固定日期盘点；临时盘点是在商品变价、工作交接、人员调动时盘点。

②从工作需要上划分，可分为全面盘点和部分盘点。全面盘点是对柜组全部商品逐一盘点，部分盘点是对有关商品的库存进行盘点。一般来说，对于价格高、体积大、品种单一的商品，如金银首饰、电视机、电冰箱、自行车等商品应该每天盘点。对于价格低、体积小、交易频繁、品种众多的商品，则应该每月盘点。

（2）为了提高商品盘点工作的质量，一般应做好以下工作：

①加强商品的日常管理。商品摆布、陈列要有固定货位，同类商品不同规格要有序堆放，避免串号混同等。

②做好盘点的准备工作主要是做到"三清、两符"。三清，即有票证数清、现金点清、往来手续结清；两符，即账账（即部门账和柜组账目）、账单（即与有关单据）相符。

③采用先进的盘点方法。一般可采用复式平行盘点法，即组织两套班子平行盘点，互相核对复查的盘点方法。

▲初点作业操作规范

（1）若于营业中盘点，则先将当日有营业的收银机全部读出"×账"，同时，盘点作业人员要注意不可高声谈论，以致影响物流中心正常营业。

（2）盘点作业人员应先盘点仓库、冷冻库、冷藏库。

（3）盘点作业人员盘点仓库、冷冻、冷藏柜时，要依由左而右、由上而下的次序进行。

（4）盘点作业人员应将每一台冷冻、冷藏柜均视为独立单位，使用单独的盘点表。

（5）盘点单上的数字要填写清楚，不可潦草。

（6）进行盘点作业时，最好两人一组，一人点、一人写；若在非营业中清点，可将事先准备好的自粘纸或小纸张拿出，写上数量后，放置在商品前方。

（7）如果写错数字，要涂改彻底。

（8）规格化商品，清点其最小单位的数量。

（9）生鲜商品若尚未处理，则以原进货单位盘点。如重量、箱数等；若已加工处理尚未发出，则以包装形式，如包、束、袋、盒等。

（10）散装而未规格化的商品，以重量为单位。

（11）盘点时，顺便观察商品有效期限，过期商品应随即取下并记录。

（12）负责人要掌握盘点进度，机动调度人员支援并巡视各部门盘点区域，发掘死角及易漏盘点区域。

（13）盘点作业人员对于无法查知商品编号或商品售价的商品，应立即取下，事后追查归属。

▲复点作业操作规范

（1）复点时，复点者要先检查盘点配置图与实际现场是否一致，是否有遗漏的区域。

（2）若使用小贴纸方式，则应先巡视有无遗漏未标示小贴纸的商品。

（3）复点可于初点进行一段时间后，即开始进行，复点者必须手持初点者已填好的盘点表，依序检查，再将复点的数字，记入复点栏内；并计算出差异，填入差异栏。

（4）复点者必须使用红色圆珠笔。

（5）复点准确后再将小贴纸拿下。

▲抽点作业操作规范

（1）抽点者同复点者一样，也要先检查盘点配置图与实际现场是否一致，是否有遗漏的区域。

（2）抽点者抽点商品时，可选择卖场内的死角或不易清点的商品，或单价高、数量多的商品以及盘点表上金额较大的商品。

（3）抽点者要对初点与复点差异较大的数字，进行实地确认。

（4）抽点者同复点者一样，也必须使用红色圆珠笔。

▲商品盘点票流物流规程

1. 库房实物盘点

（1）盘点仓库保管员要对仓库明细账核对账目，发现问题及时查找，做到账账相符。

（2）为防止漏盘、重盘、错盘，做到账货相符。

（3）盘点应采取以货到账再以账到货的盘点方法，双人交叉盘点复核，并填制商品盘点表（盘点包括外库商品）。

（4）盘点中对长短等问题填制盘点盈亏明细表（第1至第4联），报送部门业务主任，审批后第1联仓库留存，第2联转会计，第3联转商品账，第4联转统计。

2. 货架实物盘点

（1）营业部门双人对货架商品进行盘点，按商品、编号、品名、单价、数量填制实物盘点表（一式三联），交部门业务主任处进行监点。

（2）日清日结的商品盘点表与仓库商品账中经（代）销库存商品明细账中货架结存数量核对，做到账实相符。

（3）月清月结的商品盘点表汇总金额与中心三级账经销库存总金额扣除经销商品仓库盘点金额后相符。

3. 盘点结果处理

(1) 部门业务主管根据柜台仓库实物盘点表和盈亏盘点表审核后填制盘点结果报审表（第1至3联），写明长短等主要原因，部门业务主管签字后，报中心主管经理审批。

(2) 经中心主管经理审批签字后，第1联仓库商品账留存，第2联转会计，第3联转统计。

(3) 对盘点中的长短款金额及长短商品各环节做相应的账务处理。

▲物品、原材料、物料盘查制度

物品、原材料、物料在盘点中发生的溢损，应对自然溢损和人为溢损分别做出处理。

1. 自然溢损

(1) 物品、原材料、物料采购进仓后，在盘点中出现的干耗或吸潮升溢，如食品中的米面及其制品、干杂货等，在升损率合理的范围内，可填制升损报告，经主管审查后，视"营业外收入"或"管理费"科目处理。

(2) 超出合理升损率的损耗或溢余，应先填制升损报告书，查明原因，说明情况，报部门主管审查，按规定在"营业外收入"或"管理费"科目内处理。

2. 人为溢损

人为溢损应查明原因，根据单据报部门经理审查，按有关规定在"待处理收入"或"待处理费用"科目处理。

▲物料收发登记卡

品名：_____ 存放地点：_____

年		收入数量	发出数量	结　存	经手人
月	日				

▲存货盘点报告表

组别　　　盘点区号　　　　　　盘点日期　　年　月　日

□原料 □在制品 □废料 □成品	编号	
	品名	
	规格	
	单位	

盘点时本物位置：

盘点数量	更正：

存货状况 □良料 □次料 □废料 □其他	备注

复核员	记录员	盘点员

第3联……贴于物资存放位置

第2联……主管物资科

第1联……会计物资科

注：本单应事先编号，以利控制。

第四节 企业物流商品验收管理制度

▲商品验收管理标准

仓管员和理货员应对本中心所进货物严格按《商品质量验收标准》进行检验。

1. 合格证检查

检查产品是否有合格证,证上是否有检验机构和检验员签章。

2. 清点检查

重点检查商品数量、包装质量及其完好性。

3. 抽样检查

抽样应按相应验收标准,采用随机抽取法取出代表样进行检查。

4. 索取有关质量证明

按"随货同行证书的管理程序"操作,向供应商索取有关质量证明,如进口食品卫生证书、进口药品检验报告书、质量保证书等,并与采购订单的内容进行对照,检查是否一一对应,准确无误。索取证书应及时传指定分店质检员存档,按"随货同行证书的存档操作流程"进行管理。

5. 标志、包装检查

对所抽样品进行标志检查时,严格按照《商品质量验收标准》进行检查验收。检查包装是否牢固,是否可能因包装不良而使商品受损及包装本身是否受损。

6. 对有使用期限的商品进行检查

应重点检查有使用期限商品的生产日期、进货日期是否符合《商品质量验收标准》的规定。

7. 感官检查

对商品进行感官检查,根据标准或经验判定产品质量。

▲材料验收日报表

年　　月　　日

受理号码	订购号码	交货厂商	品名	规格	数量	合格品		不合格品		摘要
						数量	受领者	数量	处置	

第五章　企业经营目标与经营计划管理制度

第一节　经营目标与方针方案管理制度

▲企业租赁经营试行制度

第一条　总则。

方针目标管理是现代管理的科学办法之一。工厂为了实现本企业的经营目标和达到效果，每年必须明确制订企业的经营决策、纲领和企业发展方向计划。方针目标实现的全过程要自上而下地建立目标，制订措施、确定制度，组织实施和严格考核，这有利于动员企业所有部门及全体职工同心协力，共同做好一年的工作，有利于提高企业现代管理水平，增强企业素质，提高经济效益。

第二条　制订方针目标的依据。

（1）国家的方针政策，国家的政治经济形势，上级主管部门下达的产品品种、质量产量、利润等技术经济指标和其他要求。

（2）本厂的中长期企业发展规划、现代化管理规划、新产品开发规划、产品质量级及全面质量管理发展规划、技术改造规划、生产发展规划、安全环保综合治理规划及其他规划等。

（3）国内外市场的调查、分析、预测、情报信息资料（包括国内外同行业先进技术水平、管理水平等）。

（4）工厂的实际能力和现有水平，上年度工厂方针目标实施的遗留问题。

第三条　方针目标编制的程序。

（1）在每年初，由工厂各分管厂长、工程师提出下年度工厂目标设想，厂务会集讨论，形成工厂方针目标指导思想，并由厂长下达指令。

（2）由专人组织，并根据厂长指令，分生产行政部、技术部，组织各职能科室提下年度方针目标设想，并收集、准备依据资料。

（3）部门分头组织可行性分析论证，形成各部门方针目标计划。

（4）发至各部门征求意见，根据反馈意见再讨论修订。

（5）经厂务会、工厂管理委员会、职代会讨论审议通过，由专人负责按系统图法执行，在一月份编制出工厂方针目标执行图。

第四条 方针目标的执行。

（1）方针目标展开一定要坚持以数据说话的原则，目标值尽可能定量化。其内容一般包括品种、质量、生产能力、科研技改、企业管理、技术经济指标、安全环保、文明生产思想交流工作、职工福利等。

（2）工厂方针要按系统图法执行，纵向到底，横向到边，纵横连锁，层层确保原则进行。

（3）分管副厂长、工程师方针目标展开，要根据工厂方针目标展开的内容和自分管工作的重点，列出目标值和措施。执行方法与部门的方法相同，分管副厂长××编制完成××校对，厂长批准。

（4）各车间、科室方针目标执行一般有分管责任人、部门方针、目标项目、现状目标值、采取措施、检查手段、评价、总结等。

（5）各部门要紧紧围绕工厂方针目标以及分管厂领导方针目标执行，结合本部门的实际，发动员工认真制订本部门的方针目标，保证工厂每个目标值都能落实到部门和员工，确保工厂目标的实现。各部门要在一月底前完成方针目标展开图。

（6）班组方针目标由班组长主持编制，要根据主管部门方针目标和本班组分管工作的重点，列出产品产量、质量、安全生产、文明生产、班组管理、思想工作等内容，以及目标值、采取措施、责任人、进度和检查、评价、总结等执行标准。班组方针目标执行图要在××完成。

（7）各部门方针目标执行由各部门主要负责人主持编制，技术系统由负责分管人审核；生产行政系统由负责分管专人审核，分管厂领导批准。

第五条 方针目标的实施。

（1）为确保工厂方针目标的实现，工厂每年将组织两次分阶段 PDCA 循环（质量管理循环），阶段 PDCA 循环计划由"三办"会同有关部门根据工厂年度方针目标安排的进度来令制订。

（2）各部门要围绕工厂方针目标和本部门方针目标，认真组织月度 PDCA 循环，每月××号前制订下月份计划，总结本月计划的实施情况，并由主管厂长检查批示。

（3）在方针目标的实施过程中，要充分发动职员，调动其积极性，广泛开展大型的质量管理活动、劳动竞赛活动、确保各级目标值的实现和完成。

（4）要建立方针目标管理卡，建立方针目标实施方案，将每项目标的展开情况，实施过程中的计划、协调、检查、调整、考核等情况登记在案，逐步达到方针目标管理标准化。

第六条　方针目标的检查诊断与考核。

（1）方针目标管理设立一个综合部门，分设一至三个主要归口部门。归口部门必须认真做好工厂方针目标的组织、实施、协调、检查和考核工作。

（2）厂长组织方针诊断是保证工厂方针目标实施的主要手段，在厂长主持下归口部门应当组织有关人员对工厂方针目标实施情况每季度进行一次诊断，并及时解决实施中存在的问题。

（3）厂长组织方针目标诊断，应在诊断前一周，向各分管领导及各部门发出书面通知（由计划科制订，厂长批准），由各部门自行检查对照，各分管领导和部门主管广泛调查、收集情况，形成书面调查记录，做好诊断前的准备工作。

（4）厂长方针目标诊断会由厂长、副厂长、归口部门负责人、有关职能科室的负责人或厂长指定的人员参加。诊断根据方针目标执行图逐项逐条检查进度的效果。先由分管领导汇报，后由负责部门补充，并解答厂长及其他人员提出的问题。对于存在的薄弱环节，集体分析原因，研究对策措施，综合部门制订整改措施计划，由厂长责成有关部门组织整改。

（5）根据目标值实现的情况，对每条目标值给予评价并考核，明确落实责任部门或责任人。评价分为甲、乙、丙三级。

甲级：按目标进度要求实施，且效果较好成绩显著。

乙级：基本按目标进度要求实施、效果一般。

丙级：没有达到目标进度要求、效果较差且主要由主观努力不够所致。

（6）对方针目标进行诊断评价，对甲级目标视其难易、效果好坏等给予表彰奖励，列入年终评选的重要条件；对只达丙级目标的要追究责任，认真分析原因，帮助纠正，并根据实际情况给予经济惩罚。

（7）各部门的方针目标应按计划要求进行定期的检查诊断，对存在的问题按职能分解落实。

（8）各部门方针目标应按计划要求进行定期的检查诊断，对存在问题及时进行协调、整改。

第二节　企业经营计划管理制度

▲生产计划

认真执行上级的会议精神，坚持以全面提高经济效益为中心，加强计划管理和生产调度，进一步抓好企业整顿工作，振奋精神，抓紧抓早。在提高质量、增加品种、搞好节约、保证安全的前提下，努力增产适销对路的产品，全公司总产值预计1~9月可达到×××万元，为全年增产指标×××万元的78%。

1. 指导思想

在认真贯彻提高经济效益的指导思想的同时，全面提高各项技术经济指标，努力增产短线产品，严格节约，实现增产增收。

贯彻五个原则：

（1）贯彻公司党委和公司职代会关于今年生产实际比上年增长4%的原则，全年总产值一定要达到或超过×××万元。

（2）继续贯彻以质量求生存、生产抓提前不靠后的原则。

（3）贯彻设备开足、劳动力用足、生产能力不放空的原则。

（4）贯彻编制计划严肃性、先进性和留有一定余地的原则（超产幅度5%~10%）。

（5）贯彻计划综合平衡的原则。

2. 要抓好四个方面的工作

（1）加强市场预测，狠抓产品质量和品种，千方百计生产适销对路产品，要根据市场需要进行生产。要摸清市场变化情况，打开销路，防止产品库存积压。

（2）通过企业整顿，建立健全各项生产管理制度，把工作转移到提高经济效益上去，要反骄破满，认真找差距，各项技术经济指标要努力达到本公司最好水平，要克服消极畏难情绪和本位主义、分散主义的倾向，加强车间之间、科室之间的协调，达到不断提高质量、降低成本、增加收入的目的。

（3）切实抓好原材料和能源的供应和节约，确保生产稳定增长，根据目前部分原材料供应紧张的情况，必须千方百计、保质保量地供应原材料和辅助材料，搞好能源使用和节约等工作。

（4）搞好安全生产，做好防暑降温和防汛工作，搞好后勤工作，安排好高温人员住宿,搞好清凉饮料供应和食堂卫生等工作。针对本季度高温气候特点,要根据轻重缓急,采取可行的方法,预防事故发生,确保安全生产。

▲技术改造计划

××市电器工业公司技术改造规划

本公司拥有 58 家工厂、二个研究所和一所职工大学,职工 55000 人,其中工程技术人员近 3000 人、工程师 800 余名。全公司生产产品共有 23 个大类、813 个系列、2948 个品种,为国民经济各行各业提供各种电器,是全国电器行业中规模较大、产品门类比较齐全的一个工业公司。本公司认真贯彻国民经济调整的方针,开展了一系列改革:有步骤地从国外引进技术,改革传统的生产方式,组织流水生产线,不断改善经营管理,抓好职工培训。这一系列改革大大提高了生产效率和产品质量。

本公司根据新形势的要求和试点单位的经验,提出了分阶段实现全面改革生产组织形式的规划设想:

(1)20××年,在抓好已建立的 5 条生产流水线的完善、巩固的基础上,通过鉴定验收,进一步在 16 个厂选择设计可靠、工艺稳定、批量较大的 20 种产品,先从装配部分着手,组织生产流水线,同时对加工装备、测试设备和管理技术进行改革,以达到能稳定生产出符合国内外先进标准的产品,并为今后几年内行业生产每年递增 8% 的速度创造良好的条件。

(2)到 20××年,设想每个厂都有 1~2 条完整的生产流水线。这样,全公司就有 40~50 条流水线。流水线要从装配发展到加工,标准要更进一步提高,使全行业年产 10 万个以上的近 60 种电器元件,多数实行流水生产。

(3)在 20××年前,全行业大批量的产品争取全部形成流水生产,并力争有×条生产流水线达到自动化、半自动化的要求。这样,就从根本上改变全行业大批量产品装配上的小生产,向现代化大生产迈进,为生产总值提前实现翻一番打下扎实的基础。

(4)到 20××年前,根据发展情况,流水生产线进一步采用新技术,大幅度提高流水线的生产效率,主要产品质量达到国际先进水平。

为了切实实现这一改造规划,我们采取以下主要措施:

(1)做好产品的选择。上流水线的产品,要求:设计定型,正在发展期的产品,批量在 10 万件以上,加工不很复杂,工序不太多,工位在 15 个以下。

(2)做好可行性分析。对流水线的技术经验水平、产品生命状况、投放产出情况，以及安全操作、工作条件等都要进行有根据的分析、论证，不能一哄而起。

（3）做好相应的生产手段的配套，实现专用工夹具和测试手段的相应配套。

（4）资金和技术力量。资金以自筹为主，技术力量以厂为主，厂、所、校协同作战。

（5）做好验收条件的制订。对生产流水线要做到建成一个，验收一个，成功一个。

×××年×月×日

▲经营计划制订及管理制度

第一条 本规定为计划在对公司事业的稳定发展中发挥应有作用而制订。

第二条 经营计划由下列计划构成：

（1）基本经营计划。

（2）长期计划。

（3）短期计划。

第三条 基本经营计划可区分为长期方针和短期方针，作为各部制订经营计划的纲要。

（1）经营方针由董事会决定。

（2）决定经营方针所需资料，由企划室主任督促各部部长提供。

（3）决定基本经营方针，须以下列要素为基本内容：

①利润计划，包括总资本利润率、销售利润率、资本周转率。

②销售目标。

③生产成本目标、设备目标。

④资本目标。

⑤新产品开发目标。

第四条 长期计划须在各部门的基本方针基础上以部门主管为中心，落实到部门计划中去。

第五条 短期计划是长期计划的具体实施计划。因此，在决定长期计划的同时，由各部门业务组织者同时制订。

第六条 长期计划及短期计划的计划期及制订时间如下：

（略）。

第七条 经营计划所涉及的项目、负责人以及计划提出者，如下所示：

（1）基本经营方针——由董事会提出并决定。

（2）长期计划（略）。

（3）短期计划。短期计划的项目与长期计划相同，但要根据部门的组织情况加以细化，使长期计划的内容成为短期计划的具体指标。

第八条　长期计划按以下顺序制订：

（1）根据各部门提出的长期计划，财务部主管制订由自己负责的各种计划（在有关部门间调整或综合性调整事项时，要附上财务主管提出的方案），然后一起交企划室主管。

（2）企划主管者以所有部门的计划及财务主管的调整方案为议题，召集企划委员会会议，进行最终的调整，然后把此结果向董事会提出。

（3）董事会在认为有必要听取有关部长及企划室主管意见时，可以听取他们的意见，然后对长期计划进行审议并最终决定，通过企划室主管向各部主管下达。

第九条　短期计划的制订按以下程序进行：

（1）短期计划由部门的业务组织提出草案，部门进行调整，然后向部门报送。

（2）主管根据各部门的短期计划制订由自己负责的计划，并把所有计划一起交给企划室主管。

（3）企划主管者把收集的所有各部门的计划及主管的调整方案作为议题，召集企划委员会会议，进行最终的调整，最后把这一结果递交给董事会。

（4）董事会认为有必要听取各部门主管及企划主管者的意见时，可以让他们出席会议，听取他们的意见，然后审议短期计划并决定下来，通过企划主管者向各部门下达。

第十条　长期计划的有效时间比较长，因此，在计划期内，要根据经济环境多变的情况和企业条件的变化，在一年以后定期进行检查，并做出必要的变更。

第十一条　短期计划将成为该年度业务执行预算的基础，因此，各部门每月都要把实绩与计划进行比较，进行预算和实行情况的自行调整。

第十二条　综合性的计划管理由企划室负责。

▲长期计划制订规程

第一章　一般准则

（1）长期计划为事业发展的远期目标，目的是配合政府经济建设计划，引导事业实现既定的长期经营目标，为中期及年度计划的准绳。

（2）长期计划应依据经营目标制订。

（3）长期计划的拟订应合乎长期发展方向、目标与展望。其编制尽量以数值表示，内容应力求简要。

（4）长期计划的编制，由事业主持人依据国家经济建设计划，参照未来市场发展、技术创新及有关经营原则进行。

（5）企划部门应根据长期计划目标，参照产品（或劳务）市场预测情形、过去经营得失、同行业经营情况，研究本企业发展趋势，会同有关部门，拟定事业长期经营方针。

（6）长期计划的编制以×年为期，每年修订一次，每隔×年编制一次，年度起讫原则上应与国家计划年相配合。凡计划中有关能源发展如电力、石油等，期限定为×年，其他事业，期限定为×年。

第二章　计划的制订

（1）长期计划由事业主持人根据国家经济建设计划、市场发展、技术创新及经济环境的变动，制订方针。

事业内部有关部门依照前项方针，拟订完成部门目标的方案，由企划部门加以综合、研究、分析、评议、汇编，报请事业主持人核定后编制长期计划。

（2）依据长期计划目标，事业内部有关部门分别研究该部门完成其个别目标的发展方案。

①预测部分：

市场预测。市场预测部门，就事业现有各种产品（或劳务），根据过去×年来国内外市场实绩，调查市场竞争状况、用户反应、新产品及代用产品发展的可能性等因素，预估产品市场趋势，制订长期销售计划。

科技预测（略）。

经济环境变动的预测（略）。

②指标部分：

生产目标。生产部门应根据长期销售计划，配合生产设备能力、人力运用、材料供应情况、成本与售价等因素，研究最有利的生产计划。关于材料供应目标，材料管理部门应根据生产计划及固定资产投资计划，按国内供应与国外采购，编制长期材料供应计划。在人力运用目标上，人事部门应研究管理组织的改进、合理人事制度的推行及配合新业务的发展，研究未来长期计划所需补充人数，制订长期人力发展及运用计划。对于制造方法与步骤的改进，产品品质的改善，新产品的设计与制造，仓储、包装、运输方法的改良及产品成本等，分别进行研究并制订计划。

财务目标（略）。

固定投资目标（略）。

其他重大目标。

第三章　审查要则

（1）长期计划由各主管部门初审，经济部经营事业委员会复审。

（2）长期计划审查，必要时应邀请有关单位、专家审查。

（3）长期计划审查应注意下列事项：

①符合国家经济政策长期目标。

②符合政府经济建设政策。

③符合有关事业业务。

④经营事业委员会依据长期计划的初审意见，提请经营事业委员会会议审核后，呈报核定。

第六章　企业广告企划管理制度

第一节　企业广告企划管理制度

▲广告策划业务规定

1. 编拟广告计划方案的五大原则
（1）质量并重，胸有成竹。
（2）建议要项，一目了然。
（3）创意突出（企划与创作），建立差异。
（4）词句精炼，编排严谨，树立风格。
（5）简洁确实，避免冗繁多余的内容。

2. 编拟广告计划方案的注意事项
（1）广告客户说明会的参与目的。
（2）确实了解客户的需求重点。
（3）确实把握客户问题症结之所在。
（4）确实了解客户的主要竞争对象。
（5）熟悉客户的广告计划批准者。
（6）确实了解编拟广告计划的基本要素（广告目标、预算、期间、地区、诉求对象等）。
（7）除业务单位外，创作及企划部门的有关人员也应参与任职培训。
（8）确实了解客户能否因本公司的建议而改变其行销计划。

3. 广告计划编拟小组的设置
（1）组合具有专长的有关人员。
（2）尽量归集第三者的客观意见。
（3）使全组人员了解工作目标。
（4）指派小组负责人，明确划分个人职责。

（5）组员的选任，以能力为其基准。

4. 资料的归集及运用

（1）以长远的眼光：

①试以冷静的态度判断商品的优劣点。

②试将商品印象置于消费者心目中。

（2）以客户的负责人眼光：试以商品回转率及利益率的观点，加以考虑。

（3）以广告对象的眼光：试以记忆及了解程度，予以考虑。

5. 商品概述的确定

（1）没有商品概述的商品，无法销售。

（2）概述可利用语句或图案予以表示：

①以任何人都可以了解的语句或图案表示。

②因人不同而有不同解释的语句或图案，不得称之为"概述"。

（3）概述应以消费者的语气表示。

（4）概述与目标为一体的两面，应随目标而改变。

6. 媒体选择的要点

（1）广告目标（性别、年龄……）：所接触媒体及其质与量。

（2）地区：是否到达应涵盖的地区。

（3）期间：长期契约的可能性。

（4）广告目的：知名度、理解度、印象度及购买意向等的形成。

（5）预算：金额是否恰当。

（6）信息："信息"是否过多；是否能以减少的量来达到预定目的；有效的传达方法是什么。

（7）竞争条件：竞争对象所采用的类别、数量及其成功的程度。

（8）过去的实绩：以往的广告实绩是否构成对制订契约的有利性。

（9）广告媒体的确保：有无画饼充饥的现象。

（10）效果测定：事先预测及事后测定的可能性。

7. 年度广告计划的编拟

（1）尽量参照上一年度的检讨资料。

（2）依据长期广告目标明确制订本年度广告目标。

（3）将现有商品中与本年度预定上市的新产品予以明确区分。

（4）充分检讨上一年度的优劣点。

（5）把握客户的意图，使本广告计划无懈可击。

8. "临时性"的广告计划

（1）充分考虑对客户长期性广告计划所负的功能。

（2）尽量利用计量方式测定直接或间接的效果。

（3）以客户立场修正媒体机构所提出的计划，并配合本公司的特性，以迎合客户特定的条件。

（4）充分考虑计划实施的季节性与时间性。

▲产品广告宣传工作制度

1. 通则

（1）在新产品推销之际，广告宣传是不可缺少的手段。因此，特制订本要点，以保证新产品顺利进入市场。

（2）本要点规定以外的事项，请按《广告管理规定》办理。

（3）新产品的宣传方针，由新产品科长负责制订，并向全体科室人员讲解，使每一位工作人员都能确实把握基本方针的要点。

（4）新产品科长必须以本月及长期销售计划为基础，制订新产品宣传计划方案，并落实到每一位员工，宣传计划内容包括以下几方面：

①选择与确定宣传对象。

②确定宣传媒体。

③新产品样品的选择、确定与分配。

2. 实施宣传的方法

（1）新产品科长所负责的新产品的宣传工作涉及面非常广泛，需要企业内外各部门与各机构的通力合作。

（2）新产品科长在宣传实施期中，需要提醒销售部长，通过各营业分店向新产品科提供宣传活动必要的文献、样品等。

（3）提醒销售部主管，通过各营业分店帮助宣传工作顺利进行，诸如张贴宣传画、印发传单、布置展示厅等。

（4）特别要求各分支机构在指定的时间和地点配合展开广告宣传活动。

（5）广告宣传要把握节奏与攻势，事先确定步骤，逐渐加强攻势和广告宣传的渗透力，以达到预期目的。

（6）对大企业尚未控制的地区，应该展开大力宣传，以谋求在该地区内的影响力。

（7）综合运用各种宣传媒介，包括报纸杂志的广告、部门销售现场的宣传、电台电视的广告，甚至可以利用批发商的宣传能力，强化新产品的普及宣传工作。

（8）产品进入成长期后，其广告宣传工作可转给销售部门及推销人员；但是，对那些竞争激烈的产品，依然需要新产品科负责监控，一旦销售收入下降，应立即进行广告宣传攻势，以维持一定的销售水平。

（9）同样，对大宗交易以及大宗交易伙伴，新产品科仍有义务做出努力，予以维持。

（10）为了提高广告宣传工作的综合效益，新产品科应该经常开展下列活动。

①以出差方式，巡回各地，与当地老关系户或主顾保持联系。

②不间断地以科室名义和个人名义，诸如寄挂历、发贺年卡、发信等，与客户保持广泛而经常的联系。

③定期或不定期开展或参与各种宣传活动，如展示会、博览会、交易会、展销会等。

④办好橱窗展示，包括对负责橱窗展示人员的教育，选好宣传对象，对宣传费用进行预算，对每天的展示成果进行总结，观察顾客在店堂中行走的路线，观察顾客在店堂中停留的时间，把握本公司商业被询问或打听的频率、顾客对广告宣传的反响等。

3．宣传物品和产品样品处理

（1）新产品科长在每月末经内勤组向总公司销售部长提出下月度进行新产品宣传所需宣传物品及数量。

（2）新产品科长每月向销售部长报告一次本科室月末各类宣传物品库存情况。

（3）制作的宣传物品办理规定的手续之后，可以从各营业分支机构的仓库转存入本公司的仓库，并由内勤组保管。

（4）宣传物品如何在各地区、各科员之间进行分配，由新产品科长决定。

（5）在紧急状态下，新产品科长如果认为必要的话，可与营业分支机构负责人商量，由分支机构来制作宣传所需要的物品。

（6）其他扩大宣传所必须的物品也由新产品科长来决定，让营业分支机构制作。

（7）每月所需要的试销品、试用品及数量，也必须事先向销售主管请示。

4．内勤业务

内勤工作者作为新产品的"护卫部队"，协助第一线新产品宣传活动的顺利展开。内勤工作包括文书工作、宣传物品保管工作、产品样品出纳保管工作、报告书的整理与保管工作以及花名册的编辑工作及其他业务工作等。

（1）文书工作。内勤组长按新产品科长的指示，整理新产品科员工的业务日报、询问记录卡，并把整理结果反馈给各位员工，提醒他们在工作中反省有无疏漏之处。

（2）宣传物品的保管工作。

①内勤组长对保管与领取各种与新产品宣传有关的物品负有责任。

②内勤组长必须保证宣传物品的库存供应量，并每月末向新产品科长报告一次。

③内勤组长必须根据库存报表以及月度或季度宣传品需求量预测，向新产品科长积极进言。

④内勤组长有责任负责保管和整理台账，包括库存明细账、收发领用台账、分配记录簿以及宣传品报废台账等。

（3）产品样品出纳保管工作。

①内勤组长对产品样品的出纳保管工作负有责任。

②内勤组长每月末向新产品科长报告新的样品库存情况。

③内勤组长根据库存情况及月、季度预测用量，向新产品科长提出新的样品进货建议。

④内勤组长必须做好新样品明细账、收发领用台账和分配记录簿的整理与保管工作。

（4）报告书的整理与保管工作。

①内勤组长应及时安排和督促员工做好新产品在报告书中记载的有关事项。

②内勤组长应及时从报告书中摘录各重要的事项以及应该做出报告的事项，整理为规范文书，向新产品科长以及有关部门科长做出报告。

③内勤组长有责任把各报告书汇编成册，加以妥善保管。

（5）花名册编辑工作。内勤组长应根据各种结束文件以及新产品科员的报告书，整理汇编顾客或可能顾客的花名册。

（6）其他业务工作。内勤组长除了以上规定的业务工作外，还应对新产品科有关联络业务，如顾客电话、信件、电报和传真等事宜做出妥善处理，如应酬、记录、传达和帮助联系等。

5. 附则

本要点的修改与废除由总裁办公室负责，总裁决定。

本要点于××××年×月×日实施。

▲广告宣传管理规定

（1）为了使本公司的广告宣传工作能够顺利进行，特制订本规定。

（2）广告宣传工作由广告宣传部长主管。

（3）广告宣传业务工作内容由以下几个方面构成：

①起草广告宣传方案。

②制作各种广告张贴宣传画。

③与广告公司进行交涉，联系广告制作业务。

④广告效果的测定与检验。

⑤市场调查。

⑥向公司内部征集广告创意，并对各种创意进行评价和选择。

⑦各种用于有奖销售、展示会、庆典的纪念品、赠品和礼品的设计、制作、选择与购买。

⑧对销售部门的业务工作提供帮助，协助销售部门开展推销工作。

（4）广告宣传必须有计划地进行；广告的实施分为两种：

①定期广告，每年一次。

②临时广告，根据突发事件而定。

（5）原则上采用下列广告媒体。另外，在征得公司主管认可的情况下，可采用其他媒体。

A类：信封、明信片等邮寄广告。

B类：挂历、毛巾、火柴盒、扇子。

C类：电线杆、邮筒、交通广告、广告牌、霓虹灯。

D类：宣传传单、张贴画、报纸、杂志。

E类：收音机、电视机等电波广告。

（6）广告宣传费原则上不得超过经费预算委员会规定的范围，在特殊情况下广告宣传费的超支必须事先经董事会决议。

为了控制预算，必须事先对广告宣传的各项可能的开支（包括媒体的选择、宣传对象选择、宣传频率确定）精打细算。

（7）市场调查每年两次，调查结果或所获情报资料送交销售部门参考，同时作为广告宣传部制订新广告宣传计划的依据。

（8）广告效果主要反映在销售收入上，但销售收入的增减不一定与广告宣传直接相关。因此，对广告效果的测定，除了"销售收入"指标外，还必须进行多方面测评。

（9）努力与外部广告业者搞好关系，增进相互间的了解。外部广告业者主要是：

①印刷业者。

②广告代理商。

③纸张和其他材料供应者。

④纪念品、赠品和奖品生产者。

⑤各种展示会、展销会组织者。

⑥其他关系者。

（10）广告宣传部每位成员应努力收集各种广告创意和构思，促进本公司广告宣传工作的开展。

▲广告宣传业务规定

（1）本规定旨在促进本公司广告宣传业务的发展。

（2）本公司的广告业务由广告宣传科负责推行。

（3）广告宣传科负责的业务内容如下：

①制订广告宣传计划方案，包括选择广告宣传的对象、商品、方法、时间与费用等。

②制作广告宣传用品，包括广告张贴画、广告牌、传单等。

③实施广告宣传计划，与广告代理商接洽与交涉。

④为有效地开展广告宣传，进行市场调查。

⑤测定广告宣传的效果。

⑥为制造部和销售部提供广告宣传效果方面的资料。

（4）由广告宣传科长负责广告宣传计划的制订工作。

①在制订广告宣传计划过程中，必须听取各相关部门和科室的意见。

②计划方案在实施之前，必须再次送交各有关部门和科室听取建议。

（5）在制造广告宣传用品时，必须选择更为合适的合作对象和宣传用品。

同样，在广告宣传过程中，必须注意选择富有效果的广告宣传形式，包括奖品兑换方法、奖品的形式等。

还必须注意交际费开支的大小以及有关税法对交际费开支的限制。

（6）广告宣传必须在广告预算开支内进行。实施广告宣传之前，要多听听广告业务机构的意见，并根据业务情况委托广告业务机构实施广告宣传。

（7）广告媒介原则上规定如下：

①报纸、杂志、广告张贴画和传单。

②邮寄广告。

③电视和广播。

④广告牌与广告设施。

⑤挂历与火柴盒。

⑥其他被宣传科长认为合适的、董事会认可的广告媒介。

（8）为了有效地进行广告宣传，必须定期和不定期地进行市场调查。

广告宣传科长在认为必要而适宜的时候展开对外部市场的调查。市场调查的结果，须有助于改进广告宣传工作。

（9）尽可能地对广告宣传效果做出评价与测定。

①广告宣传科长在认为必要的情况下对外部广告宣传的效果做出调查与测评。

②广告宣传效果的测评分为定期和不定期两种。

③把测定的结果写成报告，交各相关部门与科室传阅。在必要的情况下与各相关部门和科室共同商讨。

（10）广告宣传科有义务对销售部门和制造部门提出忠告，积极协助相关部门的工作，并收集与提供有利于促销的各种创意与构思。

（11）本规定的修改与废除，须经董事会同意。

第七章　企业市场营销组织与调查计划管理制度

第一节　企业市场营销组织管理制度

▲销售人员守则

（1）每位销售人员应遵守国家法律法规，遵守公司各项规章制度。热爱公司，热爱本职工作。维护公司利益，保守公司机密。

（2）上级应对下级一视同仁，指导关心下级。下级应尊重上级。各位同人团结协作，完成工作任务，实现个人发展，充分体现公司理念。

（3）销售人员应注意自己的穿着。公务时应穿职业装，注意个人卫生，保持衣着、鞋袜的整洁，不要蓬头垢面。男士头发宁短勿长，女士勿浓妆艳抹。

（4）销售人员需注意个人形象，严禁在公共场合做出不文明的举动，如抠鼻挖耳、随地吐痰、乱丢果皮纸屑等。

（5）销售人员与客户的关系不是简单的商品买卖关系，而是互利互惠的伙伴关系，应该相互合作、共同发展。

（6）作为一名专业的销售人员，应该非常了解产品的功能、效用和质量指标以及相关产品知识背景等，尽量准确回答客户的有关产品方面的问题；对于不清楚的问题，应委婉巧妙地解决，切忌信口开河。

（7）每次公务前，需明确自己的任务、目的，对访问过程进行预演。准备好此次访问所需的物品，如名片、样品资料、各种证照等。

（8）访问客户时应充分考虑客户是否方便。访问前事先与客户打招呼，讲明来意，约定时间。访问后与客户保持联系。

（9）与客户交谈时要态度诚恳，表情自然，不要惊慌失措、畏畏缩缩，做一名聆听者，仔细分析对方意图。不要高谈阔论、打断他人说话、左顾右盼、随意看表。回答问题时，声音不宜过大，以对方听清楚为宜，表达简洁明了。

（10）吸烟的销售人员在访问客户时不要吸烟。

（11）会谈结束后应礼貌地与客户握手道别，哪怕未能成交。

（12）没有把握的事情一定不要做出承诺。

（13）务必记住每位客户的称谓，以表明他的重要。

（14）每天务必做好每日工作笔记。

（15）经常反思准备、计划、访问、洽谈、订货、交货、回款、自我评价及改善等活动的全过程，以便提高自己与人交流的能力。

▲销售人员管理制度

1. 目的

为加强本公司销售管理，完成销售目标，提升经营绩效，将销售人员的业务活动予以制度化。

（1）适用范围。公司销售人员的管理，除另有规定外，均依照本办法进行管理。

（2）权责单位：

①销售部负责本办法制订、修改、废止的起草工作。

②总经理负责本办法制订、修改、废止的核准工作。

2. 一般规定

（1）出勤管理。销售人员应依照本公司《员工管理办法》的规定，进行各项出勤考核。但基于工作之需要，其出勤打卡按下列规定办理：

①在总部的销售人员上下班应按规定打卡。

②在总部以外的销售人员应按规定的出勤时间上下班。

（2）工作职责。销售人员除应遵守本公司的各项管理办法、规定外，应努力承担下列工作职责：

①负责推动完成所辖区域的销售目标。

②执行公司所交付的各种事项。

▲销售人员考核办法

1. 总则

（1）每月评分一次。

（2）公司于次年1月核算每一位业务员该年度考核得分：

业务员该年度考核得分 = （业务员该年度1月~12月考核总分）÷12

（3）业务员的考核得分将作为"每月薪资的奖金"、"年终奖金"、"调职"的依据。

2．考核办法

（1）销售人员当月的销售业绩占总评分的60%。销售人员当月完成的销售数额占销售目标100%及以上者得60分；90%者得50分；80%者得40分；70%者得30分；60%者得20分。

（2）纪律及管理配合度占总评分的40%。

（3）考核内容包括：出勤，是否遵守本公司营业管理办法；收款绩效，开拓新客户数量；既有客户的升级幅度；对主管交付的任务，例如市场资料收集等，是否尽心尽力完成；其他。

（4）"奖惩办法"的加分或扣分（略）。

（5）考核评分：

①销售人员的考核，由分公司主任评分，分公司经理初审，营业部经理复审。

②分公司主任的考核，按照所管辖销售人员的平均分数计算。

③分公司经理的考核，按照该分公司全体销售人员的平均分数计算。

④营业部经理的考核，按照本公司全体销售人员的平均分数计算。

▲销售人员佣酬及考核晋升制度

1．佣酬（核实业绩）

（1）固定薪资。

（2）交通补助。

（3）手机补助。

（4）业务奖金：当月业绩完成基本责任额时，可领取业务奖金×××元人民币。

（5）餐费补助金：每月补助餐费×××元人民币。

（6）达成奖金：当月业绩额超过规定指标时，即可给予达成奖金。奖金比例可按不同企业不同要求而定。

（7）持续奖金：每周业绩达到一定数额以上，连续三周，发放持续奖金。

（8）杰出奖金：当月业绩超过较高数额，且为所属区域内销售人员业绩评比的第一名时，加发杰出奖金。

（9）年终分红：当次年农历春节仍然在职者，可领取年终分红。年终分红的额度为个人全年业绩额的一定比例。

（10）业绩定义：

①当成交价等于定价时，业绩以成交价的百分之百计算。

②当成交价不等于定价时，业绩的计算方式由市场部主管会同总公司财务部算后决定。

③开拓经销商及代理商业务，不列入业绩计算，佣酬办法另订。

④受理业绩：当财务部接到客户订金开始计算受理时间。

⑤核实业绩：当财务部接到客户的尾款后，结清整笔订单全部款项，开始计算业绩额。

（11）佣酬的计算均以核实业绩计算。

2. 考核（核实业绩）

（1）业绩考核：每月基本业绩考核额度为×万元。

（2）工作考核：

①出勤考核：要按公司规定办理。

②活动量考核：每周拜访量不低于13个（拜访量是指与客户面对面的销售约见的次数）。每日电话拜访数不低于20个。

③行政工作考核：销售人员要按时且确实填写销售报表（含活动管理表、客户资料表、电话记录表、潜在客户名单）。

（3）合同的维持：

①考核期三个月。

②评估时间每月月底。

③考核标准须同时通过业绩及工作考核。

④业绩考核连续两个月业绩为零，合同终止。

⑤工作考核由主管裁量。

3. 晋升（核实业绩）

（1）晋升前六个月个人业绩总额达××万元以上，其中连续三个月每月核实业绩达到×万元以上。

（2）无重大违规记录。

（3）由直属主管推荐，经市场部主管批准，晋升为客户经理。

4. 附则

本制度自×××年×月××日起实行。

▲销售人员士气调查管理办法

（一）总则

1. 制订目的

为激励公司销售人员工作士气，以提升销售绩效，完成销售目标，特制订本办法。

2. 适用范围

公司销售人员，均应依照本办法的规定接受士气调查。

3. 权责单位

（1）销售部负责办法制订、修改、废止的起草工作。

（2）总经理负责办法制订、修改、废止的核准工作。

（二）士气调查规定

1. 调查主旨

（1）销售绩效成果，除了公司的组织运作外，最重要的在于销售人员的工作士气。

（2）公司的销售人员士气调查，亦即销售工作情绪调查，其用意在于了解销售人员中有多少人热诚服务于工作目标，并探讨销售组织运作上的问题点，作为相关单位改进的指标。

2. 调查重点

销售人员士气调查重点如下：

（1）本公司是否具有向心力。

（2）组织运作是否合理且有效率。

（3）对主管的领导方式、统筹规划是否具有信心。

（4）同事间相处是否和谐。

（5）销售人员心理是否健全。

3. 调查时间

公司每年1月及7月，定期调查一次。

4. 调查方式

（1）公司销售人员士气调查应以无记名方式进行。

（2）以各销售单位为调查单位。

（3）调查程序：

①总经理室应排定各销售单位接受调查的预定时间，并事前行文通知。

②总经理室在预定时间派员至各销售单位，集合全体销售人员，分发"士

气调查问卷", 请大家填写。

③接受调查人员应翔实填写 "士气调查问卷", 以提供有效信息, 作为公司制定政策的参考。

④总经理室应于调查完后一周内, 统计分析 "士气调查问卷" 并做成报告, 报告应包括解决对策。对策内容应包括下列各项:

A. 提出具体而明确的改善方针。

B. 销售人员适应性调整组合建议。

C. 对产生的问题点提出分析与检讨。

D. 提出如何增进组织运作与检讨。

E. 报告应呈总经理审核, 副本转销售部各有关主管参考; 必要时应召开会议, 以商讨解决问题的方案和对策。

(三) 士气调查问卷

1. 调查编制

总经理室应针对本办法的调查重点编制 "士气调查问卷"。

2. 问卷内容

总经理室编制 "士气调查问卷", 除了应考虑本办法的调查重点外, 原则上仍应考虑下列各项调查内容:

(1) 公司的方针或指示, 是否都能彻底实施?

(2) 你对自己目前的工作是否感到满意?

(3) 是否有因为指挥工作的人过多, 而感到无所适从的情形?

(4) 职务或工作上的分配有没有偏颇现象, 或感到不满?

(5) 直接领导在工作上的指导是否适当?

(6) 在工作上, 是否需要学习更多的知识或技术?

(7) 对于每天的工作, 是否觉得倦累?

(8) 休息时间是否能够充分利用?

(9) 现有的设施, 若运用得法, 是否还能进一步提高效率?

(10) 你认为薪资、奖金的分配公平吗?

(11) 你知道你的薪资计算明细吗?

(12) 你认为你的薪资计算方法是否太过琐碎?

(13) 你觉得工作环境中, 哪些方面最不方便?

(14) 你工作的周围, 有没有危险的地方?

(15) 你认为改善什么地方最能提高工作效率?

(16) 你认为公司的领导者是否十分了解员工的心情或思想?

(17) 你认为公司的气氛很好吗?

（18）你是否打算一直在这家公司工作？

（19）你为工作上的事情常与领导商量吗？

（20）你曾为私人的事情常与领导商量吗？

（21）你是否希望常常有与公司领导谈话的机会？

▲销售人员打卡管理规定

第一条 本公司员工上下班打卡，均依照本办法办理。

第二条 本公司内勤员工上午上下班、下午上下班应打卡，住在市区内的业务人员，上午及下午到公司打进卡，外出工作时打退卡。

第三条 本公司员工下午加班者，普通下班时间不必打卡，待加班完毕才予打卡。

第四条 本公司员工因事早退或出差需要离开公司，且当天不再返回公司者，应打退卡后才能离开公司。

第五条 员工上下班，必须亲自打卡，若替人打卡，打卡者及被打卡者，均给予各记大过一次处分。

第六条 上班中因事外出者，其出入均不必打卡，但需要向主管领导或指定人员提出外出申请并填单，经核准后转交文员，文员将其出入时间，填妥于下班之前交人事部备查。

第七条 上下班忘记打卡者，持记录卡请直属主管领导证明上下班时间，并签名后，卡片放回原处。

第八条 本公司上下班时间，公司由文员（或由人事部派人）看守打卡情况及调整打卡钟。

第九条 在公司用餐时，内勤人员中午可免打卡（仅上下班打卡即可），在外面用餐时，则按规定每日打卡四次。

第二节　企业市场营销调查计划管理制度

▲市场调查及预测工作管理制度

搞好市场调查及预测工作是企业提高经济效益十分重要的环节，企业可据此确定正确的经营方针。为对广泛的市场信息进行有效的管理，从而做出市场预测，特制订本管理制度。

第一条　市场调查及预测工作在经营副经理领导下由市场调查室归口主管，全面质量管理办公室（全质办）、生产技术科（生技科）、计划科、信息中心等有关科室参与共同完成此项工作。

第二条　市场调查及预测的主要内容及分工：

（1）调查国内各企业同类产品在国内外全年的销售总量和同行业年生产总量，用以分析同类产品供需饱和程度和本企业产品在市场上的竞争能力。

（2）调查同行业同类产品在全国各地区市场占有量以及企业产品所占比重。

（3）了解各地区用户对产品质量反映、技术要求和主机配套意见，借以提供高质量产品，开发新品种，满足用户要求。

（4）了解同行业产品更新和改进方面的进展情况，用以分析产品发展新动向。

（5）预测产品的全国各地区及外贸销售量。

（6）搜集国外同行业同类产品更新技术发展情报、外贸对本企业产品销售意向、国外用户对本企业产品的反映及信赖程度，用以确定对外市场开拓方针。

第三条　市场调查方式：

（1）抽样调查：对各类型用户进行抽样书面调查，征询对企业产品质量及销售服务方面的意见，并根据反馈资料写出分析报告。

（2）组织企业领导、设计人员、销售人员进行用户访问，每年进行一次，每次一个月左右。访问结束后填好用户访问登记表并写出书面调查汇报。

（3）销售人员应利用与用户接触的机会，征询用户意见，收集市场信息，写出书面汇报。

（4）搜集日常用户来函来电，进行分类整理，需要处理的问题应及时反馈。

（5）不定期召开重点用户座谈会，交流市场信息，反映质量意见及用户需求等情况，巩固供需关系，发展互利协作，增加本企业产品竞争能力。

（6）建立并逐步完善重点用户档案，掌握重点用户需要的重大变化及各种意见与要求。

第四条　市场调查用户预测所提供的各方面资料，销售科应有专人负责管理、综合、传递，并与信息中心密切配合，做好该项工作。

▲竞争对手调查操作规则

（一）从营业状态中获取情报

第一条　营业状态是竞争对手经营状况的直接反映，调查员须认真加以观察分析。

第二条 判断营业状态的基准有：

（1）营业情况。

（2）与交易户的关系。

（3）与交易银行的关系。

第三条 "营业情况"范围较大，要择定重点，不可只从表面上进行判断。

第四条 从"交易往来关系"可以判断其进货在质量上、信用上是否有问题。

第五条 调查"与交易往来银行的关系"虽然有一定难度，但其情报价值极为突出。

（二）获取经营者的有关信息

第六条 尽管经营者的信息一般很少变化，但是仍须认真分析，以获取其中有价值的信息。

第七条 对经营者的评价通常是调查中最困难的一环，因此在信息处理中要有充分的准备。

第八条 对经营者的评价有三个基本要素，即经验、能力和性格。

第九条 "经验"并不只意味着经历。经营者自身的实绩和风格也是非常重要的评估资料。

第十条 能力有许多种，行销能力、劳务能力、技术能力、管理能力、金融能力等是主体，可从日常的营业活动中加以认识。

第十一条 经营者的性格可以通过其营销员的言行加以判断。

（三）从资产状态中获取情报

第十二条 从资产负债表中可以了解对方的资产构成情况和运行状态。

第十三条 通过财务报表可以有更为准确的判断。

第十四条 通过现金入账、支票付款期等，可了解竞争对手的财务状况。

第十五条 商品的库存量是了解对方的重要情报，不仅要调查出其实际的库存量，还要争取调查到其入货和出货的情况。

第十六条 要克服经费和人员问题而尽量对竞争对手全部交易往来客户进行调查。

▲个人调查操作规则

（一）个人调查的主要项目

先研究调查时间、调查目的、调查对象、调查方法等问题，然后再将其具体的策略进行检查分析，收集资料的工作完成后再整理资料，形成报告书。

（二）个人调查的开展

对于个人调查的开展，各调查员如果使用不关联的问题，报告者将会进行各种不同的判断，因此问题的规格必须做到统一。

第一条　调查监督员和调查员召开协议会议，将调查目的、调查方法、调查事项、报告书回收时间等充分协调，并对各项调查一致行动。

第二条　调查员的职责：

（1）调查员应对问题内容加以理解，并确定问题顺序。

（2）研究要调查地区的地图、交通工具、调查对象等问题，力求投入最少的时间、精力，收获最大的成效。

（3）准备调查用的资料。

（4）在进行实际调查时，要做到不看问题书也能顺利地提问。

第三条　以上各项准备完成后，才能在实际中实行，其方法主要有以下几种。

（1）接近方法：

①不得采取审问式的发问方式，要充分尊重回答问题者。

②提前设计初次见面的问候，给人良好的第一印象。

③调查时无论对方配合与否，都要随机应变，将调查工作做好。

（2）提问的方式：

①从第一个问题就可知道回答者对调查的问题有多少的关心度或者多少的知识，因此问题应该尽量平易自然。

②使回答者在不知不觉之中，进入调查的主题。

③不对问题的内容进行说明。

④按照问题书的问题顺序发问。

⑤不问与主题无关的问题。

⑥问题书里的问题应全部问完。

第四条　当回答者的回答太离题时，应将其拉回主题，并注意表达技巧。

第五条　不和回答者争论。

第六条　如果回答者对问题做了不适当的回答，自己应判断其说话的态度、真实性等，然后转向下一个问题。

第七条　对于"不知道"的回答，不可轻率加以处理。

第八条　如果有模棱两可的回答，应引导其回到"在原则上同意吗"等的回答上来。

第九条　如果使用卡片，在回答者书写时不可凝视，以便使对方能顺利填写，其时间应定为 10 分钟左右。

（三）调查员

第十条　遵照调查监督者的指示，忠实地实行调查事项。对于回答偏向一方、在无意识的情况下造成的错误、不能完全达成调查目的等事项，要尽量避免。

第十一条　有较强的判断力和理解力。调查员在进行调查时，要随时做出正确的判断和理解。

第十二条　具有丰富的常识。调查员必须要有丰富的常识，如果缺乏常识，就不能得到正确而满意的调查结果。

（四）记录的处理

第十三条　要向回答者说明对其回答是绝对保密的，以便取得其信任。

第十四条　如果因记录而导致回答者拒绝回答，就应该放弃记录，而将其谈话内容记在大脑里，离去后再做记录。

第十五条　如果回答者并不反对记录，可以将问题书面提出，表示调查员并不会加入自己的意见，而是要将回答忠实记录。

第十六条　认真听取回答者所说的话，并迅速确实地记录。

第十七条　避免漏记。调查员不可因疏漏而造成调查不准确。

第十八条　对于回答者的性别、职业种类、年龄、家庭成员、财产状况、教育程度等，均要做好记录，并严守秘密。

第十九条　调查结束后，应对回答者表示谢意。

第二十条　依照以上事项，在当天还应进行下述整理工作：

（1）整理问卷。

（2）对回答者进行观察记录。

（3）整理调查对象表。

（4）撰写当日的报告书，向调查监督者报告。

▲ 客户满意度调查办法

1. 了解客户要求和期望

（1）通过访问、交谈和其他方式，识别细分市场、客户和潜在客户群，包括竞争者的客户及他们的要求和期望。

（2）识别产品和服务的质量特征以及这些质量特征对客户或客户群的相对重要性。

（3）与其他关键数据和信息进行交叉比较。这些数据和信息包括客户的抱怨、损失、收益以及有助于产生客户要求、期望、关键产品和服务特征信息的绩效数据。

（4）公司如何评价、提高和确定客户要求和期望过程的有效性。例如，改进了的访问，接触其他客户，分析，或交叉比较。

2. 客户关系管理

（1）公司上下都确保理解客户服务要求并做出答复。

（2）确保客户能通过较方便的途径评价、寻求帮助和抱怨。

（3）追踪客户对产品和服务的满意度，获取改进信息。

（4）授权于客户接触人员，使其恰当地解决问题，必要时可以采取额外的措施。

（5）客户接触人员的具体雇佣要求、态度，及其他方面的培训、认知、态度及道德标准。

（6）为使客户接触人员提供及时有效的客户服务，在技术和后勤方面给予支持。

（7）分析投诉信息、客户的获得和流失，订单的损失等，以评估公司政策的成本和市场后果。

（8）评价和改进客户服务过程。

3. 客户服务标准

（1）依据客户的要求和期望选择规范的、客观的测量标准。

（2）全员参与制订、评价、改进和改变标准。

（3）公司各部门都要制订要求或标准化的信息，确保有效地支持希望满足客户服务标准的客户接触人员。

（4）跟踪调查，确保关键的服务标准得以满足。

（5）评价和改进客户服务标准。

4. 对客户的承诺

（1）产品和服务担保及产品保证承诺。

（2）公司为提高客户对其产品和服务的信任与信心所做的其他承诺。

（3）公司的产品和服务在过去 3 年中的改进如何体现在担保、保证和其他承诺。

5. 解决质量改进方面的投诉

（1）将对公司不同部门的正式和非正式的投诉及批评性的建议汇总，在全公司做整体评价，并适时加以利用。

（2）确保客户接触人员恰当地解决投诉。

（3）汇总客户反应改善的情况。

（4）分析投诉以确定其内在原因，根据这些信息加以改进，如过程、标准及与客户沟通。

（5）评价公司对投诉的处理，以改进公司对投诉的反应和将其转化为预防性措施的能力。

6. 客户满意度结果

（1）按客户群体划分产品和服务，找出客户满意度趋势和关键客户的满意度指标。

（2）主要负面指标的趋势。这些负面指标包括抱怨、投诉、退款、打电话责怪、退货、再次服务、调换货、修理。

7. 客户满意度比较

（1）与行业一般的、行业领先的、世界领先的或公司关键市场中其他竞争者比较客户满意度结果。

（2）独立组织（包括客户）做的访问、竞争奖励、认知和评分。

（3）客户的获得或流失趋势。

（4）相对于国内及国际的主要竞争者而言，公司获得或失去的市场份额趋势。

▲行销方案规划准则

（1）公司负责人应设法将"行销导向"的观念灌输给所有员工，以提高行销机能在公司经营上的作用。

（2）公司负责人应担当起公司最高行销人员的角色，积极参与公司业务的开拓事宜。

（3）公司现有产品及新投资（或新扩充）计划中产品的销售事宜，皆应准备周全的行销方案，作为其他机能部门拟订工作方案的基础。

（4）行销方案的拟订必须以行销研究为前提，并以公司的既定目标与策略为根据。

（5）负责规划行销方案的责任人员应事前设定规划工作的步骤及时间表，以便及时提出必要的资料，并指导其他机能部门的制订方案。

（6）行销方案的内容可依需要选取下列内容：

①资料及分析。

A. 经济背景指标（过去4年以上及未来6~12年以上）。

B. 市场资料分析（过去4年以上，目前及未来6~12年），包括：每一主要产品的总市场容量及潜力；市场特性（含顾客行为）；本公司的市场占有率；销售潜力及期望销售量；目前产品的一般行销条件（含品质水平、定价、推广及配销渠道等）。

C. 竞争资料与分析（过去、目前及未来），包括：市场占有率的比较（过去与目前）；产品接受水准的比较（过去与目前）；行销条件的比较（含过去与目前的定价、推广、配销渠道等）；未来可能的变化。

D. 行销成功关键因素的未来变化分析（每一主要产品市场）。

E. 公司所面临行销问题与机会的分析及各部门可用资源的衡量。

F. 摘要及综合结论。

②行销目标（长期、中期、年度、季、月）。

A. 总销售量及利润。

B. 各产品及地区的销售量、利润及市场占有率。

③行销策略（长期、中期、年度）。

A. 产品发展方面。

B. 配销技术方面。

C. 价格方面。

D. 推广方面。

E. 其他有关方面。

④中长期行动方案关系说明。

A. 概略的长期方案关系说明（列表或叙述）。

B. 简明的中期方案关系说明（列表或叙述）。

⑤年度行动方案。

A. 行销部门本身应采取的特定行动、步骤及人、时、地、物的需求。

B. 配合其他部门应采取的特定行动、步骤及人、时、地、物的需求。

⑥行销方案的经济评估。

（7）若已进行经营环境系统的分析与预测，及市场供需与投入产出系统的分析时，应尽量将所得资料应用在行销方案的规划中，若未进行上述分析时，则应在规划行销方案时一并进行。

（8）为提高行销方案的品质，公司负责人应指示人力发展部门策划各种课程，使有关行销人员了解下列各种知识：

①一般知识：经济学、管理学、心理学、地理学、社会学、数量方法、一般工程学等。

②行销知识：产品发展、品牌、包装、广告、人员推销、推广、展览、布置、实体分配、配销渠道、顾客服务、行销研究、顾客心理、行销组织、地点选择等。

▲销售目标管理办法

（1）销售目标根据销售方针和销售计划制订。

（2）具体目标管理方案如下：

①每月第 1~第 5 天应完成当月销售目标的 25%。

②每月第 6~第 10 天应完成当月销售目标的 20%。

③每月第 11~第 15 天应完成当月销售目标的 15%。

④每月第 16~第 20 天应完成当月销售目标的 15%。

⑤每月第 21~第 25 天应完成当月销售目标的 15%。

⑥每月第 26~第 30 天应完成当月销售目标的 10%。

（3）当年度计划变动时，需及时调整月度计划。

（4）销售部要加强计划的落实管理，保证目标任务的完成。

（5）营销过程如发生重大变故，要及时报告总经理。

▲营销计划报审制度

为加强营销计划工作，提高营销质量，特制订本制度。

1. 营销计划内容

（1）营销计划分年度营销计划和月度营销计划。

（2）年度计划应包括营销环境分析、主要活动主题及活动范围、重点商品等。

（3）月度计划应包括背景分析、活动主题、活动时间、活动范围、活动内容（包括公关活动和业务活动）、媒体宣传计划、费用预算。重大促销活动方案应上报集团审批后实施。重点活动包括：地区集团的区域联动活动，各店的店庆活动、换季活动、黄金周及其他重要活动。

2. 上报时间

（1）年度计划：于每年 11 月 20 日以前上报第二年的年度计划。

（2）月度计划及重大促销活动方案提前一个月上报（如实际活动与上报计划不符，应在活动开始前补充上报）。

3. 上报方式

以书面形式送至营销部。

4. 上报程序

营销计划上报时要附上"营销计划审批表"。营销部将评审意见填上后，一周内将审批表返还各上报部门。各店要设专人负责计划上报工作，按时或提前上报。

5. 考核总结

集团对各部门执行计划情况予以考核，并将此项工作列为年度营销工作总结评比的重要内容。

▲销售促进管理制度

（1）为刺激现有客户及潜在客户的购买，以董事长名义寄发慰问函给各客户。

（2）常务董事及经理须拟定日程，拜访、问候主要客户，并借机了解市场情况及投诉问题，加强彼此的联络与友好关系。

①了解顾客的不满，听取意见及设法改善现状。

②访问之前，应先与负责人员进行事前的讨论，彻底研究如何应对对方。

（3）集合主力客户及购买能力可能增加的潜在客户，举行恳谈会，恳请赐予交易。

①本会以董事长或常务董事为主体。

②问候方式需巧妙得当，掌握销售计划的主题。

③恳谈会应依地区、产品种类，分别举行。

（4）开拓新交易或提高现有的交易额，除要积极地实行计划外，尤其要致力于设置资金雄厚的代理店。

①从名录、电话簿、公司名单及其他地方，取得批发商、销售商、加工业等的名簿资料后，并立即制订开拓计划。

②有效地与协会、工业会、交易银行、相关公司往来，借它们的支援来拓展交易。

③对于新开发的客户，应事前做好充分的信用调查。

④确立代理店的交易规定，以完善代理店的体制。代理店体制应按商品种类建立。

（5）销售另设有特卖制，采取自主诱导购买的方式。这种方式在交易的清淡时期及产品推出太慢时进行。

（6）对交易客户设立交易奖励制度，以此促进购买。

①实施时，应以一特定地点为主，接着再依顺序逐渐对外扩大。

②将每个客户的平均购买额分等级，再依等级发给奖金或照比例退还部分金额。奖励期以 3 个月左右为主，每段时期再各自制订截止日期。

③对于特别致力于销售的交易客户，公司将为其负担半额的广告费，或另外赠送其他商品，以示奖励。

（7）对于产品的新闻发布或新产品的推介，公司将举行单独或联合展示会、样品展示会，以扩大宣传。

（8）对于销售人员应依据开拓新市场、提高销售额等绩效加以区分，发给奖金，以示奖励。

（9）业务科应根据客户别（或商品别），将销售额、收款、销路不佳商品与畅销商品等，做成当月份的合计、累计、增减等统计资料，再将此统计数字与过去实绩做比较，以掌握销售额及入款的预估。预估确定后，发给各负责人并进行督促（在每月例行销售会议上，也应督促、要求）。

（10）业务科需就各地区、客户及业界的需求动向等状况进行调查，以便修正自己的销售计划，并督促销售员拓增销售。

（11）业务科应针对各销售员的活动及实绩，制作有关其能力与实际绩效的比较统计表，同时提出批评与检查，借此提高销售员的效率及业绩。

①根据业务人员所进行的访问、业务开拓、接受的订货、交货、折扣及退货等销售活动，比较其预定与实际的差距，掌握其个人效率。

②将上述资料于营业部会议时提出，以便提出批评、给予指示。

（12）营业部应针对销售活动制订纲领，使相关人员以此为依据来进行其活动。

（13）每月月底举行整体的销售会议，由业务科根据销售人员完成的销售额及开发客户的统计表来检查当月的实绩。另外，各销售员交流自己的情况及市场情报，借此来修正下月应进行的预定活动计划与销售方法。

第八章　企业营销产品与售后服务管理制度

第一节　企业营销产品、价格与财务管理制度

▲企业形象及品牌管理制度

为了合理利用企业资源，进行准确有效的企业宣传，统一企业形象，积累品牌价值，需要认真贯彻和大力推行"企业视觉识别系统"，特制订本制度。

1. 品牌管理工作的主要范畴

（1）企业视觉识别系统的建立、推广以及实施监控。

（2）新的产品和服务品牌的设立和审核。

（3）产品和服务品牌的宣传和推广工作的管理。

（4）企业形象和产品服务品牌的公关工作管理。

（5）涉及以上范畴的总公司以及分公司所有印刷品、广告投放等媒体和介质的制作实施前的审核工作。

（6）其他与品牌管理工作相关的工作。

2. 品牌小组的设立

（1）涉及企业形象、新品牌创立、品牌营销定位等重大事宜的，由公司领导参与讨论，并给出最终决策。

（2）讨论定案后的推广与实施，在既定方案和原则的前提下，本着提高效率、节约成本、保障质量的原则，所有涉及品牌管理和审核的工作，由品牌小组独立负责。

（3）品牌小组的组长设在公司总部，根据需要配置具体组员；在公司的后勤、营销或人事等兼管部门设立兼职的组员，负责监督和实施品牌管理工作在各自公司的运作情况，贯彻和传达品牌小组的工作要求，并向品牌小组的领导汇报和负责。

3. 品牌小组的常规工作

（1）企业视觉识别系统、产品和服务品牌的培训和推广工作。

（2）总公司所有印刷品、广告投放等媒体和介质的制作实施前的审核工作。

（3）分公司所有印刷品、广告投放等媒体和介质的制作实施前的审批工作以及实施过程中的协调和协助工作。

（4）总公司以及分公司品牌管理制度的执行情况的检查和整改工作。

（5）品牌发展策略和规划。

（6）企业公关活动的组织与策划。

（7）其他涉及品牌管理范畴的工作安排与组织。

▲经销商维护企业品牌形象的规定

（1）经销商有维护驰名商标在市场上的信誉以及企业形象规范化服务、销售政策等的义务。

（2）无论何种原因，经销商不得擅自更改公司的企业形象规定和品牌管理规定。

（3）为维护品牌在全国市场的驰名商标形象以及维护全体经销商的共同利益，防止因违规、违法行为给整个品牌形象造成损害，公司将按照具体的违反内容予以处罚。

（4）经销商为增加产品的市场知名度，在通过媒体制作广告、召开市场推介会、赞助各类文体活动时，应将有关情况通知公司。

（5）经销商为拓展产品的市场占有率，可以筹划各类市场推介活动和广告宣传，将有关计划报告给公司，公司审核是否具体实施，有关费用由经销商承担。

▲质量管理日常检查规定

第一条　为了避免人员的疏忽而导致不良的影响，使全体员工重视质量管理，切实为提高产品质量、降低成本而努力，特制订此规定。

第二条　范围。

（1）工作检查。

（2）生产操作检查。

（3）自主检查。

（4）外协厂商质量管理检查。

（5）质量保管检查。

（6）设备维护检查。

（7）厂房安全卫生检查。

（8）其他可能影响产品质量的检查。

第三条 检查的频率。依检查范围的类别以及对产品质量影响的程度而定。

第四条 检查的项目。依检查范围的类别而定。

第五条 检查资料的回馈。要转知有关单位研讨改进，并作为下次检查的依据。

第六条 实施单位。质量管理部成品科及有关单位。

第七条 实施要点。

1. 工作检查

（1）必须由各单位主管配合执行。

（2）频率：

①正常时每周一次，每次二至三人，但至少每月一次。

②新进人员开始时每周一次，至其熟练后，与其他人员一样，依正常时的频率。

③特殊重大的工作则视情况而定。

（3）工作检查表（略）。

2. 质量保管检查

（1）原料、加工品、半成品、成品等。

（2）频率：每周一次。

（3）质量保管检查表（略）。

3. 厂房安全卫生检查

频率：每周一次。

第八条 本规定经质量管理委员会核定后实施，修正时亦同。

▲产品包装物料管理制度

为保证产品包装卫生质量、规范管理，根据检验检疫部门的相关要求，特制订本制度。

（1）所有进口的包装物料，必须符合进口国标准要求和检验检疫部门的卫生要求，无毒无害，无污染。

（2）采购国产的包装物料、规格、型号，必须符合公司产品加工生产的标准要求，无破损、渗漏及标识模糊不清等现象。

（3）进厂包装物料必须经验收合格后才能使用，否则一律拒绝进厂。

（4）包装物料在库内要码垛整齐，按规格、型号存放。纸等外包装要离地、离墙30厘米存放；内包装袋要放置在搁架上，按品种、规格摆放整齐，不得与有碍卫生的物品一块放置或接触。

（5）存放包装物料的场所必须清洁、干净，温度适宜，空气流通。

▲交货检验制度

（1）营业部门对于客户的订货商品及委托生产的商品的交货期，要经常与制造部门保持联系，以掌握其经过情形及进行状况。

（2）营业部门若已于指定交货日期前确定可以交货，应主动与客户联系确实的交货时间。

（3）当确定要货商品的交货日可能延迟时，应通知订货的客户，以取得其理解。

（4）营业部门在交货查验商品时，应对照订货单，以确定品名、品质、规格、单价、数量及其他事项是否符合订货单的要求。

（5）商品的交货与配送业务由营业部门负责。

（6）在交货或配送商品时应发送货通知单。

（7）关于商品交货、配送后，客户拒绝收货、要求退货及其他的投诉问题，应取得负责人或营业经理的认可，设法寻求处理办法。

▲受理订货制度

（1）营业部门在确定订货已成立时，应将工厂生产及出货的必要事项记入订货受理传票中，发函给相关单位。

（2）所有电话、外部销售或来函的订货受理，不论外务或是内务，皆由受理订货的本人填写本订货受理传票。

（3）营业部门向制造部门公告预估生产委托表时，应要求提出制造品与在制品的区分、制造品的交货预定处理报告，以说明其经过。

（4）营业部门为执行各项计划，使销售、订货受理活动顺利进行，应与制造部门保持密切联系，并随时准备好商品库存明细表、主要材料的进厂预定表、主要材料的库存明细表。

▲商品价格管理制度

1. 定价策略

（1）企业的定价权限：

①对实行国家指导价的商品和收费项目，按照有关规定制订商品价格和收费标准。

②制订实行市场调节的商品价格的收费标准。

③对经济部门鉴定确认、物价部门批准实行优质加价的商品，在规定的加价幅度内制订商品价格，按照规定权限确定残、损、废、次商品的处理价格。

④在国家规定期限内制订新产品的试销价格。

在定价过程中，要考虑下列因素：

A. 国家的方针政策。

B. 商品价值大小。

C. 市场供求变化。

D. 货币价值变化等。

（2）商品价格管理：根据国家规定，企业和物流中心在价格方面应当履行下列义务：

①遵照执行国家的价格方针、政策和法规，执行国家定价、国家指导价。

②如实上报实行国家定价、国家指导价的商品和收费项目的有关定价资料。

③服从物价部门的价格管理，接受价格监督检查，如实提供价格检查所必需的成本、账簿等有关资料。

④执行物价部门规定的商品价格和收费标准的申报、备案制度。

⑤零售行业、饮食行业、服务行业等，必须按照规定明码标价。

（3）物价管理的基本制度：

①明码标价制度。实行明码标价制度，便于顾客挑选商品。明码标价，要做到有货有价，有价有签，标签美观，字迹清楚，一目了然。标签的内容要完整，标签的颜色要醒目有别。实行一物一签制，货签对位。对标签要加强管理，标签的填写、更换、销毁都应由专职或兼职物价员负责，标签上没有物价员名章无效。对于失落、错放、看不清的标签要及时纠正、更换。

②价格通知制度。价格通知制度就是将主管部门批准的价格用通知单的形式，通知各个执行价格的单位，包括新经营商品的价格通知、价格调整通知和错价更正通知。价格通知单是传达各种商品价格信息的工具，直接关系到价格的准确性，也关系到价格的机密性。

③物价工作联系制度。物价工作联系制度就是制订和调整商品价格时，同有关单位和地区互通情况、交流经验、加强协作、及时交换价格资料的制度。

④价格登记制度。价格登记就是把企业经营的全部商品的价格进行系统的记录，建立价格登记簿和物价卡片。价格登记，是检查物价的依据，所以要及时、准确、完整，便于长期保存。在登记簿和卡片上应写明下列内容：商品编号、商品名称、产地、规格、牌号、计价单位、进货价格、批发价格、批零差率、地区差率、定价和调价日期、批准单位等。

⑤物价监督和物价检查制度。物价监督包括国家监督、社会监督和单位内部监督三种基本形式。

国家监督就是通过各级物价机构、银行、财政、工商行政和税务部门从各个侧面对物价进行监督。社会监督就是群众团体、人民代表、消费者以社会舆论对物价进行监督。单位内部监督就是企业内部在价格联系中互相监督。

物价检查，一般是指物价检查部门或物价专业人员定期或不定期地开展审价和调价工作。

2. 物价管理权限

（1）认真贯彻执行党和国家有关物价的方针、政策，负责组织学习培训、加强物价纪律教育，不断提高企业员工的政策观念、业务水平和依法经商的自觉性。

（2）正确执行商品价格，按照物价管理权限，制订审批商品或服务收费的价格，检查、监督基层物价管理工作的执行情况，发现价格差错及时纠正，情节严重的予以经济处罚。

（3）认真做好物价统计工作，搞好重点商品价格信息的积累，建立商品价格信息资料，分析市场价格变化情况，开展调查研究，为企业经营服务。

（4）对重点商品和招商商品的价格实行宏观控制，限定综合差率，审批价格。

（5）凡新上岗的物价员，审批价格由经营部负责。半年后视工作情况，下放审批价格权。

（6）按照权限审批处理价格，凡处理残损商品，损失金额不超过500元的（一种商品），由各专业部门主管经理审批，交市场经营部备案。

凡处理残损商品，损失金额在500～3000元之间的（一种商品），由经营部主管部长审批。

凡处理残损商品，损失金额超过3000元的（一种商品），由主管副总经理审批。

处理超利商品。对超过保本期、保利期确属需要削价处理的商品每月月底，由物价员会同有关人员提出处理价格，处理价格不低于商品进价的，由主管业务经理负责审批，交公司经营部备案；处理价格低于商品进价的，上报公司经营部，由公司经营部主管部长视全公司经营情况酌情审批；对一种商品损失金额超过5000元的必须上报公司总经理审批。

3. 物价管理的基本要求

（1）对企业所经营的商品（包括代销、展销商品）都要使用商品编号，按计算机管理要求，根据商品种类进行统一编号，并逐步实施商品条形码。所有业务环节凡涉及商品编号的（商品购进、定价、调价、削价处理、标价签、出入库、盘点等），所用票据均使用统一编号。

（2）商品定价要按有关规定执行。商品定价原则：根据市场行情、价格信息、企业经营情况，坚持勤进快销的原则，合理制订商品价格。

凡特殊商品定价（化妆品、家用电器、食品、黄金、皮鞋等）需要持有质量检测证件的，物价员必须验证证件，证件不全不予定价。

（3）制作物价台账。物价台账是企业审查价格、实行经济核算的重要依据，其范围包括经营、兼营、批发、展销、试销、加工。制作物价台账必须做到有货有账，以账审价。

根据专业公司新价通知单，自采商品定价单、进货票和进货合同，物价台账登载内容包括产地、编号、品名、规格、等级、单位、进价和单价税额。企业专职物价员要全面、完整、连贯、准确地登记，同时存入计算机对应管理。

（4）商品的价格调整，必须以上级供货单位下达的调价通知单为依据。严格按照规定的编号、品名、规格、等级、价格和调整时间执行。商品需要调整价格时，由各专业物价员会同有关业务人员根据市场行情、调价依据、库存情况、资金周转率等，提出调价意见，填制"商品价格调整计划表"，由市场经营部审批。调整价格前，专职物价员按调价内容更改物价台账，须在执行前一天，通知营业部兼职物价员，填制新价签，并盖章。调价商品在执行前一天业务终了后盘点，填制"商品变价报告单"，报物价员审核盖章，部门做进销存日报表转财会做账。调价通知单建立存档制度，由物价员统一保管。

（5）凡柜台出售的商品和服务收费标准都必须实行明码标价制度，并使用统一商品标价签。在商品同部位设置商品标价签，要做到"一货一签"、"货签对位"。商品标价签应注明商品编号、品名、规格、单位、产地、等级、零售价，标价签由物价员审核盖章后方能使用。属于试销商品和处理商品的，应注明"试销"或"处理"字样。填写商品标价签应做到整齐、美观、准确、清楚，所用文字一律采用国家颁布的简化汉字，零售价格要盖阿拉伯数字戳。

（6）价格检查：主要检查商品的零售价格及服务收费标准（包括生产配件、

加工费率、毛利率、产品质量等）是否正确，有无违反有关规定越权定价、调价和处理商品现象；是否正确执行明码标价和使用统一商品标价签；商品质价是否相符，有无以次充好、以假乱真、掺杂使假、改头换面等变相涨价的问题。

（7）价格信息：为使价格触角更加灵敏，为企业经营决策服务，需要加强价格信息工作，价格信息来源于各方经营信息和国家有关行业信息反馈，其基础工作是采价。

经营部每周要组织各部门专职物价员进行一次半日采价，主要对某类商品或一段时间内价格波动大的商品、季节性商品、销售畅旺的商品等，进行类比分析，并做较详细的记录。记录内容包括采价商品的名称、零售价、所到单位名称。采价后物价员需对价格动态进行分析，计算出与本企业的价格差，提出参考变价意见，报各部门经理室和经营部（专职物价员留存一份），建立价格信息数据库。

（8）物价纪律：

①企业员工必须遵守物价纪律，不准泄露物价机密，不准越权擅自定价、调价，不准早调、迟调、漏调商品价格。由物价员按照分工管理权限定价，其他人员无权定价。

②切实执行明码标价制度，杜绝以次充好、掺杂使假、缺斤短两等变相涨价的做法。

③削价处理商品，一律公开出售，不准私留私分。

▲营销商品价格制度

（一）营销价格管理制度

（1）商品的价格要根据下游生产及采购的价格统一来估算，经由经理决定后，提供给经销商作为参考。

（2）价格书的制作由营业部门的内务负责，通常要先从经销商处拿到正确的规格书后再着手进行。

（3）营业部门必须以主要材料价格表、预估成本计算表、一般市价表、标准品单价表等资料作为估价参考资料。

（4）营业部门对于定期委托制造部生产的标准品，应要求制造部提出其主要材料价格表与价格成本计算表。

（5）对于标准品以外的交易或价格委托，每次都要经由制造部经理的裁决，以估价的方式处理。

（6）对商品估价时，应尽速进行状况调查，尽快提出报告。

（7）将价格书送给经销商之后，必须在价格账目表中提出日期及合同的成立与不成立等事项。

（二）营销定价管理制度

第一条 本公司定价活动必须遵守本制度。

第二条 为准确地确定本公司产品价格，特设立成本研究委员会，委员会由下列成员构成：总经理（主任）、常务董事（副主任）、销售主管（委员）、财务主管（委员）、采购主管（委员）、制造主管（委员）。

第三条 对于新产品、改良产品，应由制造部门、设计部门或其他部门累计成本后，再予以慎重定价。

第四条 必须经有关专家予以确认后，方可择定定价方式。

第五条 在定价单提出以前，要尽量准确地收集顾客及竞争对手（有价格竞争时）的信息。

第六条 定价单提出后，必须保证正确而迅速的反馈，并根据定价单的存根，进行定期或重点研讨。

第七条 由成本研究委员会负责本公司的标准品、新产品和特殊产品的成本及销售价格的确定。

第八条 财务部门根据确定好的价格编制成本表和销售价格表，并负责检查营销人员交付的订货单所列示的价格是否正确。

第九条 订货价格可由营销人员自行决定，也可由总经理决定，或由成本研究委员会审定。

第十条 营销人员在确定订货价格时，需兼顾本公司和经销商的利益及业务关系，避免任何一方受到损失。

第十一条 在接受订货时，应认真调查经销商的支付能力，以免货款无法收回。

第十二条 营销人员依据自己的判断，能够自行决定订货价格的范围包括：

（1）以公司统一确定的价格接受订货。

（2）订货额在××万元至××万元之间，且降价幅度为×%的标准品订货。

（3）订货额在××元以内，且降价幅度为×%的标准品订货。

第十三条 订货单由营销人员交财务部门审核后，报销售主管核准。

第十四条 营销人员在规定范围内进行折价销售时，应填制"折价销售传票"，一式四联。

第十五条 在特别价格各项中，营销人员都需向财务部门提交订货单，并经销售主管审查。

▲降价销售管理规定

（一）通则

第一条 营销过程中所有降价（或折价）销售业务的处理均按照本规定办理。

第二条 降价分两种情况，一种是由营销人员自行判断决定的降价；另一种是要经过必要的申请手续的降价。

第三条 营销人员在决定降价时，必须统筹兼顾，综合考虑本公司与客户的相互关系，避免造成本公司的利益损失。

第四条 降价的唯一目的是扩大销售，坚决杜绝为满足个人私利而抛售，因此其依据是客观的交易现实，必须做到公正、客观。

（二）降价销售事务处理

第五条 营销人员自行判断降价，原则上适用于以下情况，但特定商品除外。

（1）客户支付额中未足×元的尾数。

（2）支付额达×万元以上时，可以有 1/200 的浮动额，但让利总额不能超过××元。

（3）支付额未满×万元，但在×万元以上时，可以有 1/200 的浮动额，但让利总额不得超过××元。

（4）支付额未满×万元时，降价幅度应在××元以内。

同时，无论何种情况，均要有充足的理由和严格的核算。

第六条 实施降价销售时，必须填写降价销售业务传票，该传票一式五联。

第七条 降价销售业务的清单处理。

（1）商品管理部据此填制"降价销售业务传票"。

（2）降价销售业务的清单共五种，要进行以下处理：

①降价销售业务传票由商品管理部留存。

②降价通知单。

③货款扣除通知单。由财务部据此从客户销售账上扣除等额赊销款。

④降价销售统计表。由业务部据此进行该类降价销售统计。

⑤降价销售核算单，与降价销售统计表一起送交财务部。

第八条 降价销售申请。

（1）大量订货、特殊订货及客户降价要求超出规定限额时，营销人员要提交"降价销售申请"。

（2）降价销售申请提交给业务部，由业务部转交上级审批。特殊紧急情况下，可通过电话请求总经理裁决。

（3）电话申请批复后，营销人员要补送"降价销售申请"。

（4）降价销售申请一式两份，一份由申请者留存，以作降价销售的凭证依据，另一份送交业务部审查后，经营业部主管送交总经理裁决，如总经理同意，返交业务部，再由业务部转交商品管理部。

（三）降价洽谈要领

第九条　在大批量订货和特殊订货情况下，客户大都提出降价要求，营销人员如认为理由充足，且降价要求没有超出本公司指定限度，可自行决定降价。

第十条　如非降价销售品，营销人员应婉言谢绝。

第十一条　如客户的降价要求超出公司规定的降价限度，营销人员应讲明自己无权决定，然后可请示上级，或打电话请示，并要求对方讲清楚降价幅度。

▲商品变价票流、物流规程

（1）营业部门销售人员接到物价员转来的变价通知单，按规定和要求做商品变价报告单1～5联，转至物价员审核。

（2）物价员接到销售人员转来的变价报告单，审核签字后交公司经理审批。

（3）物价员将经理审批后的变价报告单第5联留存记物价账，第1联交公司经营部，第2～第4联转营业部门商品账记账员。

（4）商品账记账员接到变价报告单第2～第4联审核无误后，按变价报告单变动商品销售价格，留存第3联，在当日进销日报表登记变价增值或减值并记库存商品（经销）二级账金额增加或减少，将变价报告单第2联转营业部门会计室，第4联转统计员。

（5）营业部门会计室接到商品账转来的商品变价报告单第2联，审核无误后做记账凭证，借或贷库存商品、贷或借商品进销差价。

注：商品变价后售价低于成本的损失上报本公司财务部研究处理，公司作削价准备或列入营业部门当期损益。

▲商品削价管理规程

（1）部门业务主管根据柜台商品残损、变质、积压等情况做商品削价处理申报单（共5联），报转物价员审核。

（2）物价员接到部门业务主管转来的削价处理申报单到柜台查看商品残损程度，严格审核削价幅度，认定合理无误后签字交公司经理审批。

（3）物价员接到经理审批后的削价处理申报单第5联留存，第1联交经营部，第2～第4联转营业部门商品账记账员。

（4）商品账记账员接到申报单的第2～第4联，审核无误后，按申报单中所列商品编号品名数量由好品转入"处理商品"，即减少好品柜台数量，按商品编号、品名、新定售价增设带"处"字头的账面，记柜台栏数量增加。

（5）根据商品削价处理申报单损失金额在当日进销存日报表登记变价减值并记库存商品（经销）二级账金额减少，申报单第2联转营业部门会计室，第4联转统计员。

（6）营业部门会计室接到商品账转来的申报单第2联审核无误后，做记账凭证，借进销差价、贷库存商品。

▲货款回收处理规定

第一条　当月货款未能于次月5日以前回收者，自即日起至月底止，列为"未收款"。

第二条　未收款又未能于前项期限内回收者，即转列为"催收款"。

第三条　经销店有下列所述的情形者，其货款列为"准呆账"。

（1）经销店已宣告倒闭或虽未正式宣告倒闭，但其征候已渐明显者。

（2）经销店因他案受法院查封，货款已无清偿可能者。

（3）支付货款的票据一再退票，而无令人可相信的理由，并已停止出货一个月以上者。

（4）催收款迄今未能解决，并已停止出货一个月以上者。

（5）其他货款的回收明显有重大困难情形，经签准依法处理者。

第四条　对于未收款应做如下处理：

（1）当月货款未能于次月5日以前回收者，财务部应于每月10日以前将其明细列交营业部审核。

（2）前项情形该辖区经理级主管应于未收款期限内监督解决。

第五条　对于催收款应做如下处理：

（1）未收款未能依第四条第二款解决，以致转为催收款者，该经理级主管应于未收款转为催收款后5日内未能将其回收的原因及对策，以书面形式提交副总经理，呈总经理核示。

（2）货款经列为催收款后，副总经理应于30日内监督解决。

第六条 对于准呆账应做如下处理：

（1）准呆账的处理以营业单位为主办，所配合的法律程序由法律部另以专案研究处理。

（2）移送法律部配合处理的时机：对于经销店未正式宣告倒闭，但其征候已渐明显的和经销因他案受法院查封，货款已无清偿可能的情形，应于知悉后，即日遣送法律部配合处理。对于支付货款的票据一再退票，而无令人可相信的理由，并已停止出货一个月以上的和催收款迄今未能解决的，营业单位应依（催收款的处理）规定先行处理解决。处理后未能有结果，认为有依法处理的必要者，再签移法律部依法处理。

（3）正式采取法律途径以前的和解，由法律部会同营业部前往处理。

（4）法律程序的进行，由法律部另以专案签准办理。

第七条 准呆账移送法律部后，由法律部移请董事会定期召集营业、企划、财务等单位，召开检查会，检查案件的前因后果，以之为前车之鉴，并评述有关人员是否失职。

第二节 企业客户关系与售后服务管理制度

▲客户关系管理制度

第一条 适用范围。公司在销售市场上的所有直接客户与间接客户都应纳入本制度管理系统。

第二条 基本原则。

（1）客户关系管理应根据客户情况的变化，不断加以调整，并进行跟踪记录。

（2）客户关系管理的重点不仅应放在现有客户上，而且还应更多地关注未来客户或潜在客户。

（3）将客户关系资料以灵活的方式及时全面地提供给销售经理和销售代表。同时，应利用客户资料进行更多的分析，使客户关系数据库充分发挥作用。

（4）客户关系数据库应由专人负责管理，并制订严格的查阅利用和管理制度。

第三条 客户构成分析方法。

1. 不同业种客户分析步骤

（1）对自己负责的客户进行下列区分：

①零配件销售商。

②本公司产品的用品商。

③地区专营店。

④地区批量销售店。

⑤地区 DIY 店。

⑥其他。

（2）小计各分类的销售额。

（3）合计各分类的销售额。

（4）以各分类的小计额除以合计额，得出各分类所占比重。

（5）以公司的经营方针为基础，把握和比较自己所负责客户的构成。

2. 具体业种的客户构成分析步骤

（1）将自己负责的客户进行下列区分：

①零配件销售商。

②本公司产品的用品商。

③地区专营店。

④地区 DIY 店。

⑤地区批量销售店。

⑥其他。

（2）各分类中，将客户按销售额高低排序。

（3）计算出各客户在该分类中占分类销售额的比重，并计算出该分类的累计销售额。

（4）将客户分为三类。A 类占累计销售额的 75% 左右，B 类占 20% 左右，C 类占 5% 左右。

3. 客户与本公司交易业绩分析步骤

（1）首先掌握客户月交易额和年交易额。具体方法包括：

①直接询问客户本年度的交易额。

②查询客户的本年度销售计划。

③询问客户由公司购入商品的预订量。

④由公司营销额推算其销售额。

⑤根据客户库存情况，推算商品周转率，进而推算销售额。

⑥取得对方的决算书。

⑦询问其他企业。

（2）计算出客户与公司的月交易额或年交易额。

（3）计算出客户占公司总销售额的比重。

（4）检查该比重是否达到公司所要求的水平。

第四条 销售状况分析步骤。

1. 季节推算分析方法

（1）统计各客户以往3年的各月销售额。

（2）汇总3年的总销售额。

（3）计算总销售额的平均值，即得每年平均销售额。

（4）将上述年平均销售额除以12，计算出月平均销售额。

（5）月平均额除以年平均额，乘以100%即得月季节指数。

（6）各月季节指数除以12，即可计算出各月销售额构成比。

（7）各月销售额构成比乘以客户的年销售目标额，即为各月应达到的销售目标。

2. 不同商品的销售构成分析步骤

（1）将客户销售的商品，按销售额由高到低排序。

（2）合计所有商品的累计销售额。

（3）计算出各种商品销售额占累计销售额的比重。

（4）检查是否完成公司规定的商品销售任务。

▲客户开发选择制度

本制度旨在选择新的原料供应商，保证企业原材料的合理供应，确定合理标准及选择程序。

第一条 新客户的选择原则。

（1）新客户必须具有满足本企业质量要求的设备和技术能力。

（2）新客户必须具备按时供货的管理能力。

（3）新客户必须达到较高的经营水平，具有较强的财务能力和较好的信用。

（4）新客户必须具有积极的合作态度。

（5）新客户必须遵守双方在商业和技术上的保密原则。

（6）新客户的成本管理和成本水平必须符合本公司要求。

第二条 新客户的选择程序。

1. 一般调查

（1）候选客户向本公司提交企业概况、最新年度决算表、产品指南、产品目录等文件。

（2）与新客户的负责人交谈，进一步了解其生产经营情况、经营方针和对本公司的基本看法。

（3）新客户技术负责人与本公司技术和质量管理部门负责人进一步商洽合作事宜。

2. 实地调查

根据一般调查的总体印象做出总体判断，衡量新客户是否符合上述基本原则。在此基础上，资材部会同技术、设计、质量管理等部门对新客户进行实地调查。调查结束后，要提出新客户认定申请。

第三条 客户开发选择认定。

1. 提出认定申请报告

根据一般调查和实地调查结果，向市场部主管正式提出新客户选择申请报告，该报告主要包括以下项目：

（1）与新客户交易的理由及今后交易的基本方针。

（2）交易商品目录与金额。

（3）调查资料与调查结果。

2. 签订商品供应合同

与所选定的新客户正式签订供货合同，签订合同者原则上应是本公司的资材部长和新客户的法人代表。

3. 签订质量保证合同

与供应合同同时签订的还有质量保证合同，其签订合同者与以上相同。

4. 设定新客户代码

为新客户设定代码，进行有关登记准备。

5. 其他事项

将选定的新客户基本资料通知本企业相关部门；确定购货款的支付方式；新客户有关资料的存档。

▲客户需求信息处理制度

第一章 通则

第一条 本制度旨在为需求信息（特别是订货信息）的搜集、整理、加工、上报和具体运用提供规范性处理方法。

第二条 需求信息处理的基本步骤为：

（1）确定搜集需求信息的基本方针和需求。

（2）确定具体的业务分工和职责分担。

（3）选择最佳搜集和调查方法。

（4）制作详细的信息报告。

（5）根据需求信息，确定扩大客户订货的基本方针。

（6）信息报告的分类归档。

（7）通过信息发布，促进营业部销售人员的推销工作。

（8）在公司内外实行信息提供奖励制。

第三条　需求信息的搜集整理及日常管理工作由企划部负责。

第四条　需求信息搜集工作的基本方针由企划部经理确定，并负责组织实施。

第五条　企划部制订信息搜集和市场调查规范，并负责培训指导有关人员。

第六条　所有需求信息都应交到企划部，由企划部进行归类、分析和保存。提供信息者要填制信息提供记录卡。

第七条　在综合分析的基础上，企划部对各种信息的内容、可信度、使用价值等做出分析判断，并提供给有关部门。

第八条　各营业部门要将近期工作重点、业务内容、需要的信息种类等及时通报企划部。

第九条　对确有实用价值或采用后取得明显效益的信息提供者，给予×××元至×××元的一次性奖励。

第二章　信息搜集要领

第十条　与主要客户和与本公司有业务关系的企业、机构等保持联系，及时了解其需求动向，并通过他们搜集各类间接信息。

第十一条　制订信息搜集管理计划，根据计划合理分工，并派专人负责。

第十二条　做好基础工作，如建立客户档案和客户名录，掌握主要客户名录及通信联系方法等。

第十三条　在具体实施过程中，应根据信息的性质和信息源的特点，选择不同的搜集调查方法。

第十四条　提供充足的经费和物质条件保证。

第十五条　信息搜集工作不能局限于专职人员，要使公司每一位员工都关心和参与信息搜集工作。

第十六条　需求信息的信息源主要包括政府部门，各种协会、团体，各类事业单位、研究机构，各类工商企业，各类信息机构，各种传播媒介。

第十七条 在上门访问客户取得订货信息时，应注意：

（1）在正式访问前，应对其营业状况进行观察，了解基本情况。

（2）善于从对方话语中获取信息。

（3）要给对方以亲切感和信赖感。

（4）善于把握话题，围绕既定目标展开谈话。

第十八条 获取的信息应及时整理，对重要信息要及时向上级提交信息报告。

▲客户名册管理制度

第一条 目的。为加强客户信息管理，建立客户名册系统，了解交易往来客户的信用度、营业方针与交易态度等客户情况，特制订本制度。

第二条 客户名册的种类。

（1）客户名册分为交易往来客户原始资料（以卡片方式，一家公司使用一张）和交易往来客户一览表两种。前者存于经理室备用，后者则分配给各负责部门使用。

（2）交易往来客户原始资料是对交易往来客户的机构、内容、信用以及与本公司的关系等各种信息的详细记录，而交易往来客户一览表则是对上述信息的简单记录。

第三条 交易往来客户原始资料的保管和阅览。各部门在必要的时候应按严格的登记程序向经理室借阅常备的交易往来客户资料。经理室对于资料的保管要尽职尽责，避免污染、破损、遗失等。

第四条 记录及订正。

（1）对于开始有交易往来的公司，各部门负责人要在"交易开始调查书"里记录必要事项，并且取得部门主管的认可后上报董事长。市场部在获董事长的批准后，须依照调查书制成交易往来客户名册，并在往来客户一览表里记录信息。

（2）市场部应一年两次定期对交易往来客户进行调查，如果有变化，应在交易往来客户名册及交易往来客户一览表里记录、订正。

（3）市场部对于有关交易往来客户的各事项的变化，应随时记录。

（4）交易往来客户如果解散或者与本公司的交易关系解除时，市场部应尽快将其从交易往来客户名册及交易往来客户一览表中除去。

第五条 各相关部门负责人与市场部的联络。各相关部门负责人对于客户交易的状况要经常注意，如有变化，应向市场部及时反馈，以保持交易往来客户原始资料及交易往来客户一览表的正确性。

第六条　资料的整理及处理。交易解除后的资料要标明"交易终止"或者"交易解除"并进行整理，完全不可能恢复的交易客户资料经市场部主管批准后另行处理。

▲售后服务管理办法

1. 总则

为加强公司的售后服务工作，提高公司售后服务水平，特制订本办法。

2. 管理体制

（1）公司营销部门下设专门的售后服务职位和机构。

（2）公司售后服务机构负责公司产品或商品的客户（用户）意见收集、投诉受理、退货换货、维修零部件管理等工作。

（3）公司设立专业售后服务队伍，或者指定特约服务商、维修商。

（4）公司指定特约服务商、维修商的，应与之签订委托协议或合同。

3. 退货和换货

（1）公司为了保护消费者权益，根据商品交易的相关法规，制订对公司产品和商品退货和换货的具体规定。

（2）公司产品和商品退货和换货的具体规定，明示于销售场所、载于产品说明材料内。

（3）公司制订具体退货和换货工作流程，并培训有关人员熟悉该规程。

（4）公司的仓库、运输、财务、生产制造部门为退货和换货予以支持和配合，并进行工作流程上的无缝衔接。

（5）查清退货和换货的原因，追究造成该原因的部门和个人的责任，并作为业绩考核的依据之一。

4. 维修服务

（1）公司根据行业惯例，确定本公司产品或商品的保质期、保修期。在一个产品、商品中，不同部位、部件有不同保修期的应加以说明。

（2）公司产品或商品的保质期、保修期，应载于产品说明材料内。公司因促销等原因导致保修期变化的，应及时通知售后服务部门。

（3）公司售后服务类别为：

①有费服务：凡为客户保养或维修本公司出售的商品而向客户收取服务费用者属于此类。

②合同服务：凡为客户保养或维修本公司出售的商品，依本公司与客户所订立的商品保修合同书的规定而向客户收取服务费用者属于此类。

③免费服务：凡为客户保养或维修本公司出售的商品，在免费保修期内，免收服务费用者属于此类。

④一般行政工作：凡与服务有关的内部一般行政工作，如工作检查、零件管理、设备工具维护、短期在职训练及其他不属前三项的工作均属于此类。

（4）公司维修人员经培训合格或取得岗位资质证书后才予以上岗，公司鼓励维修人员通过多种形式提高其维修技能。

（5）公司服务接待员在接到报修来电、来函时，应详细记录客户名称、地址、联系电话、商品型号，尽量问清存在问题和故障现象。登记以上内容后，送服务部门处理。

（6）维修主管接到报修单后，初步评价故障现象，派遣合适的维修人员负责维修。

（7）维修人员如上门维修的，应佩戴公司工号卡或出示有关证件才能进入客户场所，并尽量携带有关检修工具和备品、备件。

（8）维修人员如无法上门维修的，公司应协助其商品运输，运输费用按有关规定支付。

（9）维修人员应尽责精心服务，不得向客户吃、拿、卡、要，要爱护客户设备或办公环境，不损坏其他物品。

（10）凡在不能修复而带回修理的商品，应开立收据交与客户，并在进出商品簿上登记。修复后应向客户索回收据，并请其在维修派工单上签字。

（11）凡属有费服务，其费用较低者，应由技术人员当场向客户收费，然后将款交与会计员，凭此补寄发票，否则应于当天凭"服务凭证"至会计员处开具发票，以便另行前往收费。

（12）每次维修完结后，维修人员上交派工单，主管考核其维修时间和质量。各种维修应在公司承诺的时限内完成。

▲听取顾客意见的规定

（1）认真听取顾客意见是公司更好地为顾客服务，从而提高公司信誉、增强市场竞争力的重要工作之一。

（2）公司所属门店应建立常规或专题顾客访问制度，采取上门访问、书面征求意见、邀请顾客座谈或利用各种机会等方式，广泛征求顾客对本公司商品质量、服务质量的意见和要求，同时做好记录。对顾客反映的意见应及时反馈到有关部门领导，提出改进措施，并组织实施。

（3）门店对顾客在商品质量方面的反馈意见，应及时分析研究处理，同时将处理意见上报质量管理部门。

（4）对顾客提出的代购商品的要求，应做到一不推诿、二不敷衍，想方设法尽最大可能满足顾客的购买需求。

（5）对顾客来信、来电、来访提出的问题，值班店长或其他有关部门应认真做好接待处理工作，做到态度热情虚心，处理及时公正。不管顾客提出的意见正确与否，都应虚心听取，沟通和加强与顾客之间的联系，并做好相关记录。

（6）本制度责任人为企业负责人。

（7）依据本制度，每半年考核一次。

▲送货服务程序

1. 第一阶段：送货准备

（1）确认送货时间。

（2）确定运输路线。

（3）检查准备运输车辆。

（4）检查货物与订货单是否相符。

（5）装运货物。

（6）准备有关票据。

（7）向上级汇报出发和归来时间安排。

2. 第二阶段：运送

（1）保证交通安全。

（2）做好货物防雨、防震处理。

3. 第三阶段：卸货

（1）客户检查确认货物。

（2）在送货单上签字。

4. 第四阶段：客户意见

（1）听取客户意见。

（2）向客户表示谢意。

5. 第五阶段：交货手续

（1）客户在收货单上签字盖章。

（2）客户在货物清单上签字盖章。

6. 第六阶段：关联业务

（1）商谈货款回收事项。

（2）确定售后服务事项。

7. 第七阶段：辞行

（1）辞行打招呼。

（2）向客户致意。

▲客户投诉处理办法

第一条 目的。确保客户迅速获得满意的服务，对客户投诉采取适当的处理措施，以维持公司信誉，并谋求公司服务的改善。

第二条 范围。已完成交货手续的本公司产品，遭受客户因质量不符或不适用的投诉。

第三条 客户抱怨的分类。

（1）非赔偿：这种抱怨是客户对产品不满，或要求返工、更换及退货，于处理后不需给予客户赔偿。

（2）索赔：客户除要求对不良品加以处理外，并依合同规定要求本公司赔偿其损失，对于此种投诉宜慎重且应尽快地查明原因。

（3）非属质量的投诉：客户刻意找种种理由，投诉产品质量不良，要求赔偿或减价，此种投诉则非本公司责任。

第四条 实施单位。业务部、质量管理部成品科及有关单位。

第五条 实施要点。

（1）客户投诉由业务部受理，先核对是否确有该批订货与出货，并经实地调查了解（必要时会同有关单位）确认责任属本公司后，即填妥投诉处理单通知质量管理部调查分析。

（2）质量管理部成品科调查成品检验记录表及有关此批产品的检验资料，查出真正的原因，如原因无法查出，则会同有关单位查明。

（3）查明原因后，会同有关单位，针对原因，提出改善对策，防止类似情况再次发生。

（4）会同有关单位，对客户投诉提出处理建议，经经理核准后，由业务部答复客户。

（5）将资料回馈有关单位并归档。

第六条 本办法经质量管理委员会核定后实施，修正时亦同。

▲ 客户投诉的处罚规定

第一条 客户投诉处罚的责任归属。业务部门、服务部门的责任以归属至个人为原则，未能明确归属至个人者应归属至全部门。

第二条 制造部门以组为最小单位，以归属至责任人为原则，未能明确归属至责任人者则归属至小组或部门。

第三条 客户投诉处罚方式：

（1）客户投诉案件处罚依据《客户投诉处罚判定基准》的原则，判定有关部门或个人，予以处罚个人效益奖金，其处罚金归属公司。

（2）客户投诉处罚按额度分别处罚。

（3）客户投诉处罚依"客户投诉损失金额核算基准"（见下表）进行，责任归属部门的营业人员。

客户投诉损失金额核算基准

损失项目	损失金额计算方法
索赔	依实际赔偿金额计算损失
折让	依实际折让金额计算损失
退回	依实际退回数量以实际售价的15%核算损失金额
补送	依甲级品售价核算补送制品的金额核算损失
重修	依重新处理的工缴费用加搬运费核算损失

（4）客户投诉处罚最高金额以全月效益奖金的50%为准，该月份超过50%者逐月分期处罚。

第四条 服务部门的处罚方式：

（1）归属至个人者依照有关处罚金额办理。

（2）归属至发生部门者依照有关处罚金额办理。

第五条 制造部门的处罚方式：

（1）归属责任至个人者依"客户投诉处罚标准"计扣该负责人应罚金额。

（2）归属至小组或全部门营业人员，依"客户投诉处罚标准"执行。

第六条 处分标准，按下表进行。

行政处分标准表

责任负担金额	处分标准	备　注
10000 元以下	检讨书	
10001～50000 元	警告一次	
50001～100000 元	警告两次	
100001～200000 元	记过一次	
200001～400000 元	记过两次	
400001～1000000 元	记大过一次	
1000001 元以上	记大过两次	

第七条　客户投诉行政处分判定依据补充说明。

（1）因票据错误或附件等材料错误遭客户投诉者。

（2）因财务错误遭客户投诉者。

（3）未依制作规范予以备料、用料招致客户投诉者。

（4）经剔除的不合格产品混入正常品缴库招致客户投诉者。

（5）成品交运超出应收范围未经客户同意招致客户投诉者。

（6）擅自减少有关生产资料者。

（7）业务人员对于特殊质量要求未反映给有关部门遭客户投诉者。

（8）订单误记招致客户投诉者。

（9）交货延迟者。

（10）装运错误者。

（11）交货单误记者。

（12）仓储保管不当者。

（13）外观标志不符规格者。

（14）检验资料不符者。

（15）其他情况。

以上一经查证属实者，即依情节轻重予以行政处分，并上报总经理核准后由人事部门公布。

▲客户投诉案件具体处理办法

第一条　为保证对公司商品销售所发生的客户投诉案件有统一规范的处理手

续和方法，防范类似情况再次发生，特制订本办法。

第二条　本办法所指客户投诉案件系指出现第三条所列事项。

第三条　客户的正当投诉范围包括：

（1）产品在质量上有缺陷。

（2）产品规格、等级、数量等与合同规定或与货物清单不符。

（3）产品技术规格超过允许误差范围。

（4）产品在运输途中受到损害。

（5）因包装不良造成损坏。

（6）存在其他质量问题或违反合同问题。

第四条　本公司各类人员对投诉案件的处理，应以谦恭礼貌、迅速周到为原则。各被投诉部门应尽力防范类似情况的再度发生。

第五条　业务部门职责：

（1）确定投诉案件是否受理。

（2）迅速发出处理通知，督促尽快解决。

（3）根据有关资料，裁决有关争议事项。

（4）尽快答复客户。

（5）决定投诉处理之外的有关事项。

第六条　质量管理部职责：

（1）检查审核投诉处理通知，确定具体的处理部门。

（2）组织投诉的调查分析。

（3）提交调查报告，分发有关部门。

（4）填制投诉统计报表。

第七条　各营业部门接到投诉后，应确认其投诉理由是否成立，呈报上级主管裁定是否受理。如属客户原因，应迅速答复客户，婉转讲明理由，请客户谅解。

第八条　各营业部门对受理的投诉，应进行详细记录，并按下列原则做出妥善处理：

（1）凡属质量缺陷，规格、数量与合同不符，现品与样品不符，超过技术误差时，填制投诉记录卡，送质量管理部。

（2）如纯属合同纠纷，应填制投诉记录卡，并附处理意见，送交公司有关领导裁定处理。

（3）如属发货手续问题，依照内销业务处理办法处理。

第九条　质量管理部在接到第八条第（1）种情况的投诉记录卡时，要确定具体受理部门，指示受理部门调查，并留一份记录卡备查。

第十条 受理部门接到记录卡后，应迅速查明原因，以现品调查为原则，必要时要进行记录资料调查或实地调查。调查内容包括：

（1）投诉范围（数量、金额等）是否属实。

（2）投诉理由是否合理。

（3）投诉目的调查。

（4）投诉调查分析。

（5）客户要求是否正当。

（6）其他必要事项。

第十一条 受理部门将调查情况汇总，填制投诉调查报告，随同原投诉书一同交主管审核后，交质量管理部。

第十二条 质量管理部收到调查报告后，经整理审核，呈报营业部主管，回复受理部门。

第十三条 受理部门根据质量管理部意见，形成具体处理意见，报请上级主管审核。

第十四条 受理部门根据上级意见，以书面形式答复客户。

第十五条 客户投诉记录卡中应写明投诉客户名称、客户要求、受理时间和编号、受理部门处理意见。

第十六条 客户投诉记录卡的处理：

第1联：存根，由营业部留存备查。

第2联：通知，由营业部交送质量管理部。

第3联：通知副本，由营业部报上级主管。

第4联：调查报告，由受理部门调查后交质量管理部。

第5联：答复，由质量管理部接到调查报告，经审核整理后，连同调查报告回复受理部门，受理部门以书面形式答复客户。

第6联：审核，由质量管理部上报审核。

第十七条 调查报告内容包括发生原因、具体经过、具体责任者、结论、对策和防范措施。

第十八条 投诉处理中的折价、赔偿处理依照有关销售业务处理规定处理。

第十九条 质量管理部应于每月×日前填报投诉统计表，呈报上级审核。